晓行

On The Way

孙晓 / 著

中国电力出版社

图书在版编目（CIP）数据

晓行 / 孙晓著 . —北京：中国电力出版社，2020.10（2021.5 重印）
ISBN 978-7-5198-4818-7

Ⅰ.①晓⋯　Ⅱ.①孙⋯　Ⅲ.①散文集－中国－当代　Ⅳ.① I267

中国版本图书馆 CIP 数据核字（2020）第 134044 号

出版发行：中国电力出版社
地　　址：北京市东城区北京站西街 19 号（邮政编码 100005）
网　　址：http://www.cepp.sgcc.com.cn
责任编辑：莫冰莹（010-63412526）
责任校对：黄　蓓　李　楠
版式设计：锋尚设计
责任印制：杨晓东

印　　刷：北京瑞禾彩色印刷有限公司
版　　次：2020 年 10 月第一版
印　　次：2021 年 5 月北京第二次印刷
开　　本：710 毫米 ×1000 毫米　16 开本
印　　张：22
字　　数：289 千字
定　　价：88.00 元

晓行

庚子三月廿六扬州 熊召政题

熊召政 当代著名作家、著名学者。全国政协委员、中国文联全委会委员。历任湖北省文联主席、中华文化促进会常务主席等职。已出版小说、散文、历史札记、诗集四十余部。长篇小说《张居正》获第六届茅盾文学奖。

知晓的旅程

给人写序，属命题作文。我不擅长，故不太乐意写。之所以为《晓行》写下这篇不能算是序的短文，是因为里面的文字让我感兴趣。感兴趣的原因，便是字里行间里流淌出来的作者对于生活的兴趣。

对生活有兴趣的人是有趣的。有趣的人，才可能码出有意思的文字。读有意思的文字，会让自己变得有趣。怎么算是对生活有兴趣？能于日常平常惯常中发现、体验到过去未曾发现不曾体验的东西，使得自我于"柴米油盐酱醋水"的行走中，知晓"琴棋书画诗酒茶"的风味与情致，这便是对生活有兴趣了。大概这便可称之为"晓行"，大概这就是《晓行》的主题。

"晓行"一座城市，这座城市便有了生命，并且这个生命还有了崭新的色彩。"晓行"一件事，这件事便是活的，没有终结的，当然是昨日新、今又新、明更新的。"晓行"一段历史，这段历史就有了新生，会发新芽、开新花、结新果。"晓行"一种知识，哪怕只是一个知识点，它也会发出新的光芒，让你有了新颖的视界，看到新鲜的世界。在《晓行》中，可以看到一个有趣的灵魂在发现、在思考、在体验；也可以看到，那些"晓行"中的历史、城市、事件与知识，像花儿一样，在敞开、在绽放、在歌唱，和"晓行者"一起，构成了一种全新的景致，色彩斑斓，趣味盎然。

话不多说。还是打开这本书，享受一次"晓行"之旅吧！

刘广迎

2020年6月于北京

刘广迎　中国作家协会全委会委员、中国电力作家协会主席，管理学博士，研究员。出版有《重塑》《足球经略》《撞见未来》《解放自己》《黑白足球》《文化足球》《混沌足球》《个人品牌》《开发自己》《经营自己》等著作。

知晓的旅程

第一辑

且行且思
——品味城市

成就大业。做人如此，城市发展亦如斯。深圳就是一个从不纠结的城市，他在考虑"怎么去做"和"如何做最好"。

朝花午拾
——感怀岁月

第二辑　朝花午拾——感怀岁月 / 163

心中有梦的"70后"男人，属于为了面子奔波一生、心中装满了他人、不太考虑自己内心真实感受的特殊群体。他们为上一辈活，为下一代拼，有着感性强烈的英雄情结，戴着面具行侠仗义，渴望凭借努力成为改变世界的角色，外表坚强、内心柔软，浪漫主义情怀时常与残酷的现实交织碰撞，偶有内心情感纠葛、不能自拔的时刻。

"70后"的连环画 / 164

这从评书、连环画、武侠小说综合包装的郑重"教诲"，让我瞬间蒙掉了，当时我怎么回答的实在记不得了，但我的童年记忆，以及所有连环画的记忆，也就永远停留在那一刻了……翻翻连环画，故事依然那么精彩，顿觉时光冉冉，昨日重回。

"70后"的歌曲 / 172

那时流行歌曲的歌词是抄在软皮本上的，顺便摘录几首汪国真和席慕蓉的诗，贴上赵雅芝和翁美玲的贴纸……尽管看到了世间的复杂与阴暗，却从没有停止奋斗的步伐；尽管看清了生活的虚伪与谎言，但也从未改变真诚以待人。一首歌曲很短，一生路途很长。心中有歌，才会有年轻的世界。

"70后"的武侠 / 181

武侠作品的江湖，已不再是过去那个江湖，因为江湖里，早已没有了大侠。心若在，梦就在，喜欢怀旧的"70后"男人，看武侠是为了心中那抹不去的情怀，寻找散发翰墨清香纸质佳作的初心。他们的内心深处都私藏着一个武侠，那是属于他自己的家国情怀。

侃侃阗阗
——晓畅世事

岁月沉积,留下尘封旧事、暗香疏影。有政商江湖,有人生阅历,有家国情怀。时光琥珀刻下了深深的岁月掌痕。"岁月把脸庞慢慢吹皱,我只能用文字来轻轻抚平"。一字一句纵论人生,挖掘平凡生活中细小的美好与感动,把对生活的热爱,对岁月的体悟,送给所有星光下默默赶路的人。

让他们万里相牵……奥运会不仅仅是奖牌和冠军争夺的硬核赛场，"奥林匹克"继续履行着服务人类的生活哲学，向全世界推广着人文主义精神产品。

且行且思

——品味城市

认识陌生城市的路，只需亲身走过；品读好一个城市的风景，则要身体和心灵携手同行。一座城市的风格，反映了生活在这座城市的人的性格。爱上一座城市，也许因为城市的美，也许因为恋一个人，也许不需要太多理由……

烟台　海是这座城的风骨

这座城

　　这是一座依海而生、向海而兴，因港而盛的魅力之城。胶东半岛千余公里驼形海岸线自西向东环成月牙弯，将她紧紧拥抱；中国最大的陆连岛——芝罘岛笔直嵌入一碧万顷的广袤海际，为她顶风阻浪；崆峒岛、扁担岛散落碧波之中，调剂云雨阴晴。她北靠大海，南依群山，绿树葱茏的塔山、玉岱山横亘东西，山、海、岛、港遥相呼应，将她打扮得玲珑有致、婀娜多姿。

　　这个兼具港城、山城、岛城风貌的中国北方休闲之都，名曰"烟台"，形状颇似枫叶的城市均匀地分布在北纬37°黄金纬度线附近，海在城市正北方（中国大多数滨海城市的海在其东方或南方）。这座城四季分明，气候宜人：春来桃李绽放，鸟语花香；夏季碧海送爽，清凉惬意；秋来叠翠流金，遍地瓜熟蒂落；冬日瑞雪冰凌，彰显北国风情。有人说她的海岸旖旎酷像夏威夷，有人说她的环境清爽仿似圣地亚哥，烟台的城市风格有些混搭，相当多元化，颇具国际范儿。法、俄、英、美各类风格建筑散落在城市大街小巷，一不小心，就仿佛瞬间穿越到民国时代的万国博览会址。

烟台城市规模适中，既不拥塞也不冷清。四季常鲜的瓜果蔬菜齐备，如驰名遐迩的烟台苹果、皇家贡品大樱桃；鱼、虾、参、鲍及贝、蛤、蚬、蛏各类小海鲜一应俱全。住在烟台、吃在烟台、安乐在烟台——荣膺"联合国人居奖"和"中国最有魅力城市"，烟台绝不是浪得虚名。

烟台市的历史其实很长。颇具代表性的便是隐身老城区一隅的白石村遗址，晨练者们时常路过白石公园堆积着牡蛎壳、贝壳屑的低矮土丘，对于久居海边的烟台人来说，这类海洋风化物在胶东一带司空见惯，很多"坐地户"❶并不晓得时常邂逅的"嘎蜊❷堆"，竟然是有着七千年寿龄的新石器时代文物！从远古时代，大海就为烟台原住民馈赠了丰富的海洋资源。莱子古国东航西征，秦皇汉武寻仙访道，历代帝王青睐，加之频繁海外贸易，胶东沿海成了古代"海上丝绸之路"贸易地。胶东的传统中心在蓬（今蓬莱市）、黄（今龙口市）、掖（今莱州市）环渤海湾一带，距离现在烟台市区百余公里。据正史或野史的记载，当年说服秦皇率童男童女东渡扶桑的方士徐福（今龙口市人），胶东地方戏吕

---

❶ 烟台方言，土生土长本地人。
❷ 烟台方言，一种可食用的海洋生物，也叫蛤蜊。

剧《姊妹易嫁》故事原型的毛纪毛阁老（今莱州市人），防寇抗倭、威震海疆的父子总督戚景通、戚继光（今蓬莱市人），跋涉万里去说服成吉思汗颁"止杀令"的全真教丘处机（今栖霞市人），"庚子国难"以身殉国的甲骨文之父王懿荣（今福山人）……这都是胶东老中心的人才翘楚，留下了诸多传奇。而在先秦时代就曾辉煌一时的烟台和烟台港，却长期沉寂，不言不语，悄然生长。

现代烟台市主城区和经济中心在芝罘区（市政府所在地原在芝罘区，2002年东迁至莱山区），春秋称"转附"，秦汉时称"之罘"。传说秦始皇一统天下后，最大的心愿便是寻"灵芝"以求长生不老，成就万世基业。受胶东沿海仙道文化吸引，冲着蓬莱、瀛洲、方丈"海上三仙山"的响亮名头，他三次东巡，曾登临与大陆相连、形状像极"灵芝"的芝罘岛，建阳主庙，刻石立字，颂秦功德。他亲设连弩，从琅琊、成山乘船一路追踪，终在芝罘岛海域射杀巨鱼。这位"擒获六国之王""信义大行于世"的始皇帝在这片神奇土地指点江山，却意外病逝在最后一次西返咸阳的途中——芝，即"灵芝"仙药，罘乃"四不"（不能第四次）之意，秦始皇未能实现第四次东巡，终未觅得长生不老的万年灵芝。明代之后，秦皇东巡故事被反复演绎，世人也将"之（芝）罘"作为地名固化下来。至今，许多国家海图上，标注烟台依然是"CHEFOO"（芝罘）。

清末鸦片战争之后，依据《天津条约》约定，登州港（今蓬莱市港）成为山东唯一的通商口岸，在准备交接过程中，操办此事的英国领事马礼逊，秉承其一贯古板严谨的工作作风，亲自沿胶东海岸线仔细地考察了一圈，反复对比各个港口的条件和特点之后，坚决要求改烟台为通商口岸。

赢弱的晚清政府没有讨价还价的资本，于是芝罘被迫开埠，烟台港对外开放，原来官府管辖胶东的登莱青道从莱州移驻烟台，并设立山东省海关总关，掌管山东23个港口，烟台也成为山东第一个通商口岸、新兴港口城。自此，芝罘湾内商船云集，烟台山上人声鼎沸，海岸路上车水马龙，先后有17个国家在烟台山一带设立领事馆。

烟台山是近现代烟台的标志。明代为防倭寇，在芝罘奇山设千户所，在城外北山（烟台山）设烽火台，逢战事有外敌入侵，旋即在山顶释放狼烟示警，"狼烟墩台"——"烟台"由此得名。开埠之后，这座海拔只有42米，方圆仅45公顷的烟台山及周边，建有英、美、日、德、丹麦等国家数十幢风格迥异的领事馆、官邸楼和教堂，还配套了海员俱乐部和保龄球馆，沉寂荒凉的烟台北山（烟台山）变得洋式建筑林立，欧美味十足，而烟台山正南方不足一公里旧城墙围起的连片院落，就是明朝洪武年间防倭屯军所建"奇山千户所"，军转民后称"所城里"。"奇山所"归属"宁海卫"治下，是一个不受所在县（福山）管辖的军事机构，经历了明、清、民国更迭，千户所建制虽已撤销，但居住其中的遗老遗少依然是长袍马褂、我行我素，对小渔村衍变而成的港口商埠不屑一顾，与海边金发碧眼的老外们老死不相往来。处于烟台山与奇山所中间位置几百米长的南北道路名曰"朝阳街"，石头路牌上赫然刻着中英两国文字，国际范十足。路边既有洋人时常光顾的舞厅酒吧，有孙中山先生下榻过的俄式建筑北饭店（克利顿大饭店），也有经营烟台民族品牌"保时"机械钟和"三环"弹子锁、本地产醴泉啤酒和张裕葡萄酒的商店，寄托着近代实业救国梦的国货广受社会各界欢迎。这条保存完好的老街，处于中西势力范围的缓冲区域，四通八达，巷陌纵横，是烟台半殖民地半封建社会的缩影。当年赫赫有名的北洋海军采办厅，就蜗居在朝阳街中段小巷深处。

这片海

大海呵！

哪一颗星

没有光？

哪一朵花

没有香？

哪一次我的思潮里，

没有你波涛的清响？

——《烟台的海》冰心

"一提起烟台，我的回忆和感想就从四方八面涌来。"这是祖籍福建、后随父母移居烟台，守望这片海有8年之久的文学家冰心对烟台的无限眷恋。大海留下的深刻记忆，让她老人家有生之年时常念起，难以释怀。

1903年，冰心3岁时，父亲谢葆璋携全家从福建搬至已成为海港重镇的烟台，拟筹建海军学堂。因暂无住所，且甲午海战失败后，前文所说的北洋海军采办厅已停办，幼年冰心便随父亲在采办厅暂住了一段日子。一代文学巨匠的启蒙教育，便是从烟台朝阳街区开始的。

90多年之后，我也有幸在距离采办厅不足10米的会英街大院居住了一载，每天闻着大海熟悉的味道，骑着单车吱呀吱呀地从石板路压过，从未感觉到红漆斑驳的采办厅和周边民宅有啥区别。这个三进六院，正房两排、楼房两层、占地不足2000平方米的组合式院落，是李中堂北洋海军后勤补给站。"讲求武备、条理精微"的采办工作也算得上称职，他们精打细算，给北洋海军提供了足够的舰艇装备和物资补给。甲午海战惨遭失败，绝不仅仅因为缺粮少钱、装备落后。被西方人称为"东方俾斯麦"的李鸿章，本以中兴大清为己任，但屡战屡败之后的弱国外交，让他实在有心无力。李中堂屡屡为摇摇欲坠的清廷和稀泥，甚至以生命为代价分别与威妥玛、伊藤博文展开博弈对决，却难求一胜，终无奈，在烟台山上东海关税务司公署愤懑签下《烟台条约》，而《马关条约》换约也是在烟台山下芝罘俱乐部（另一说是利顺德饭店）屈辱进行的。使出浑身解数"打太极"的李鸿章怎么也想不通，苦心经营、呕心沥血几十年，换来的却总是失败、妥协和赔偿签约。

在朝阳街区居住的日子，我经常沿着会英街狭窄的石板路，穿过狭长幽深的老街巷，溜达到笔直宽敞的朝阳街上。一路向北而行，商馆、洋行、药店、理发馆、照相馆、酒吧，大部分建筑依旧保持了民国时期旧貌。朝阳街北部终点便是白红相间的俄式克里顿大饭店，在此可以看到闪亮的烟台山灯塔和光滑平整的海岸路。无论走过多少次，只要看到这片蔚蓝广阔的海面，心情都会莫名地荡漾起来。建筑风格各异的欧美领事馆散布在烟台山碧海绿树丛中，西式的乳白色灯塔和中式杉木旗杆高矗，中西合璧，别有一番味道。登临烟台山有东西两条道路，相对宽阔的东路紧靠海滨，爬到半山腰左顾，可见英国领事馆通透的外廊和高耸的阁楼，再穿过百米"冬青长廊"即可轻松抵达山顶，在惹浪亭凭栏望月、闻涛赏景；西路经过美国领事馆，拾级而上，曲径通幽处便是东海关税务司检察长官邸旧址，如今改为冰心纪念馆。冰心旅居烟台时，应未在此定居，那时烟台山尚是洋人和外商的私邸。在朝阳街采办厅暂住之后，冰心一家再次搬迁，因为她父亲——已是烟台海军学校校长的谢葆璋，在东海沿一个叫金沟寨的渔村附近建起了海军学堂。新居距离学堂和东炮台都很近，根据冰心的文学作品和她晚年的回忆，东炮台和金沟寨海岸，是她幼年时常玩耍的地方。

东炮台位于三面环海的岿岱山上，可俯瞰一碧如洗的黄海，乃李鸿章奏请光绪皇帝下旨兴建的海防要塞。炮台正门白底黑字镌刻着清末新派人物马建忠所书"表海风雄"，倒过来念"雄风海表"，正反解读，各有韵味。马建忠曾做过李鸿章幕僚，也是韩国国旗设计者，阅历丰富的他以海抒怀，强国心愿尽倾字里行间。东炮台依山而建，核心部分为下沉式兵营，只露出一层在地表，乍看规模不大，秘密都隐藏在地下几十米处。炮台深处地道密布，洞洞相连，洞内有统领、副将行衙，有指挥室，有隐蔽所，有暗堡，武器物资可直接由弹药仓库传输至防御工事，正对广阔海面的炮台操练场上雄踞着当时世界上最先进的德国克虏伯大炮，煞是雄壮。

中日战争爆发之前，被世人多称李中堂的李鸿章来烟台校检东炮台防务时盛赞，"东炮台与崆峒、芝罘两岛鼎峙海门，天然关隘，渤海千余里，固若长城矣"，对这座近海堡垒寄予了厚望。

可以想象，当年冰心随父亲登临耗费重金修建、拥有先进武器设施，但未发挥任何作用的东炮台时，她的父亲谢葆璋会迎着海风，伴着海潮起起落落，给她讲解很多道理：这片大海，本属于中国人的，而如今，东眺威海，已沦陷为日本殖民地；南望青岛，那是德国殖民地；北看大连，先被沙俄占领，后来成了日本殖民地。环顾四周，只有烟台尚归属没落的清政府。目所不及，殖民地所管辖的海域，中国船只连航行的自由都没有，国耻难忘，国耻难忘啊！句句戳心的言语，在大海边的所见、所闻，都会在冰心幼小的心灵植下别样的种子。也难怪，承载了许多感怀往事的烟台一直是冰心老人的灵魂故乡，她的文学作品，她为人处世风格，都带着明显的大海痕迹，大海特征。冰心曾说过，"我对烟台的眷恋是无限的""每次拿起笔来，头一件事忆起的就是海""每次和朋友谈话，谈到风景，海波又浸进谈话的岸线里"。千姿百态的海滨容颜，惊涛骇浪的潮汐故事，远山处的魔幻灯塔，身边忧国忧民的父亲，可爱可敬的水兵，都永远地镌刻到她的生命里。

这真是一片神奇的大海，一片神奇的海岸！海上仙山，海市蜃楼，秦皇汉武东巡让这片古老土地充满了神秘，广袤无垠的蔚蓝大海造就了人间仙境。即便是精通潮汐现象、光的折射与全反射原理的现代人，看到悬于这片海域半空的城市楼阁，定会感慨万千——与烟台时常出现的"海滋现象"类似，我曾亲身经历过大海的"跑潮"，几分钟内，电闪雷鸣，暴雨大作，平静的大海瞬间咆哮起来，潮水不按正常涨潮速度流动，而是拍起几丈高的浪花，一路狂奔径直涌到海岸，你会惊诧地发现，刚刚水面还不到脚跟，转瞬间已快没到了胸口！

烟台，就是"这片海"造就而成的神奇城市，她总能与大海结下不解之缘。这座城市的风格，像极了大海的风格，忠实、激情、包容、厚道、爱家，但决不墨守成规，一成不变。

这片海和这些人

"一方水土，养一方人"，大海塑造了烟台特有的城市特征。"海，是这座城市的风骨"，海的风格，渗入了每一寸胶东土地，世代相传并深刻影响着当地民风，进而改变着这座城市停留的人，无论原住民、现住民，还是匆匆过客。

浩瀚的大海是人类最忠实的朋友。他遵守着与地球的每一个约定，送来清新海风，守时潮起潮落，奉献海珍产品，让人类享受洁净，尽情游弋，大快朵颐。海鲜是烟台人生活的重要部分，这源于大海的馈赠。烟台福山是胶东鲁菜发祥地，每一个老烟台人，都会形象地讲述福山厨师在北京开饭店的故事。大厨用烟台海边特有的海产品作为烹饪"秘密武器"——海肠子晒干磨成粉，小包裹好，塞在大褂袖口处，上菜之前轻轻一撒，味道必定鲜美。在尚未发明味精的年代，肥美的海鲜，神秘的作料，特殊的口感，让胶东鲁菜在京城声名远播。扒贝福、烧熘鱼条、葱烧海参、海鲜饺子……大海奉献的各类珍品充分满足了食客挑剔的味蕾。

忠诚是大海守望者的性格之基。从古到今，与大海比邻而居的这片土地走出的高官忠臣、军方悍将非常之多，但烟台从未出现过封建帝王，这只能归因为地域文化了吧。可以托付、对上忠诚、勤勉能干是烟台人的海派之风，而权谋、手段、厚黑，为了霸业而忽略掉亲情、乡情、友情，是烟台人万万做不到的。被人信任，敢于担当，展现才能，成就他人，这种状态就非常好，为何非要"高处不胜寒"呢？烟台芝罘老街标志建筑是闽南风格的天后行宫，来自福建的能工巧匠们于1884年破土动工，精雕细作，前后耗时22年，1906年竣工时，6岁的冰心曾随父亲参加落成典礼。行宫里供奉着海神妈祖，是在汪洋大海舍己救人的凡人林默化身，是烟台人尊崇的偶像和英雄。"有情有义，知恩图报"是烟台人的性格特征，典型如汉末乱世的太史慈（烟台龙口人），他不惜千里驰援，将北海相孔融从黄巾军的层层围困中救出。两人本不相识，只因对方曾善待其母，故"带三尺之剑"舍命报恩。

澎湃的大海率性肆意，从不掩饰做作。惊涛拍岸，浪花四溢，来时狂热，走时决然，绝不拖泥带水。夏季到烟台观浪，冬季到烟台看雪，在"春、夏、秋、冬"四季分明的烟台，那片蔚蓝的大海同样"喜、怒、哀、乐"个性分明。

海边的汉子激情率真，敢于担当，姑娘朴实勤劳，踏实肯干。乐于奉献、任劳任怨的是烟台人，敢于揭竿而起、不会妥协的也是烟台人，这种岁月沉积的双重性格，就是被海风深深烙下的痕迹。古登州府上演过隋唐演义和梁山好汉的侠义故事，这片海、这座城沿线，也留下了奇山所首任武略将军张昇率军不惧生死抗击倭寇的身影。直率担当如"南宋北徐"的徐镜心（宋指同盟会的宋教仁），为了坚持共和，宁受十指穿心之痛也决不背叛，直至决然就义。烟台人外冷内热，初次接触似乎不好接近，但随着彼此沟通的深入，倘若一旦接受了对方为人处世方式，会瞬间拉近距离，敞开心扉。如果深度交流感觉与你默契投机，他能把你当弟兄看待，若是再干上几杯当地产张裕白兰地，他也许会红着脸说出掏心窝的话，几次愉快的合作交集，没准会成为过命的朋友。

包容的大海襟怀宽广。无论是狂风大作还是大雨倾盆，即使废水污物排泄到他的躯体，大海始终会无怨无悔地坚守如初，以一己之力吸纳排解。待到雨停风止，大海恢复平静，雨水也就彻底融入大海怀抱，被大海赋予新的生命。

厚道包容是烟台人的传统特征。两千多年前，烟波浩渺的这片海域迎来寻仙访道的秦始皇，他相信了方士徐福进言，派遣500童男童女出海，之后再无回音。奇怪的是，被后人冠以"好武残暴"头衔的秦始皇，在这块神奇的海域和土地上，或许已知晓被徐福所哄骗，但面对着憨厚朴实的胶东百姓，心情格外好，既没有杀戮，也没有暴行，而再次寻访芝罘的举动，似乎在反思自己的政治功过，修复着骄傲又孤独的内心。两千年后，伟人孙中山怀着落寂的心情路过烟台，那是他辞去临时大总统四个月后，以在野党的身份北上与袁世凯会谈。轮船进港之时，烟台山旗语杆高挂彩旗，烟台工商军界倾巢出动，给这位中山先生以领袖级的高规格待遇，集会、宴请、合影、演讲，无所不尽其能。中山先生也一改从不给企业题词的先例，在张裕葡萄酒厂留下"品重醴泉"的墨宝，成就一段实业救国佳话。让自带"帝王霸气"的大人物回归常人状态，恐怕只有这片海、这座城和这些实诚包容的烟台人能做到。浓烈的海风养成了烟台人的豪爽性格，大嗓门、热心肠，好善乐施是典型烟台人作风，春晚小品故事所演绎的，为了朋友的几句褒奖话，摸黑排队给人去买票，确实有烟台人的原型。但是你可别认为烟台人傻，你若点划❶了烟台人，他一旦明白过来，可能连朋友也做不得了。

美丽的大海让人留恋。生活在大海边的烟台人建设了漂亮的烟台港城。这座既古老又年轻的城市，把握住了近现代发展的两个关键节点——1861年作为通商口岸，开商埠、设邮局、办实业；1984年作为沿海开放城市，引外资、搞开发、兴科技。烟台的每一次华丽转身，都在不断提升着城市品位。当然，很多人认为烟台的发展速度不尽人意，特别是被开埠晚30年的近邻青岛所超越。也有人说，大海成就了烟台，也阻碍了烟台的跨越发展，因为临海的烟台是陆路交通的终点，即使作为投资和旅游目的地，也很难留住客人。好在这个现状也在改变，烟台已建设了新机场，开通了高铁，烟台到大连的跨海交通也在规划和论证中，这条未来的海上丝绸之路，会大大缩短胶东半岛与东北、与日韩的距离。烟台，必将成为东北亚的枢纽；大海，也将再次成为烟台的幸福之源。

"恋家"是烟台人的共同特征。的确，烟台自然条件太优越了！惹浪亭前，游人如织；海岸路上，浪花飞溅。日升日落，岁月更迭，大海忠诚地与城市相伴。蓝天白云，碧海金沙，空气里永远都弥漫着清新的海风味

---

❶ 烟台方言，恶意欺骗之意。

道，这座城市太适合旅游养老，不太适合创业打拼。在这座城市待久了，很容易不思进取，更不愿意轻易离开。这是烟台人的优点，也是屡屡被人诟病的地方——烟台人总是很自信地认为，烟台是全世界最美的城市，"外乡人趋之若鹜的旅游目的地，自家人朝夕相处的快乐家园"。海派的烟台人自得其乐，他们享受着海岸、阳光、沙滩、海鲜，以及与好友共处的岁月好时光。

我深爱着我的烟台，因为这座城市是我心灵的港湾；我深爱着我的烟台，因为停泊在港湾那艘幸福的船，承载着我的家人，我的成长，我的依恋。只要有蓝天，有碧海，这个城市就会拥有美好的未来！

爱在烟台，难以离开。

大理　错过的风景不会再来

对大理仰慕许久。但那年与大理初见，却让我格外失落。

依稀是个秋高气爽的午后，煦暖的高原阳光均匀地洒在游客们身上，伴着小商小贩们喧闹纷杂的叫卖声，我随着人流，快步踏上崇圣寺门前新旧参差的青石台阶，期待已久的壮美景色尽收眼底。

游览团队先是齐聚千寻塔下，瞻仰了白底黄字的"永镇山川"，之后鱼贯而行穿堂入院。火辣的日头穿透稀薄云层，把每个人的脸庞都晒得红红的，走在队尾的自己有些恍惚，一面在纷乱中捕捉着解说声源，一面神游在古国往事的对号入座中。当我再次在滚烫的日光下驻足仰头，映入眼帘正是饱经风雨侵蚀、已变得有些倾斜残败的青色古塔，微风拂过，斑驳的密檐风化处粉尘肆扬。低头俯瞰阶下，入眼尽是充斥着浓重商业气息的浅灰仿古重檐，还有肩背行囊、手持纪念品的游客，人车拥塞，嘈杂喧嚣。转瞬之间，一种难以名状的感觉奔涌心头："这里难道就是传说中富甲天下的南诏古国？此处便是演绎过《天龙八部》段王爷精彩故事的佛香圣地？"

待到和团队一起穿梭迂回，一睹曾朝思暮想的"三塔倒影"，更是体会到了"观景不如听景"的深意——不过是巴掌大的一处池塘，水面上影影绰绰晃动着三个烟筒状的羞涩塔身——清晰地记得地理课本的插图，那分明是一片波光粼粼的碧海嘛！殿宇千间的南诏古刹，誉满三都的天龙佛寺，徐霞客笔下的"高松参天"，"声闻八十里"的鸿钟晨鸣……想象中的唯美景致与亲眼所见的实物反差太大！我匆匆绕过拍照留念的人流，草草结束了大理游览。真不忍心让接下来的行程破坏了多年以来的心驰神往。

带着遗憾踏上归途，也自然失去了高谈阔论的雅兴。我自顾将头深埋车椅，同行伙伴们似乎也有了倦意，车上没有了私语交流，显得异常安静。沿着崎岖山路渐行渐远，车子晃晃悠悠，心情来回颠簸，思绪依旧纷飞。别了，这有名无实的"妙香佛国"！那些从金氏武侠里幻化出的"四境宁静、国泰民安"的大理国盛世和对天马行空、飘忽不定的镇南王的记忆已变成泡沫逐渐远去……

"月光下的凤尾竹，轻柔美丽像绿色的雾；竹楼里的好姑娘，光彩夺目像夜明珠……"也不知过了多久，一阵轻柔、舒缓的音乐慢节拍，悠悠哉哉，由远至近，缓缓飘来——就像一泓平静的湖水，投入了几块漂亮的鹅卵石，让人情不自禁随着圆润波纹一起荡漾开去。这是"筚郎叨"（傣语葫芦笙）发出的瑟竹之音！时颤时顿、丝丝入耳——哦，不经意间，自己已置身于彩云之南葫芦笙的原产地。这可是傣族、阿昌族、布朗族民间老艺人活跃，"筚郎叨"荟萃的民乐聚居之所啊！

"听啊，多少深情的葫芦笙，对你倾诉着心中的爱慕……"舒缓悦耳的声调，玄玄渺渺的曲风，穿越了凤尾竹海，穿越了傣族楼阁的天籁之音。我想，这种民乐曲风传递的丝丝柔情，任何人听了都会怦然心动。

不知不觉中，我的心绪开始慢慢好转，不由得睁开眼，轻轻抬头，向窗外张望，去寻觅声音的来源。而就在一刹那间，我愣住了。一座座秀美的山峰，在薄暮掩映下，未加任何修饰地映入了眼帘。云雾淡淡，但山与云雾缠绕得和谐且自然，一幅既非江南又迥异于塞北的高原山水画呈现在面前：山脚处，是大理白族特有的白墙黑边院落，错落有致地散布；半山腰，是典型的青山、碧水、茂密森林；而山的顶端，却是白雪皑皑，冰川林立，让人看之不尽，参之不透……带给人的第一印象并非苍凉神秘，而是一种朴实无华很想让人去亲近的感觉。

　　还未及仔细地品味，同行者们已经在大呼小叫！顺着他们的指引看去，车的另一侧，一面更宽更大的玉带自天际铺展而来：她有点像运河，却明显少些人工修饰的痕迹，相比之下，更恬静，更淑女。几艘古色古香的游船泊在水的中央，船上竟然没有游人，只是那样静静地浮着，任凭被风儿吹得荡来漂去。那景色在《桃花源记》里读过："夹岸数百步，中无杂树，芳草鲜美，落英缤纷……"好一派远离尘世喧嚣，不受世俗困扰的安适景象！令人叫绝的是，仔细端详这真实世界的波纹荡漾，那水中清晰倒映出的分明就是雪山伟岸的身躯！这就是洱海吗？那便是苍山吗？这山水相融，与天上不断变换图案的云朵搭配着，组成了云贵高原上最和谐、最浪漫的风景。

　　车上的人们兴奋起来，我的心情变得格外地开朗，车行速度也随着我们的心意放慢了，为的都是这极致的景色。抬头望去，天上竟然没有一丝云，云彩都挂在山腰，成了条条玉带；而那洱海，则像一条更宽、更长的飘带，轻系在蜿蜒曲折的山脚。我感慨大自然的鬼斧神工，山、水、天、地，就这样由造物主神奇般地捏合到了一起，少了哪一个，都会有挑剔者认为，这一幅唯美的天然画作留有缺憾。

我愈发感觉到了自己的浅薄：大理的美，并不囿于一景一物的简单堆砌，而是一种自然的、经年的沉淀，是需要用历史和文化的概念去读取的——"水光万顷开天镜，山色四时环翠屏"。这"风、花、雪、月"之乡的"银沧玉洱"，的确不是浪得虚名！

历史上赫赫有名的大理国，文治武功的段氏家族，祖祖辈辈生活于此，为后人留下了诸多传奇。是啊，崇圣寺三塔西望苍山应乐峰、东眺洱海碧波处，建于南诏王劝丰祐时期，有约1200年的历史。三塔鼎足而立，大塔名曰"千寻"，两小塔南北拱卫，其建造方式甚为独特："堆土建塔"——垫一层土修一层塔，塔修毕再逐层除土——"挖土现塔"。想想，在科技水平和生产工艺均不发达的千年之前，身着不同服饰的各族百姓手拉肩扛，山羊驮砖，建造大理国"镇泽之宝"，建塔所搭之桥绵延十里，高如山丘，也算难能可贵了。说来凑巧，三塔落成之际，水患便神奇般地消除。更为巧合的是，前大理国经营了157年，后大理国也恰巧维系了157年，三百多年积淀下南诏佛国厚重的风土人情，也造就了大理国皇帝"灌顶逊位为僧"的独特历史：大理国王位传续22代，有9位在崇圣寺出家当过和尚，故此地亦被誉为亚洲东南"佛都"！大理的美，不是拘泥于任何简单的人造建筑，而是自然景观和历史文化、民族风情的绝妙组合，是需要用心去解读，用时间去慢慢理会的。而初到大理的自己心浮气躁、浅尝辄止、妄下断言，若不是被天上飘来的神曲唤醒，也许就永远错过了这人世间的极致之美！而瞬时错过的景色，竟然是你苦苦寻觅而不得的最爱！

转念想想，人生何尝不是如此？现代社会高效率的运转方式，高负荷的工作压力，让人们习惯了忙碌奔波，匆匆而来，匆匆而往。有几个人能从繁忙且机械的状态中抽身，停下来，歇歇脚，看一看近在咫尺的风景？人生的路上，很多人都会为自己设置一个又一个继续前行的目标，为之不懈奋斗，孜孜求索，但又有几个能抽出时间回味一下，曾经拥有，或许今后也难以复制的幸福而又浪漫的回忆？又能适时地关注一下，围绕在你身边、平凡而又惬意的生活呢？其实，幸福就在你身边，只不过咀嚼久了，已分辨不出原本甘甜的味道。当你尝尽了人间冷暖，从喧嚣和浮躁的名利场醒来，才会发现，珍惜当下，历久弥新，不要错过，便是最好。

也许人生本来就该如此，乐趣在于奋斗的过程，而不是计较和对比最后的结果。生活在现实世界的人，很难能做到宠辱不惊和去留无意，但无论什么时候，一定要懂得珍惜拥有。无论身处何方，何等位置，都要学会张弛有度，时常有意识地把繁忙的事务停下来，将头转向窗外，去看一看路边的风景：那些在路上擦肩而过的遗珠憾事，那些永远尘封在泥土里的未了心愿，那些深藏心底不愿再提的昔年担当……这百般的滋味，让人生旅程变得丰富而多彩。亲情、恋情、友情、乡情，关心、关爱、扶持、携手……这蕴含在平凡日子里的幸福之源，让你心中有爱，情有所系，从容地去面对人生旅程中的坎坷与风雨。只有这样，我们对生活和生命才会更加珍惜，工作和学习也会倍加努力。

当车子与大理渐行渐远的时候，我记起了一路同行导游说过的话："我们大理地处高原，海拔高，紫外线照射强烈，在这里，遮掩和粉饰是不起作用的。我们这里的一山一水，一草一木，他们的美是格外真实的，是经得起时间考验的呀。"

为这话，我琢磨了很久；想起了这句话，我就想起了久别的大理。

葫芦丝：月光下的凤尾竹

填词：倪维德　编曲：施光南

月光啊下面的凤尾竹哟	轻柔啊美丽像绿色的雾哟
竹楼里的好姑娘	光彩夺目像夜明珠
听啊	
多少深情的葫芦笙	对你倾诉着心中的爱慕
哎金孔雀般的好姑娘	为什么不打开哎你的窗户
月光下的凤尾竹	轻柔啊美丽像绿色的雾哟
竹楼里的好姑娘	歌声啊甜润像果子露
痴情的小伙子	野藤莫缠槟榔树
姑娘啊我的心已经属于人	金孔雀要配金马鹿

成都　一个让人迷醉的城市

"一年成聚，二年成邑，三年成都。"成都，传承了天府之国三千年盛世芳华，城址始犹未变，城名沿用至今，城市历久弥新。读懂成都，需要大智慧。

> 连峰去天不盈尺，枯松倒挂倚绝壁。
> 飞湍瀑流争喧豗，砯崖转石万壑雷。

开蒙的成都与穷乡僻壤相伴，被洪灾水涝尾随。秦岭、邛崃、龙泉山叠嶂层峦，岷江、沱江恣肆汪洋，百姓视蜀道为畏途，视洪水为猛兽，沧海桑田无数次的天灾人祸、风霜洗礼，成都的岁月年轮上，深深地镌刻着许多欲说还休的沧桑与苦难。

思变则通。"古蜀国"崇帝鳖灵凿山开峡，驱水开田，养蚕捕鱼，始将贫瘠巴蜀荒野变成丰饶鱼米之乡。五世之后，开明王朝迁都郫邑至成都，这颗镶嵌在川西平原的黯淡明珠，终现璀璨光芒。秦设郡成都，筑城修堤，兴修水利，"水旱从人，不知饥馑，食无荒年"的天府之国始为世人所知。昔年，邓艾千里偷袭，绕行阴平道，攀越摩天岭，攻下益州城，逮住浑浑噩噩的刘后主，使得三国鼎立之势自蜀都而倾，也让成都的富庶生活，胜似江南的美景自此声播中原。后蜀皇帝孟昶热衷城市建设甚于治理国家，城墙之上遍植芙蓉树，"四十里为锦绣，满城尽是芙蓉花"，"蓉城""锦官城"始为成都之官方雅称，这座老树新芽的天府之苑，上演了千年不老的魅力神话。

"少不入蜀，以蓉为盛"。成都拥有优越的自然条件和生活环境，草木长青，气候适宜，商业兴旺，人才鼎盛，似乎万事皆已具备。但古往今来，在成都建都的王朝均未能统一中国，独掌天下牛耳。益州刘备苦心经营"民殷国富"的蜀汉王朝，文臣武将称得上鞠躬尽瘁，上好基业却让庸才阿斗葬送，当然，国力不济、连年征伐、人才凋零才是内因；后蜀孟知祥"发丁十二万修城"，芙蓉花香透锦里，却无法改变三子孟昶尽拥前蜀故地，不思进取而被伐亡国的宿命；唐玄宗避安史乱，唐僖宗躲黄巢军，仓皇出逃时皆首选"表里江山、内外险固"的成都府，道观青羊宫竟成皇家御用避难所；张献忠携部30万余闪击成都，"一路州县望风瓦解"，旋即建立的大西国曾短暂辉煌，却很快在内忧外患下土崩瓦解；英雄末路的石达开更是惨淡透顶，拥重兵入蜀抗清却无力回天，自缚于大渡河天堑，被诱斩成都科甲巷……

成都不是英雄豪杰的霸业地，却是文人骚客的荟萃城——"天下诗人皆入蜀"。浩如烟云的史籍，记载着雅士们在锦官城的过往与传奇；厚重的文化沉积，平添了天府诸多风情。汉赋泰斗司马相如"凤求凰"，与卓文君当垆卖酒，琴台留下千古佳话。"江山代有才人出"，李白、扬雄、陈子昂、王勃、高适、岑参、卢照邻，这一干恃才放旷的诗家，皆曾游历驻足，把酒问月，消愁疗伤。无数感怀思绪，鲜活往事，停留在青羊宫、望江楼、武侯祠、杜甫草堂这些历史记忆，当然，也缺少不了荔枝巷、洞子口一样的寻常巷陌，钟水饺、赖汤圆这般茶楼街坊的烟火故事。

一生颠沛流离的杜工部，曾"五载客蜀郡"，在成都度过了一段相对安逸的时光：

> 翳翳桑榆日，照我征衣裳。
>
> 我行山川异，忽在天一方。
>
> 但逢新人民，未卜见故乡。
>
> 大江东流去，游子日月长。
>
> 曾城填华屋，季冬树木苍。
>
> 喧然名都会，吹箫间笙簧。
>
> 信美无与适，侧身望川梁。
>
> 鸟雀夜各归，中原杳茫茫。
>
> 初月出不高，众星尚争光。
>
> 自古有羁旅，我何苦哀伤。

成都府喧嚣都会演变为故土新痛，浣花溪淡淡春色幻化为家国忧伤，待到"漫卷诗书喜欲狂"之际，他已彻底熄灭了当年追逐仕途的激情火焰。

> 曾经沧海难为水，除却巫山不是云。
>
> 取次花丛懒回顾，半缘修道半缘君。

多情的元稹诗中咏叹之人是韦夫人还是薛涛，学界尚有争论，但在成都这个让人迷醉的城市，元稹与薛涛咏诗论政，情投意合，相伴度过一段无忧无虑的温情时光，却是抹也抹不去的蓉城记忆。

水国蒹葭夜有霜，月寒山色共苍苍。

谁言千里自今夕，离梦杳如关塞长。

一个是"别后相思隔烟水"，一个是"望江楼上望江流"，锦江畔汲井水、制诗笺、善与名士结交的才女薛涛郁郁而逝，而"苍苍劲节奇，虚心能自持"的玉女津翠竹，业已葱茏成林……

许多年以来，无数英雄壮士从远方和异域奔赴蓉城，胸怀忧国忧民凌云壮志，或主政一方，或挥斥方遒，经年之后，便适应了舒缓节奏、低声细语、饮食无忧的天府雅境，学会了文人雅士的慢条斯理，习惯了酽酽的古茗茶香，燃烧在心头的熊熊火焰渐次熄灭，年轻时的锐气豪情在不经意间散尽，开始习惯于肆坊江边把酒言欢，竹林静水辞赋应答……遥想当年，坚韧的刘皇叔与睿智的诸葛亮一路披荆斩棘，征汉中，收益州，独霸西南，何等骁勇快意？而仅仅几十年后，未能继承父辈文治武功的蜀官二代，获悉邓艾偷袭阴平，卫将军诸葛瞻盲目出战军溃身亡，后主刘禅则惊慌失措开城出降，让蜀汉本有很好的翻盘机会，却拱手痛失好局。据险剑阁的姜维望着无用武之地的子弟兵们，只有搓手顿足的份。有勇无谋的诸葛瞻，自是没有理解父亲临终亲授《诫子书》的含义。已把成都当做家乡的刘禅，必定忘却了当年长坂坡的凶险。大家都已习惯了天府国的安逸舒适，再去披袍上马，大动干戈，那是断然做不得的。

三国归晋之后，成都也主动加快了与中原的融合步伐。"既丽且崇，实号成都"，晋人左思的《蜀都赋》让成都誉满天下，更多文人才子慕名而入，推崇和美，倡导辞赋，拒绝战争，厌弃暴力，乐不思乡。成都城长期维系着一派繁荣景象，并沉淀下更多文化底蕴。岁月更迭，盛世王朝名流胜迹虽已物是人非，但成都始终保持着秦汉唐宋的风骨婉约，舒缓的生活节拍中，渗透出与生俱来的恬淡与从容。那种流淌在骨子里，流露在言谈举止中的超脱与安逸，让人迷醉其中，流连忘返。

为何成都如此淡定与从容？或许每个成都人都会给出一个迥乎不同的答案，勿须一一对号，只要闲暇时亲身来趟成都，看看城畔绿荫掩映下的都江堰，或许一瞬间就会懂得。

几千年前的成都，冬春干旱，夏秋洪涝，加之地震、山崩、泥石，交通闭塞，这位娇羞的小女子，每天每夜都在焦急忧虑、担惊受怕的环境下度日。当岷江、沱江的滔滔洪水裹挟着暴雨从陡峭的岷山、九顶山狂奔而出，一泻千里，低洼的川西平原无险可守，良田变泽国，家园被冲毁，百姓颠沛流离。彼时，柔弱的成都平原，是名副其实的"天府之泽"。

是一代代治水先驱前赴后继、持之以恒的努力，让苦难沧桑的成都不再梦魇。有治水不成偷盗息壤、功亏一篑被杀的鲧，和继承父业为疏水道"三过家门不入"的禹，他们父子治水抗洪的足迹，曾遍及蜀地三江。还有古蜀开明王鳖灵，先后打通岷江和沱江，疏通巫峡和金堂峡，使得桀骜不驯的长江和岷江洪水得到有效抑制。当然，让成都彻底脱离苦海的还是泽被天府千年、呵护成都终生的"都江堰"，他的缔造者蜀郡太守李冰父子，汲取先人治水经验，以火烧石，力劈玉垒山，凿出"宝瓶口"；"圈养"鹅卵石，竹笼造堤坝，飞沙堰分洪排沙；"分四六，平潦旱"，鱼嘴四六分水，疏通淤塞，外江防洪排涝，内江用于灌溉；"深掏滩、低作堰"，确保岷江水通过宝瓶口，乖乖地流入成都平原。于是乎，咆哮的洪水被驯服，饥渴的土地被滋润，泽国再变良田。都江堰，犹如守护在娇弱女子身边的伟岸男儿，压抑住胸中涌动的滔滔波澜，浑厚的臂膀稍微一弯，就轻松地将成都平原揽在怀里，无论风吹雨打、地动山摇，我自岿然不动。让小女子静下心来慢条斯理，梳妆打扮，尽享荣华。

"锦江春色来天地，玉垒浮云变古今"，这是羁留他乡的杜甫于二王庙留下的诗句。不难发现，忧国忧民的杜工部，曾经有一段忘情岷江水，迷醉天府美景的好时光，看着优哉游哉的玉垒山，想想沦陷的长安城，登高望远的杜大诗人定会萌生无数感慨，也难怪杜诗人现存1400首诗歌作品，有1000多首为入蜀后创作，而旅居成都4年，竟有240首佳作密集问世。成都真是个触发灵感、启迪思维的好地方。

这，也许就是成都始终保持淡定的一份理由。

心怀感恩，害怕失去，故而珍惜。

这不是矫情，不是世故，更非无病呻吟。一个人若未亲身经历苦难和折磨，很难理解幸福来之不易，更不会珍惜当下之美好。社会安宁，家庭和谐，家人健康，似乎平平淡淡，司空见惯，但一场战争，一番洗劫，一次疾病，一个突发事件，都有可能打破平衡，颠覆现状，让幸福和快乐成为可遇而不可求的奢望。更何况，这里还是"九天开出一成都，万户千门如画图"的天府之国，安适岁月经不起任何无谓的折腾！

成都人习惯了逢年过节出城，像拜访老友似的，全家一起出发，去看看不弃不离呵护蓉城2300载的都江堰。好男儿都江堰，总是那么泰然若定，分水鱼嘴、飞沙堰、宝瓶口各司其职，一如既往地守护在岷江江心。正是这位成都守护神，见证了世界最早纸币、中国最早皇家画院和春联、中国文学史首部词集在川西平原的诞生；见证了鱼凫、杜宇们创造的三星、金沙文化；见证了王勃、高适们名垂千古的辞赋文章。有了他，就有了天府之国生存富庶的基石。有了他，就能让涓涓岷江水再滋润川西几千年，五谷丰收几千载，百姓心里舒坦几千岁。只要拦江大坝巍然屹立，只要岷江之水四六分流，成都人就会无忧无虑地过生活，竹躺椅配上盖碗茶，泡在茶馆里打麻将，啥子都不怕，连做梦都会特别踏实。

历经沧桑，走过风雨，就会格外珍惜来之不易的幸福。成都人时常会咀嚼这个城市的另一面历史。蒙古铁骑曾三次踏平成都，二次毁掉这座城市；清朝军队持续不断用武，先后用了30多年才攻占成都；屡遭涂炭致使天府之国千里无人烟，才有后来"湖广填四川"的晦暗经历。成都人明白，任何刀兵战火，都会改变这座城繁华恬淡的现状，打乱老百姓品香茗、摆龙门的平静生活，毁掉数千年的文化积淀。极少经历战乱的成都特别惧怕战争，渴望和平安宁。在成都人的骨子里，他们敬仰英雄豪杰，也主张积极进取。同时，他们认为，一个人生命有限，既飞得高远，又飞得平稳，最后成就经天纬地大业者毕竟是凤毛麟角。成大事者值得尊崇，而在社会上更多还是平常人，要用一颗平常心来做平常事。守护好故乡沃土，照顾好家庭亲人，踏踏实实地生活，扎扎实实地做事，舒舒服服地品味成长过程中的简单、愉悦、平静、安逸，不亦乐乎？

也许这种淡定从容的状态会给"压力山大"的现代人很多启示。当社会处于转型期，竞争氛围浓郁，急功近利就会成为国民追逐的常态，所有人都在以奋斗之名，拼命奔跑，希冀一日长大，一夜暴富，一朝成名，最好一步跨上三个台阶，早日登堂入室，务必独占鳌头。很少有人会停下来，仔细思考一下人生。功利主义使得民众群体性地心浮气躁——"全民焦虑"。拜金主义则让道德伦理作用弱化——"礼乐崩坏"。没有信仰的社会，无论哪个阶层，都会有深深的不满足感和不安全感。达不到目标，焦虑愤懑，一旦获得又萌生新驱动。重压之下的忧虑与误解，信任危机形成的莫名敌意，令矛盾冲突凸显，极端问题彻底暴露在社会各个角落。好多见所未见、闻所未闻，本不该酿成的悲剧和事件，都在转瞬之间因心态失衡而集中迸发。

痛定思痛，在一个有所敬畏的文明社会，真的需要更多宽广包容的胸怀，需要更多关怀理解的引导，让浮躁的情绪回归理性。学会用淡定的心态与举动，直面纷至沓来的考验与挑战，为一刻不停歇的"社会人"解压、减负。人的一生成长注定是波状曲线，谁也不可能持续高位，高光时刻切不可肆意妄为、骄横自高。低谷时期则要适时地转移一下关注目标，来舒缓，来沉淀，来理顺，会让未来之路走得更踏实，更轻松，更坚定。

穿越几千载岁月风华，都江堰始终平静、自然有序地滋润着这块土地，安详如初。作为受荫者，成都也一直保留着传承至今的淡然心性。彼时成都汉昭烈庙与武侯祠合二为一，君臣合祭举国罕见，这也印证了这个城市不拘泥于约定俗成的行事风格，也算综合平衡了君臣位置与个人贡献。如今的成都依然历史与时尚兼容并收，既有人文科技城的高楼林立，也有小吃街大排档的大快朵颐，有攀爬在高楼之上憨态可掬的大熊猫，更有小剧场里频频秀恩爱的耙耳朵。我很赞赏前卫的太古里与古典的大慈寺比邻而居，欧美范的时尚前沿与中国风的传统文化融为一体，竟丝毫未感觉有何不妥。

淡然优雅的成都仿似荷尔德林理想中的"诗意地栖居"：淡定从容不是不思进取，而是一种举重若轻的心态，一种虚怀若谷的胸怀，一种从容不迫的行动。心态好了，便可更加从容地掌握好节奏，更好地理顺传承与创新，事业和家庭的关系，承担起人生责任。空闲时陪伴家人来一次天府之旅，老茶馆摆摆龙门阵，感受一下锦城小吃、麻辣火锅，以及"变脸"所营造的城市氛围，尝试一下怎样才是真正放松的心态，怎样才能淡泊功利、全身心投入做事情。所谓一个人的幸福，是自己对于人生体验感的满足。要时常自省，切莫心浮气躁、浅尝辄止、急功近利。多借鉴成都与都江堰的"千年之盟"，用文化来洗涤灵魂，豁达心胸，解读城市与人生的真谛。多一些感恩和包容，少一些自负与焦躁，生活就会变得更加有趣，生命也会变得更加有意义。

桂林 一个人的叠彩时光

生活在北方城市，一年里总会邂逅几次不大不小的雾霾天气，不知为何，当沙尘暴以一种不可拒绝的姿态光临，遮天蔽日，空气中弥漫着影响心绪的阴霾便久久不散。此刻的自己会不自觉地去思念南方和煦的阳光，那些沐浴在美好景物和心境里的日子，还有那个软软能触抵心灵的城市。她的名字叫桂林。

这是一个山、水、城，洞、江、楼结合相对完美的旅游地。城市不大，却很别致。弥眼是绿树成荫、大小错落的山包，玲珑有致的楼房和曲折悠长的巷弄，加上红花、绿树、青石、蓝天的相互映衬，你会感觉"榕城"成熟的自然美。"桂林山水甲天下"——的确，从先秦到唐宋明清，无数的文人墨客曾光临此地，访古寻幽，论道抒怀，桂林风光驰名遐迩。也难怪韩愈先生从未来过此地，也会凭其所闻加以想象，写出"江作青罗带，山如碧玉簪"的传世名句了。

在这个秀美的小城做了个颇为出彩的成果发布，适逢周末，便自我奖励，出去品鉴一下桂林丽景。不想被固化的行程和时间所约束，便未邀导游和同伴，也没有选择经典的桂林旅游线路——驰名遐迩的漓江泛舟或是阳朔漫步。做了一番功课后，选择了一人出行——去探访桂林城区未被浓妆重裹的另一面……

也许这个选择是对的，偷得浮生半日闲的碎片时光里，我看到了本不熟知的叠彩山，看到了卸妆后桂林山水的恬静柔美；在一个人的叠彩山，我看到了梦中的那只蝴蝶。

叠彩山属于小城山峦不太出风头的一座，估计外地游客鲜有兴趣光临。的确如此，大家都随着五颜六色的导游旗帜指引，蜂拥着去漓江漂流、西街猎奇，市区免费的景点公交车上，乘客寥寥，我可以舒服地坐着空荡的木制长座椅，优哉游哉开始自己的行程。市区地图还没研究透，刚晓得了叠彩山由"东西屏列的于越山、四望山，高峻并峙的仙鹤峰、明月峰"组成，目的地已近在眼前。

叠彩山是桂林市区的一个城市公园，在桂林，类似这种把天然的山、林、河、湖圈一下，再围上栅栏，顿变风景区的旅游项目很多。伏波将军马援南征驻留的伏波山，洞藏水月三花酒的象鼻山，明靖江藩王府后山花园的独秀峰，城中有山，山中有景，城中有府，景在府中，山、景、城、府合一，谁叫人家桂林天生丽质呢？穿过与山脉浑然一体的公园洞口，顿觉豁然开朗，平日里工作忙忙碌碌，很长时间没研究何为天高云淡了。微风拂过，绿树黄枝沙沙作响，整个山区空旷寂静，呼吸着天然氧吧的新鲜空气，浑身都透着舒爽。整理好心情从容迈步，曲曲折折自下而上攀登，恍惚中，似乎又开始了一段新的人生旅程。拾级而上，简直就是人生最初的迈步，充满对山巅美好景致的向往，心情是激动的，脚步是轻盈的，一路上竹林苍翠，藤萝蔓翳，花香醉人，难得身临其境，情不自禁要踏歌前行。想起毛头的职业生涯初期，就像今天的叠彩山之旅，目之所及都是美好，攀爬起来既有热情，也有温度，冲劲十足，真恨不得追逐着太阳狂奔，全然不顾周匝环境氛围，也从未考虑啥叫风头太盛，该怎样低调前行。当然，那才是青春的脚步啊！一边梳理着思绪迈步，一边心有所悟，会意浅笑，顺着并不陡峭的小路前行，尽可遍赏叠彩山脊花边的风景。因为降雨充沛，这里的一草一木都长得很精神。茂盛的植被苍翠欲滴，透过微小的叶间缝隙，入眼依旧是绿树红颜。攀满藤类植物的岩壁之上隐现"玉叠蓬壶"四字遒劲行书，巨石横断，叠放有序，幽谷含羞，绿意盎然。"山以石纹横步，彩翠相间，若叠彩然"，看来古人所言非虚。

心态好，状态就好。漫无目的在山腰驻足，顺着石缝张望开来，不远处屋檐照壁，炊烟袅袅，犹如开卷许久的浓墨山水画。稍觉无聊，耳畔应景地传来阵阵清脆悦耳的鸣叫，顺着声响一路赶过去，寻到了被高高围起的超大铁笼，指示牌标注为"飞禽园"，有孔雀，有山鸡，叽叽喳喳，似乎在开着大会。同为世间生灵，也总困在笼中，怎么叠彩山的鸟儿显得如此安心惬意，全然不似焦躁的人类？折返路上左思右想，迂来绕去，竟然寻不到继续登山的台阶。此时天色渐暗，原本三三两两的游客已不见行踪。继续攀登，还是原路返回？这也很像人生打拼时常碰到的问题，做事业如登山，越往高处走，越感觉累且难，虽说有辛苦和抱怨，但为了欣赏更美的风景，总不肯轻易停歇，仍坚持负重前行，谁也不愿轻易向下而行。其实，任何人的事业都不可能一辈子长青，时不时要碰到些沟沟坎坎、磕磕绊绊，甚至会莫名陷入低潮被压制，这些时候更需要我们静心反思、谋势而动。既然暂时找不到上山的路，何不歇歇脚休整一番，再起身赶路也不迟。

在浓绿遮挡的石凳上好好歇息一阵，再起身缓步向前，还没有发现上山的路，却歪打正着觅到了叠彩山系的名片——"仙鹤洞"。有山则有洞，有洞则有奇，桂林有中国最齐备和最漂亮的洞。"仙鹤洞"名头不大底蕴颇深：写《水经注》的郦道元曾到此驻足，特定时期此洞躲天灾，避战乱，用作课堂住所，当过电讯局驻地，发挥着异乎寻常的作用。两头透气的拱形洞体容积超大，洞内岩壁陡峭参差，上面镌刻着"仙鹤神韵""仙洞云深"等不同年代名家的石刻作品。因绕到了山的正面，加之洞深却不密闭，阳光毫不吝啬地洒了进来，感觉特别温暖。晚霞沐浴处，一个年约70的老人优哉游哉打着太极拳，就像金庸作品中侠骨仙风的武林高手。看我进来，老人和蔼地打着招呼，我也饶有兴致地和他攀谈起来。从岩洞轶事到桂林山水，再到环境保护，我俩聊得很投机，就像两个久未谋面的

老朋友。实际上，人生何尝不是如此，事业爬坡的你可能要到陌生城市打拼，与不同的新交互为工作伙伴，很难预测归宿究竟在哪里。既然人生旅程无法轻易改变，你完全可以把所经过的驿站作为人生积淀的平台，广结良朋，豁达思想，丰富体验。

告别老者，顺着他的指引，快捷地找到了隐藏洞后的登峰路径。一边思考，一边赏景，追随着太阳西落的脚步，爬山的节奏也在加快。此时，夕阳染红了江面，把叠彩山照得金灿灿的，把登山者晒得暖洋洋的，让人不觉心潮涌动。江水绕过，羞红脸庞的叠彩山被系上一个漂亮的长围巾，山下的楼房就像精心搭建的层叠积木，营造着一个又一个幸福家庭的温馨。转瞬间，山风阵阵，凉意顿生，让人心头为之一振。在这唯美的山巅，可以肆意飞奔长啸，可以尽情思维奔逸。没关系，这里四周无人，这山，这景，这层层叠叠的顽石，这爬满峭壁的白花绿叶，现在整个世界都是属于我的。

山峰已经踩在脚下，自然而然体会到了"山青、水秀、洞奇、石美"的桂林四绝。太阳的余晖洒在山头，心里瞬间就涌起了思乡的心绪。一个人的叠彩山风光无限，可惜少了共同分享的人，徒添感慨。

正当准备踏上归途，我却收获了意外的惊喜——视线之所及，一方嶙峋的岩石正攀伏着一只可爱的蝴蝶。叠彩山有一个蝴蝶博物馆，可惜时间原因，没来得及参观，本以为已错过……转念一想，叠彩山已经给我这么多惊喜，不能再去苛求，正如做事创业一样，经历了就是财富，无论得失。如今，无意赏蝶她自来，更让我欣喜万分——好美的叠彩山使者！长长的触角，透明的彩翅，翅膀背后是谜一样的彩色圆斑。被惊起的她在巨石周围盘旋了好一阵，熟练地使用长在脚上的舌头拨弄着花萼，轻嗅着野花芬芳，一番忙碌后似乎有些累，也不顾身旁有人，一头扎了下去，自顾慵懒地伏在了石栏上，呼吸着清新的空气，看着山下的景色，什么功名利禄，什么你争我赶，人间发生的一切一切均与她无关，她在山巅独享清闲。

"不知周之梦为蝴蝶与，蝴蝶之梦为周与?"现实世界的人类活得很累，事业打拼注定失去许多自由和乐趣，或许，我们活得还不如一只蝴蝶。习惯了岁月的喧嚣，便拒绝一个人独处，其实，五彩的人生长廊，有一段抛弃物欲，放下面具，回归自然的生活，也何尝不是一种别样的风景?"人间有味是清欢"——梦境的蝴蝶当为物化，这只叠彩山上不受外界所扰的美丽蝴蝶，就更让人羡慕了。我将镜头缓缓移近了，再次定格。蝴蝶依然一动不动。我很想轻轻地把她捉在手中，但很快改变了主意。近在咫尺，未必交集，我们生活在两个不同的世界，我自然没有权利打破她平静的生活。达夫妮·杜穆里埃的话我始终记得——"幸福并非可以估价的财物，而是一种思想状态，一种心境。"我所觊觎的山巅精灵正沉心于她的蝴蝶梦，万事万物皆有梦萦心，既然学不得庄子出世脱俗的达观，也只能再抖擞精神，继续历练并进化吧。我衷心祝愿这只幸福的叠彩山蝴蝶，永远不落尘世的俗套，开开心心地生活在这世间。

微风拂过，蝴蝶就像一只乖巧的猴儿，轻翻着跟头飞下山去了。揉揉疲倦的眼睛，蝴蝶已经飞走，只剩下一个人的叠彩系在山巅。

丽江　邂逅　并非爱

上半场

有人说，人生就是一场"在路上"的漫漫旅程，最曼妙的是旅途中的醉人风景，最难忘的是风景里的温情故事，最该珍惜的是一起远行的知心伴侣，最可贵的是经年以后，还记得旅途风景和故人……

大家都说，丽江是个适合旅行且有故事的休闲胜地，可以邀约共赏风景，一起留下过往。于是乎，怀揣着往昔记忆，有人来怀旧；憧憬着邂逅相逢，有人来寻踪，有着共同期许的人们齐聚这滇西北小城，演绎出诸多的爱意时光。因为，最浪漫的故事，总是在良辰美景中不经意地上演。

年少的丽江是清纯且不施粉黛的。若干年前，她应该生活在这般场景里：圣洁如玉的玉龙雪山沐浴着亮丽曙光，清澈的黑龙潭水依着地势顺流而下，在洁净的雪水衬托下，古道上犬牙参差的五花石显得愈发锃光瓦亮。"静谧"，想必是这座高原小城的主旋律，即便东方尽晓，当地人也未必起床，睡到自然醒，这是纳西原住民多年养成的习惯。直到晨光均匀地洒满庭除，这才优哉游哉地踱到"三眼井"采水，开启新一天的生活。穿过忠义坊，走过玉带桥，背着"七星羊皮"披肩的纳西族阿妈，三三两两地打着招呼，沉寂的古屋瑟瑟作响，阿爸从照壁后面踱着步子走出来，手里拿着三两束缀满露珠的花草或是磨得掉落瓷花的茶具，而厦子里咿呀学语的孩童，则揉着蒙眬睡眼，伴着临街茶马古道的清脆响铃，用耳朵捕捉着远远传来的纳西古乐，慢条斯理地写下简单又神秘的东巴文字。"动起来是家园，定格后是山水画"，这就是原生态的丽江——深藏闺中，淡然若定，与世无争。彼时，外乡游客来借宿，总是怯生生的，留与不留，与囊中多少银子并无关系，而取决于老主人一瞬间的心情。谋划着来丽江猎奇、寻故事、找胖金妹？那是可遇不可求的奢望，静谧的丽江唯有古风清雅——晒晒几幅古旧字画，雕刻三两件羊角梳子，听几段白沙细乐，勾画下半篇东巴古文——这是文化范十足的丽江老主。当然，还有"石榴水"边懒洋洋晒着太阳的丽江汉子，以及街角影壁下休息、见到生人抬脚便走的纳西老太，完整的丽江故事，都必须从这些乡土气息浓厚的原住民说起。

　　不知从何时起，恬静的丽江变得喧闹起来，古城里操着外乡口音的老板越来越多，他们开着豪车、揣着现金来收罗临街店铺。从起初的断然拒绝到接下来半推半就，到最后争抢着高价抛售，当地人还是禁不起从天而降的金元诱惑，或早或晚陆续迁出了古城，原本就没有城墙的丽江古城，先天不具备抵抗资本侵入的基因，被"糖弹"侵蚀已是必然。古城新晋们开始在"三房一照壁"上描红涂绿，斑驳的院落外廊扩建成仿古商场，尘封的百年民居变成精致时尚的旅馆酒吧。在市场经济大潮的推动下，古城改造速度惊人，破损古建很快被彻头彻尾包装，并以崭新面貌示人。经过翻新的旧宅院，洁净敞亮大气，由老屋改造的商店货品琳琅满目，许多商品是在千里之外流水线上加工量产。原本老城相对封闭的胖金哥和胖金妹，无奈地接受了转变，有的轻车熟路做了导游；有的身份由老屋主人变为货场服务员。而买房、租房做经营的外地商人，则用其赚取的第一桶金，继续打造复古客栈和酒店酒吧，让游客有了更多选择。当丽江把旅游作为当地致富法宝，资金、政策、人力支持到位，丽江变化是脱胎换骨的：完善排水系统，水曲绕街，山河相映的小城，变得更加清澈可人。丽江老城、束河古镇、玉龙雪山知名度与日俱增，古老的茶马古道迎来了一批又一批游客，毁于战火的木府土司衙门再现昔年流风余韵，让游客们恍惚不知哪些是历史，哪些是现实。

如今到丽江，你可能不知道老街眺雪山赏美景的"嵌雪楼"，不知道纳西族维新诗人创作辞赋的"桂香诗社"，但你肯定听说过赫赫有名的酒吧街，听说过故事与乡愁的"千里走单骑"。你可能了解秋分时玉龙雪山极顶有三尺长日光映照，由此得名的"一米阳光"已经成为丽江旅游的响亮品牌。你可能不知四方街的"启除"就是旧时货物交易的场所，但启除旧址小吃店的鸡豆凉粉、丽江粑粑，应该细细品尝过吧。你也许没来得及沐浴更衣去木府瞻仰皇帝钦赐的11块匾额，导游会说没关系，大家换上民族服装，就在人流鼎盛的"四方街"广场和热情的胖金妹跳起民族舞吧！在物质利益的强力驱动下，丽江变得开放，活力，动感，热情四溢。就连羞涩内向，本不太愿意见生人的纳西族姑娘，也勇敢地和游人牵手，大声唱起本该和胖金哥私语的古老情歌，跳起欢快的"热美磋"❶。去过丽江的你，一定在大水车畔黑白照壁前选过木制玩偶，留下合影吧？也曾在

---

❶ 俗称"热热磋"或"窝热热"，纳西族民间舞蹈，是中国民族音乐文化的珍贵遗存，被认为是世界音乐史的"活化石"。

人影绰绰的玉泉河边许下过心愿，放过河灯吧？是否会去未名酒吧，在鸡尾酒的作用下弹着吉他唱出"想说爱你并不是一件很容易的事"？丽江高原上欲言又止的你，定会被说来就来的夜雨淋成"落汤鸡"吧！生活在混凝土森林城市的人们为了摆脱窒息的工作压力，在这里尽情放松心情，寻求精神慰藉。累了，来丽江；倦了，来丽江，缓释压力，逃避现实，放松心情，重整旗鼓，再战江湖。

日臻成熟的丽江学会了精心粉饰与包装，白天传播古城文化，夜晚尽显灯火辉煌。顺着玉龙雪山流下的清澈山泉连通着水渠石街，无论是以狮子山或者象山为起点，游客们都会沿着弯弯曲曲的街巷，自然而然地汇聚到四方广场，交集成载歌载舞的欢乐海洋。经过精心包装策划，"艳遇之都"的名号吸引了来自世界各地的好奇游客。不知何时起，古城不再有节假日，旅游不分季节，喧嚣不分昼夜，不分种族肤色蜂拥而来的驴友们，足迹踏遍丽江街头院尾，欢乐回荡在古城每一个巷陌角落。被绳子系着吊在束河溪水中的篮子，除了盛放时令蔬菜，又增加了成捆啤酒，用雪水冰镇以待激情四溢的嘉宾。不必担心雨天看不到风景，从高高的客栈望下去，五颜六色的雨伞像云朵一样飘过，云蒸霞蔚，天人一体，美妙至极！油菜花海也在高原田野闪亮登场，花丛中、田埂上，除了摆弄各式造型的自拍游客，便是凝神聚气摆弄拍摄支架的摄影爱好者。喜欢漫游的游客可以陪着爱人，牵着小矮马优哉游哉地从山脚下一直溜达到云杉坪。嫌走得太慢？没问题，丽江也有可任意驱驰的蒙古军马，只是取决于你是否足够勇敢。来吧，偶尔释放一次，在坝子草原上纵马疾驰，听着耳畔呼呼风声和同伴的大呼小叫，你能深切感受到西南坝子与北方草原不一样的快感。

在丽江，你是否曾被热情的导游倾力推荐，遍访被雨水冲刷过的陌生街巷，去找寻那火火滚烫的陈年普洱？还是三五好友围着披肩静坐石桥边，遥望扶摇而上的半月和疏朗群星，倾听小桥流水声音？抑或是伙伴一群围着火塘，热情洋溢地碰撞出啤酒泡沫，伴着刻录CD的原创音乐，追随着街坊乐队的旋律高歌不已？丽江的酒吧打烊很晚，借着酒意，与街头歌手一起，合唱一首清纯的校园风曲目，蒙蒙眬眬地看着鼓掌喝彩的人，影影绰绰，还有好奇献花的外国友人……天下大同，歌舞升平，这就是夜夜无眠的丽江。

丽江的故事很多，大家随便就举出若干个例子：京城某小资偶尔来丽江度假，在一半日光一边雨的惬意日子里，心灵得到了净化和洗礼，各项指标变得越来越正常，原本虚弱的身体已健康如初，于是毅然辞掉年薪百万的高管职位，留在丽江不辞长做背包客；某同事邀请朋友做伴到丽江旅游，在浓浓咖啡香的老街客栈与老板娘一见钟情，旅途中一路纠结的他没有赶上返程航班，朋友已回乡，邀约者反而留了下来，成为老客栈的新老板，从此过上了每天睡到自然醒的幸福生活。还有，还有……故事很多，充满着诱惑。

丽江，真是一个能够邂逅爱的旅游胜地？

下半场

"你在窗前看风景，你又是谁的风景；明月装饰了你的窗，你又装饰了谁的梦?"美好的故事总是讲到酣处则戛然而止,不知道丽江故事里的主人公们,经年之后,一切都还好吧?

没有围墙的丽江从不设防,蜂拥而至的旅者当然想法各异。有人来丽江,看中了丽江潜在商业价值,目的是经略文化,运作旅游、民俗、商贸一站式产业,编纂无法考究的"丽江故事";有人来丽江,则是为了逃避现实,择一个文化气息浓重的旅社或老屋猫着,每日"琴棋书画烟酒茶",放慢节奏,修身养性,慢享生活;有人来到丽江,则是为了远离都市,寻找一个完全陌生的空间,去品味全新的世外桃源,宣泄减压,纵情娱乐,一晌贪欢。

其实,丽江并不是你想象中的丽江,更不是你眼前看到的丽江。

她远非你想象的那么肤浅,那么贫瘠。古老的丽江,富足、美丽,有情怀、有文化。这里木楼青瓦,古街石巷,可谓"山城无处不飞花"。古纳西王国遗风尚在,八百年大研文明犹存,也深深影响了古城的建筑风格。自打有了茶马互市,丽江古城中心就是红色角砾岩铺就、各民族汇集的四方街,而"宫室之美,拟于王者"的当地最高行政机构——木府衙门,却偏安城南一隅,也算"让利予民"了。丽江崇尚汉族文明,"云南诸土司,知诗书,好礼守义,以丽江木氏为首"。收藏东巴经、大藏经的万卷楼,激励后人读书的"天雨流芳"(纳西语,读书去吧)牌坊,都是丽江木府崇文重教的体现,贵族时尚,百姓效仿,一时间丽江诗社云集,文人接踵,造就了高原特有文化传播现象。尚文,并非不能动武,当西域吐蕃肆意发动侵略战争,木府政权携丽江民众,放下笔墨诗稿,拿起武器上战场,竟屡战屡胜,大败吐蕃,夺取了对手许多地盘和武装。

丽江，是有情有义的丽江。木府的木增是丽江第13任土司，官至从二品，乃历届土司官职最高者。他博闻强识，主持兴建了"玉嵩书院"和"万卷楼"，藏书万卷且富冠诸郡，属于标准"官富二代"，另一位"千古奇人"徐霞客少年立志"达人所之未达，探人所之未知"，朝碧海，暮苍梧，走遍中华大好河山。51岁的徐霞客，人生最后一次长距离考察旅游，就选择了丽江，并在此与木增会面，甚是投缘。两位身份迥异的名人，研讨典籍，纵论古今。木增钦佩徐霞客博学广识，以高规格热情款待，徐霞客回忆赴宴之时，"大肴八十品，不能辨其孰为异味也"。木增又请徐霞客教导其子，也便于"窥中原文脉"，为纳西文化书写下辉煌一笔。之后，木增知晓徐霞客因常年奔波落下疾病，滞留鸡足山无法行走，便派出8名丽江壮汉日夜兼程，抬滑竿一路护送，历经5个月、耗时156天，竟硬生生将徐霞客从云南抬到了4000里之外湖北黄冈，之后沿长江顺流而下，助其返回故乡江阴。有记载，徐霞客在返乡次年仙逝，而已处于半归隐状态的木增获悉后彻底"放空"束河"解脱林"，潜心治学，辑书立卷。

"斗笠蓑衣情坦荡，短箫横笛任悠扬。昏夜归来恒醉饱，惟斯真乐在山庄"——也许这就是木增所追求的不问世事的生活状态。回头想想，在当时恶劣的交通条件下，没有木增的大义之举，徐霞客也许早就流离他乡，极富价值的游记手稿也就无法流传至今；话又说回来，没有徐霞客对木增的悉心指点，木增也许不会彻底看淡功名，选择从心所欲，做自己喜欢的事情。二者看似不经意的"丽江会"成就了雅士们的经典永流传，也丰富了有情有义的丽江传统文化。

如果说丽江古城是西南高原的瑰宝，那高耸入云、从未有凡人登顶的玉龙雪山，则是古城的守护神。在当地人的眼里，玉龙雪山神圣纯洁不可侵犯。元明时代，政府相对开明，土司政策宽松，丽江民风淳厚，行事洒脱自由。清初"改土归流"，纳西当地原本自由恋爱的走婚习俗，被朝廷推广"父母之命、媒妁之言"的包办婚姻所代替，深受丽江传统习俗影响，有情有义、敢爱敢恨的少男少女们，也开始了对命运的抗争。他（她）忠于爱情，敢于表白，敢于倾诉，当所有反抗和努力依然不能改变现状，恋人就会携手来到他们心目中冰清玉洁的圣山，在体会人间欢悦之后，选择双双殉情。据说先后有3万多纳西族青年男女在此为爱走到了另一个世界。时过境迁，如今来过丽江的客人们，想必会记起雪山东麓那片丛林环抱、青绿相间的高山雪甸吧，也曾在那里嘻嘻哈哈与纳西姑娘牵手跳过欢快民族舞吧，这也是近年丽江文化旅游的保留项目。你记忆中犹如仙境的林间琼瑶叫"云杉坪"，也就是旧日"玉龙第三国"的入口，纳西语"吾鲁游翠阁"，意思就是"玉龙山的殉情之地"。时移事易，现代人也许不会理解，以生命为代价，去换取超脱尘世的自由，这种举动是否值得，何苦走此极端？每个时代都有对爱情不同的定义和理解，这就是古老丽江最朴实和最真实的情与爱，是金钱和利益永远换不来的。

天生丽质也许很容易和多灾多难联系到一起。经历过地震、滑坡、泥石流多种考验的丽江一次又一次地从废墟中站立。不想离开美丽的故乡，尚需得到物质保障，丽江不得不面对现实，为了生活，她必须坚强，从头再来。也许她并不情愿抛头露面，也许公众面前载歌载舞并非本意，在纷扰的岁月里求生存，她只能整理思绪，强装笑颜。吃过许多不为人知的苦，见过形形色色不同身份的人，见怪不怪的经历让她不再天真，不再执着，她选择了接受和直面人生。的确，物质可以让人目眩神迷、纯情不再；地位可以让人忘却誓言，舍弃真爱，古往今来，这种例子比比皆是。万卷楼在一次次文化浩劫中藏品尽毁，云杉坪爱情旧事亦无人愿意聆听，真情真爱都已踪迹全无，丽江，自然无法脱俗。

匆匆的步履行程，急功近利的物质驱动，让满怀憧憬来丽江的旅者们再次品尝到了另一种伤心。烂漫的爱情故事往往只讲述了前半部分，并没有写到大结局。前文故事里老街客栈老板娘烟熏火烤多年，情怀犹在但青春浪漫不存，让那位死心塌地扎根古城的城市精英，痛苦煎熬不再奢望未来。信誓旦旦要终老丽江的智者们重返北上广，尽管依旧诟病大城市交通拥堵，空气质量差，行走不自由，但为了生存，那里有熟悉的圈子和文化，赚起钱来还是便利。为丽江而来，又再次离开的当事者往往选择了沉默，他们始终没有搞清楚，古城和爱情为何不可兼得？当旅人成为主人，眼里的绝佳风景也会因为岁月洗礼蜕变为熟视无睹。不要指望美丽风景就是疗伤处，要彻底医好心伤，只有靠沉淀人生，充实自我，心安则定。千万别触景生情，旧伤未复，又添新痛。千万别奢望来丽江就能邂逅情缘，在这个浮躁的世界，一见钟情都是故事，不是过往旧事，便是编造奇事。来看风景的人往往想法太多，真诚被充分稀释，急功近利的爱情很难保鲜。邂逅并非爱上的理由，因为你无法保证，这仓促触电的爱能够维系多久。心有敬畏，行有所止，得不到的，也许比得到的持续更长久。为了得到，来日烦恼，不如长留一份温热念想。丽江可以容纳暂时的放纵，可无法将心结收留。因为，你注定只是一个高原过客，浮躁功利的灵魂，并非在玉带河雪融流水的洗涤下能够彻底净化。

加时涂鸦

玉龙山

欧鲁雪线

定格一米阳光

奔忙的岁月

难言精致

纳西让时光静止

一首情歌

几分期许

没有醉意的寒夜

纠结无语

青石板滴落秋雨

良辰美景转瞬

韶华渐远

飞奔而去

三义机场的播音
让记忆停滞
慌乱丢掉的
是背包
丢不掉的
是茶马束河

一壶酽酽老班章
一曲绵绵白沙细乐
清风化雨
在溪水的光晕里
寻找快乐往昔
其实
丽江并非你想象
邂逅不是理由
丽江
只需留在记忆里

海阳　敢想敢做的亚沙城

　　海阳，是山东省烟台市所辖县级市，位于山东半岛的东南端，因其地处"黄海之阳（南）"，故名"海阳"。若干年前，在富庶的胶东地区，海阳尚属特困县，为世人熟知的，是那部战争题材的黑白影片《地雷战》。电影根据革命老区海阳3名全国民兵英雄、99名胶东模范的抗战事迹改编演绎而成，再现了胶东民兵用自制"地雷"作为战斗工具，抗击侵略者、保卫家园的故事。《地雷战》没有错综复杂的人物关系，剧情简单明了，叙事脉络清晰，乡土气息浓厚。绊雷、踏雷、子母雷、天雷轰鸣，人仰马翻的场景频频出现，给观者留下了极为深刻的印象。后来听说，地雷战的真正发源地在青岛平度大泽山，后来者海阳的影响力超过了"师傅"，"地雷战故乡"已成为海阳的永久标签。

　　当年的革命老区大多山多林密、交通不便，海阳也不例外。海阳地形多为低山丘陵，平原和良田少，传统种植业不发达，虽有蔚蓝大海的资源，却无法转化为生产力，"贫瘠落后"的印象伴着"老区"称谓，跟随海阳走过许多年。但现在的海阳一个华丽的转身后，却从昔日的封闭山乡，变成了如今富庶的山海圣地、人文之都。秀美的山峦森林和大海催生了旅游业大发展，招虎山风光旖旎，云顶竹林被誉为江北最大竹海，苏格兰风格的高尔夫球场与大海沙丘融为一体，绿茶、蓝莓已成功移植到海阳并形成产业规模，海阳特产网纹瓜、白黄瓜和小樱桃更是远近驰名，每年举办的"樱桃节""大秧歌节"已成为海阳文化新名片。

一个典型的例子，足够证明海阳具有发展的远见卓识。几十年前，一个投资巨大的韩国轧钢项目与海阳草签了意向，但经海阳市决策机构研究后，毅然放弃引进。原因是该项目属高耗能、重污染类型，与海阳建设"度假天堂，休闲家园"的未来发展战略不符。牺牲暂时的经济利益，目标是长远的低碳与环保，海阳宁可先饿几年，也不草率迁就，这可持续发展战略的起步动作，做得很扎实。

另一个案例，更能说明海阳的创新思维与胆识魄力。超前感受到体育魅力的海阳，2006年就开始积极参与申办2012年亚洲沙滩运动会。首届亚沙会举办地是印尼巴厘岛，第二届是阿曼马斯喀特，这可都是著名的国际旅游城市，而作为一个经济不算发达，连高速公路都没通的县级市，敢于申办已是奇迹，更让人难以置信的是海阳一路绿灯，顺利拿下举办权！这种前瞻的战略思维确实管用：为了接待远方宾朋，海阳通往烟台的高速公路在最短时间建成；青岛至海阳的跨海大桥建设迅速上马，缩短2小时路程；海阳核电站也适时立项动工，为城市未来能源布局提供源动力。海阳巧妙地借助亚沙会话题发力，"要来"了一系列政策扶持，海岸线一带基建项目红红火火开工，旅游度假、招商推介、会议赛事、房产销售被密集传播推广，使得海阳城市形象焕然一新，昔日冷清的大海热闹非凡，海阳待字闺中的"金"字品牌华彩登场。海阳海岸线绵长，有长约足足万米的天然沙滩，海水恒温，沙质细腻，海岸平整如毯，故称万米"金"沙滩。海阳人民在金沙滩上创办了首届沙雕文化节，让各国的艺术家尽情施展才华，形态各异的沙雕作品引来了纷至沓来的游客，潜移默化地形成更多商机，还传递了积极向上的"海阳精神"。一个成功举办亚沙会的实战历练，让海阳超前发展了20年。据说，后来相关国际体育机构出台规定，亚沙会原则上不再由县级组织承办，海阳也创造了"前无古人、后无来者"的县级市承办洲际综合赛事的纪录，"海之魅"❶着实厉害！

这就是老区人民的博大胸怀和创新体验。当渴望走上富裕的海阳重新审视所拥有的全部资源后发现，黄金海岸才是未来的金饭碗。自此，更新滨海"3S"（阳光、沙滩、大海）成为共识，海阳的传统中心在东村，而就在亚沙会前后，海阳把城市发展前沿推进到了黄海之畔——"凤城"。

"夕阳落山不久，西方的天空，还燃烧着一片橘红色的晚霞。大海，也被这霞光染成了红色，而且比天空的景色更要壮观。"每一个在海边出生的人，都会有海的情怀。"海水，轻轻地抚摸着细软的沙滩，发出温柔的唰唰声。晚来的海风，清新而凉爽。我的心里，有着说不出的兴奋和愉快。"每一位在海边长大的游子，读到这里，脑海里定会浮现家乡波涛汹

---

❶ 第三届亚沙会会徽。

涌的声音和蔚蓝大海的模样。不知道峻青老人家的《海滨仲夏夜》描写的这片海域是不是海阳凤城的海，因为文章里出现过"我漫步沙滩，徘徊在我的乡亲朋友们中间"的字眼。当然，这个佐证不一定有力，那个年代海阳的海岸线还没有充分开发。但有一点毋庸置疑，当代作家峻青，原名孙俊卿，是地道的山东海阳人，他对家乡的海有着深厚的依恋。

我也曾带着家人开车去过凤城几次，穿过浓密的防护林，沿着绵长的海岸线在滨海大道畅游，没有遮挡的黄海风光一览无余。蓝蓝的天上白云飘飘，微风洗涤着昔日的伤痕，海阳也在无声无息中蜕变：风车已不再是丹麦童话的专利，高耸的风机、旋转的白色叶片，沿海"风电矩阵"已成为海阳金海岸一景。就连当年大家不以为意的沼泽和芦苇地，也有了新开发主题——"海阳湿地"——幽谷含秀，在喧嚣与静谧之间，候鸟在芦苇荡里穿行，愣是生出藏域高原之感。海阳的大海是最值得大书特书的，红砖碧瓦的度假酒店距离海岸几步之遥，面向大海尽赏海景的游客们，随时可以披上浴巾，走到海里畅游。万亩金沙滩，沙质丝滑，细得像粉，纯得像面，赤脚在上面走过，痒痒地温暖着脚心，舒适程度绝对不亚于名满世界的Baia do Sancho❶。美妙的沙滩除了承办沙滩排球赛事，还有一个用途叫"留下大海的吻痕"——沙雕。从"金字塔"到"万里长城"，从"美人鱼"到"八仙过海"……古今中外各种经典主题，由来自世界各地的能工巧匠塑造，让大海从此不再寂寞。在成功举办亚沙会沙雕节之后，海阳建成永久性的"国际沙雕艺术公园"，以体育文化资源为依托，用海阳智

---

❶ 葡萄牙语（巴西官方语言），巴西圣保罗桑乔湾海滩，曾多次获评全球最佳海滩。

慧，复苏了曾经沉寂的海岸线。实在地讲，当年亚沙会哪个项目的哪个运动员夺冠了，大家不一定能记得，但凤城海边的商品房价格飙升，以及海湾酒店的产权销售红火已成事实。与亚沙会同步建设的高速公路、跨海大桥最大程度延展了海阳文化的辐射半径；核电、风电技术为海阳经济的转型升级铺平道路；依托亚沙会，一座海阳新城昂首屹立，着实打造了海阳的大海名片，实现了老区人民的逆袭。

这就是崭新的海阳，自信的海阳人。难怪人家都说，海阳人介绍海阳没有说"山东海阳""烟台海阳"的！人家只有一个口径——"中国海阳"！大气十足！在烟台市所属的县（市），论聪明劲，海阳人不如莱州人；论口才，海阳人不如龙口人；论勤快劲，海阳人不如蓬莱人。而换一个视角看海阳人，他们集合了以上三地的优点，自成一派，让人不得不为之叹服！——海阳是革命老区，海阳人给人的感觉很实在，这恰恰掩盖了其暗暗的聪明；海阳是青岛、烟台、威海三角区的中心地带，开放程度很高，海阳人表达水平和引导能力很强；海阳人尝过苦日子的滋味，所以很珍惜现在的幸福生活，他们做事很执着、很勤奋，不怕吃苦，任劳任怨，不达目标绝不回头。

记得海阳市2006年还承办了一次以"大海啊故乡"为主题的《同一首歌》，为申办亚沙会造势。《同一首歌》是当年CCTV的品牌栏目，一线歌手、大牌影星下基层演出，现场直播，火的程度超出想象。赶上周末专程去看演出，一家三口便在海阳小住一日，近距离感受海阳的风土人情。客观讲，当时海阳的基础设施还不健全，但海阳人用热情好客的举动弥补了硬件的不足。欣赏完《同一首歌》天色已晚，原计划只是踩踩海滩、看看夜景，没想到晒了一天的海水和沙滩异常温暖，年龄尚小的孩儿带上游泳圈便下了海，在水里玩个不亦乐乎。回到宾馆已到深夜，没想到宾馆工作人员还在照常工作。值班服务员很暖心地再三问候，询问看演出的感受和对大海的评价，提醒孩子别着凉，还端上了热乎乎的热饮。第二天临行时，还获赠一个非常有特色的纪念品：用当年遍布黄海岸边的疯狂生长物——"浒苔"制作的沙雕，"变废为宝"的小工艺品仍放在家中，一瞧就能想起那段经历——也想到海阳人的好客与热情。

写这些文字的时候，距离海阳《同一首歌》已过去整整10年，我在S省中部一个老工业城市开会，这个地级市工业经济发展不错，从入住宾馆的硬件设施就能看出，占地面积很大、绿化很好、停车挺多。晚上看材料熬得很晚，本想稍微晚点起床，没料到一早就被浓重的方言声吵醒，原来宾馆房间隔音很差，服务员正在隔壁工作，一边打扫着房间，一边用高分贝的对讲机探讨着人生。走廊里也是各色声音此起彼伏，很像在开着新闻发布会。睡意全无，无奈起床出去转转吧。因为携带的资料，临行专门设定了"请勿打扰"。出门才发现领班和服务员已在走廊对站成两排，每人手里拿着本会议指南，盯着从每一个房间走出来的客人，逐一对号入座，整齐地做着手势、热情地打着招呼。在庭院里简单溜达一会，回来却发现自己住宿的房间竟然敞着门！迎面碰上走出来的服务员，竟然很认真地说："先生，我看到您刚才设置'请勿打扰'了，所以也没有彻底地打扫，就进去简单地收拾收拾。"她似乎还在等待着接下来的感谢表扬。瞬间无语，涌起的唯一想法，就是尽快离开。唉，没办法，差距不在硬件上，管理提升绝非一朝一夕之功，固化的意识和观念是渗透在骨子里的——她不认为这是"过度服务"，反而认为是"多多益善"吧？偌大的一个宾馆，只有好看不中用的门面装饰，只会做些"假、大、空"的表面文章，没有真正用心来打磨细节，不是通过换位思考去改善服务，只可以敷衍一时，很难根本改变。

也真巧，离开时打开手机App，正好看到了"中国海阳"承办联合国会议的资讯，海阳又成为中国首个与联合国开发计划署签约可持续发展的县级市。呵，一别十多年，海阳走在时尚前沿的风格始终未变啊。也该做好计划，一家三口再去寻访一下啦。这十年，身边的孩子都长大了，不知十年未见的海阳，你变化大吗？

潍坊　鸢飞之城

在潍坊工作了三个年头，我就很自然地将"鸢都"当成了小半个故乡。对潍坊的最初印象，源自郑板桥先生。郑燮，字克柔，号理庵、板桥，属于扬州兴化"板桥郑氏"，世人皆称"板桥先生"。郑板桥一生历经康、雍、乾三世，康熙年间中秀才，雍正时中举人，乾隆时为进士，扬州八怪之一，以"诗、书、画"技绝于世。郑燮曾在潍县（今天的潍坊）任职县令七年，爱民勤政，政绩卓著，留下了诸如板桥体（六分半书），板桥酒，板桥竹，板桥萝卜等系列文化遗产。松之孤傲，竹之高节，兰之幽香，石之坚硬，尽情跃动板桥先生画卷印章之上，艺术成就了板桥，也成就了一个饱含文化气息的潍县城。郑板桥与这座北方小城感情甚笃，轶闻趣事颇多，俨然已成为老潍县的品牌代言，当地人介绍潍坊的时候，总会提及一下这位当年的父母官。古时，潍坊中心在"九州"之一青州，"海岱为青州"——青州曾贵为南燕国都12年，乃富弼、范仲淹、欧阳修三位宰相主政过的名郡，亦是经学名仕郑玄老家，"其勤求君子之道，钻研勿替，敬慎威仪，以近有德。"据考，治学风格一脉相承的郑板桥系郑玄之后裔。青州极尽辉煌之时，其治下的潍县还默默无闻。世人熟知的，唯有潍县北部熙攘的滨海沙滩，那是五千年前夙沙氏煮海为盐、三千年前管仲推行《正盐策》富齐之地，是历代官方海盐加工集散中心，除此之外，其他行业尚寂寂无名。"因为一个人，记住了这座城"——世人喜欢郑板桥"难得糊涂""吃亏是福"的大智慧，更欣赏他敢做改为、洒脱从容的人生态度。板桥先生以其独到的人格魅力征服了世人，并对潍县进行了成功的营销推广，使得城市品牌效应尽显——潍坊（潍县）后来者居上，成了青州（如今为县级市）的上级市（如今为地级市），也成就了一个繁荣富庶的鲁中名城。

潍坊风筝

纸花如雪满天飞，娇女秋千打四围。

五色罗裙风摆动，好将蝴蝶斗春归。

板桥诗作《怀潍县》，这是他归隐扬州之后，再会潍县故人郭伦升，忆潍县有感而发之作。作品描述的是老潍县少女春游放风筝的场景。潍坊地处昌潍大平原，冬去春来，北渤海的季节风如约而至，不假思索迎面扑来，柳絮漫天，适逢乍暖迎春好时光，不扯起纸鸢（风筝）放飞天际、遨游云端，实是浪费光阴！于是，春暖花开之际，少女雀跃争先放风筝，也成为潍县一大特色景致。作为一位极富文人情怀，喜欢深入民间的县令，与民同乐是板桥的孜孜追求，风筝满天与百姓竞技的喧闹场景，应该给他留下了深刻印象。

> 老困乌纱十二年，游鱼此日纵深渊。
> 春风荡荡春城阔，闲逐儿童放纸鸢。

而这首《罢官作》是郑板桥辞官离开潍县的留言。从范县到潍县，板桥在其位谋其政，为官有业绩，民间好口碑，但十二年职务一直原地踏步，想必再豁达的板桥先生也会有些郁闷，临行之前，发点牢骚，盘点一下仕途经历，勾勒一下闲情乐事。看得出，无论心情好与不好，字里行间，纸鸢都是必不可少的。

潍坊的风筝品类繁多，颜色鲜活，造型奇巧，这源于其先天优势——潍坊市寒亭区的杨家埠是中国三大木版年画产地❶之一。杨家埠年画兴起于明成化年间，清乾隆时期达到兴盛。其设计元素取材于百姓日常生活和风俗习惯，突出佳节欢庆、富贵荣华、安乐升平等民间喜闻乐见题材，内容简洁实用，种类繁多：活泼可爱的《麒麟送子》，憨态可掬的《福禄寿三星》，惟妙惟肖的《天女散花》……年画的制作工艺别有特色：用毛笔在宣纸上勾勒出正稿，刷糨糊后反贴于画版之上，分别雕出线版和色版，再经调色、夹纸、换版、手工印刷和后期修补，实

---

❶ 天津杨柳青、江苏苏州桃花坞、山东潍坊杨家埠。

现绘画、雕刻、印刷、装裱一条龙。"有轻薄子画其形于纸鸢上，引线放之"，有名人代言的市场推动，有木版年画的工艺基础，优秀的年画艺术可直接应用到风筝制作工艺上，这也算优秀民俗文化成果的落地转化了——当年老百姓无奈的谋生手段如今已升华为艺术创作，当色泽鲜亮的年画装裱在坚挺的风筝骨架上，风筝文化产业的兴旺发达也就水到渠成了。如今，底蕴深厚的潍坊风筝和杨家埠木版年画被双双列入国家级非物质文化遗产，线条粗犷、风格淳朴的潍坊民间艺术，继续为推广潍坊城市品牌而比翼齐飞。

远古时墨翟和公输班发明纸鸢，"削竹木以为鹊，成而飞之，三日不下"，据传，"四面楚歌"就是吹楚曲者乘牛皮制作的飞鸢盘旋楚营上空所营造的肃杀氛围。原本以军事侦察、情报传递为主要功能的飞鸢，唐宋之后成为从宫廷到民间雅俗共赏的游戏工具。"有鸟有鸟群纸鸢，因风假势童子牵"，写"纸鸢"诗的元稹不会想到，多年后风筝会在一个名曰潍坊的北方小城发扬光大。潍坊风筝的应用范围从军事、情报到坊间百姓娱乐，功能和品种不断推广，"凌空纸鸢，高入云端"，"鸢都"也由此得名。《南鹞北鸢考工志》用"一图一诗一歌诀"的方式对风筝进行了描述，这相当专业的学术研究成果竟然是大文学家曹雪芹所为，可见彼时文人雅士们对纸鸢的情有独钟！如今的潍坊风筝，已经从地方民间艺术上升为官方城市品牌，纸鸢的功能也被无限延展，被寄予更多情结的千年潍坊风筝稳稳地步入了大雅之堂。

自20世纪30年代，潍县开始主办风筝会，风筝就与这座城结下不解之缘。50年后的1984年，潍坊举办第一届国际风筝节，1988年，潍坊被认定为世界风筝的发祥地和"风筝之乡"，白浪河畔建起了"龙头蜈蚣"形状的世界风筝博物馆，中国龙（潍坊民间认为蜈蚣是龙的子孙）的艺术造型雄踞于白墙蓝瓦的黄色屋脊之上。正门两侧是造型各异的巨型风筝浮雕，展室内摆放着软翅风筝、硬翅风筝、板子风筝和串式风筝等实物，单只巨型风筝就占满整个房间，而微型风筝却只有拇指大小。以蝴蝶风筝为主题雕塑的"世界风筝都"纪念广场在博物馆之北，一年四季总会有五颜六色的大小风筝在半空中争奇斗艳。风筝会、博物馆、风筝广场和酷爱风筝的市民让"鸢都"变得名副其实。传承了千年地方风情的潍坊风筝，不仅仅是一种全民文化娱乐方式，且总会被文人墨客赋予若干文化色彩，把一种别样的情感寄托在里面：

> 阶下儿童仰面时，清明装点最堪宜。
> 游丝一断浑无力，莫向东风怨别离。

能把放风筝写成淡淡忧伤，也唯有曹雪芹他老人家了。

> 东北人参凤阳梨，难及潍县萝卜皮。
> 今日厚礼送钦差，能驱魔道兼顺气。

板桥先生在潍坊传说故事颇多。据说有个贪婪成性的娄钦差来潍县巡视，主动封银百两送予郑板桥，按当时官场行规，板桥县令应加倍奉还。几日后，娄县令接到了差役送来用红缎包裹还礼的大食盒子。钦差满怀欣喜地打开，发现里面并无金银财宝，而是装了几个潍坊大萝卜，和一张板桥县令亲笔书写的上述小诗。当然，这故事的初衷是要说明郑板桥不迎合权贵，令钦差汗颜，让后人警醒，但这举动着实也给潍坊萝卜做了个应景的广告宣传，东北人参和凤阳梨都不如潍坊萝卜皮！钦差大人失了面子，却也没吃大亏，除了品尝到美味的潍坊萝卜，还得到了郑板桥价格不菲的诗书墨宝。

"聪明难，糊涂难，由聪明而转入糊涂更难。放一着，退一步，当下心安，非图后来福报也。"这是郑板桥潍县手书"难得糊涂"的注解。官场深深，郑板桥初始不谙官场规矩，众人醉而独醒，事事难为，处处受制。而当他终于悟出为官之道，却又不甘违背良心原则，内心很是纠结。某日登临莱州云峰山，郑板桥邂逅了辞官归隐的前甘肃知府赵继范，赵老在专心拓郑文公碑，并随口吟出"拓纸难，拓字难，由拓纸而转入拓字更难，字在心，墨难染，纸黑子白，留佳帖福后人也"。郑板桥闻之，若有所悟，随书"难得糊涂"相赠，云峰山破题不久，就黯然退出了官场，归隐故里，从此告别与之有复杂感情纠葛的山东潍县。

斯人已去，萦绕着名人光环的潍坊萝卜如今已走入寻常百姓家。的确，潍坊萝卜肉质翠绿，清脆甘甜，不需任何加工烹调，洗净后用刀竖切数瓣，掰折入口，口感甚佳。"吃萝卜喝茶"，是潍坊人一大乐事，难怪不太盛产茶叶的潍坊茶叶市场甚是发达。据说，最好的萝卜出品于潍坊母亲河白浪河、虞河两岸，原产地如今已是高楼林立，难寻萝卜踪迹，但聪明的潍坊后人在郊区采用新技术大面积种植，产量大增，加之持续的宣传与推广，潍坊萝卜蜚声海外。"冬吃萝卜夏喝茶，气得大夫满地爬"这句话糙理不糙的俗语，潍坊人笃信有加，无论是酒店宴会还是自家私厨，潍坊萝卜定能稳居宴席桌盘显要位置：或是做成展翅雄鹰、泰山风光的萝卜雕花，让宾客过过眼瘾；要么切成条状端上餐桌，直接入口或蘸糖食用；更有炸萝卜丸子、萝卜丝饼、红烧萝卜、萝卜鲫鱼汤、萝卜炖虾……满满一桌"萝卜宴"，亲朋好友尽可大快朵颐。

潍坊饮食

在潍坊工作期间，恰逢"十笏园"景区扩容，修建"郑板桥纪念馆"，恢复了板桥先生当年办公的县衙建筑。县衙北去数十米，就是按照苏州园林风格浓缩而来的"十笏园"。"十笏园"现存数幅板桥先生泼墨画竹作品，"蔚然而深秀"的精致典雅古风是板桥先生最爱，但他并非"十笏园"的真正主人，这位清正廉洁的县令没有利用手中权力将名园据为己有。"十笏园"为明嘉靖刑部郎中胡邦佐所建，清代由潍县首富丁善宝接手修缮，"卜筑城南，芦汀柳岸间，仅广十笏"——因园林玲珑精致，形容只有十块笏板大小而得名。"十笏园"三字，由清末状元曹鸿勋亲笔题写，袖珍园林曲径通幽，小巧玲珑，太湖石假山背后的僻静小院，便是"十笏园"主人丁善宝及家眷隐居之处，家园合一，造园旨趣尽显，颇合郑板桥"竹宜著雨松宜雪，花可参禅酒可仙"的创作氛围，但不染官场腐败风的郑板桥，是无论如何也掏不出银子购此奢侈豪宅的。

衙斋卧听萧萧竹，疑是民间疾苦声。

些小吾曹州县吏，一枝一叶总关情。

这是板桥先生在潍县期间勤政爱民的真实写照。郑板桥廉洁自律，敦风化俗，倡文重交，任期之内以工代赈维修古城、疏浚河道，并身先士卒，以养廉银代缴官租，开仓赈济、煮粥救民。潍县绅士富户则望风而动，慨然捐助，受益百姓自然敬仰爱戴。民间秉承了他许多日常行为习惯，这从当今潍坊民风和饮食特点中均能找到痕迹。郑板桥作诗赞美风筝、赞美萝卜，说明他体恤民情很是务实，对吃食颇为考究，也很善于发现地方文化特色。微薄的俸禄让美食家板桥先生无法山珍海味、大饱口福。但以苦为乐，也爱调侃的他留下了简约食谱——"青菜萝卜糙米饭，瓦壶天水菊花茶"。

秉承了板桥先生文雅与简约之风的潍坊人饮食很细腻、很讲究，现代潍坊一天三顿的吃食都延续了"老潍县"风格：

早餐喜食土炉烘烤的"老潍县"肉火烧。"打火烧"要选取"三肥七瘦"的上好猪肉和胶东小麦粉，加上葱、姜、花椒水和老抽调味，经烙、烘、烤、翻多道工序，冒着热气的肉火烧瞬时出锅，香气四溢。双面焦黄的火烧要用毛边纸包着防烫，食者双手交互颠着，上、下、左、右一阵急吹，趁着热乎劲小口吸出鲜美浓汁，再吃松脆的酥皮，最后才将喷香鲜嫩的肉块大嚼入腹。当然，大快朵颐的时刻少不了肉火烧的"汤汁伴侣"，一种面粉或玉米粉熬制的稀饭，当地叫"咸黏粥"。

午餐潍坊人喜食朝天锅。"寒流雪翻火正红，下水香锅面朝天"，大骨汤、老母鸡、各式作料精制的老汤炖在敞口大锅里，猪下货现切现煮，汤沸肉烂后，裹在烙熟卷成火筒形状的面饼里，配以一清二白的葱段、黑得发亮的腌疙瘩条，配上一碗热气腾腾的老汤来尽情享用，肉肥而不腻，汤淡不浊，那叫"正宗朝天锅"。当然还有"哑巴辣椒""葱花鸡蛋"等素馅口味，以及不断改进的"朝天锅"新做法。在那生活困苦的岁月，聪明的摊主在露天市集上架起大锅煮肉、熬汤，顾客围锅而坐，肉收钱、汤免费，随喝随舀——有钱人吃肉，没钱人喝汤，大家各取所需，既能满足温饱，也赚了人气，那场面一定是其乐融融的。

晚餐，可以选择鸡鸭和乐面，用密凿细孔的饸饹床子把精心调和好的小麦粉、绿豆淀粉手工轧出来，面条又粗又长，取"和和乐乐"之意，配上以鸡鸭肉为主，佐以咸香椿、腌咸菜、甜蒜瓣、鸡蛋皮、香菜段煮过的浓汤，肉味鲜香扑鼻，面条柔韧筋道，很有嚼头。

一日三餐，潍坊人对于饮食的要求一丝不苟，麻汁杂拌、潍坊酥锅、拌拉皮、芥末鸡这些不太起眼，但口味独到的地方小菜，均要搭配10余种配料，需要提前很长时间准备，精心调制，方能上桌。

饮食文化，亦代表了这个城市的文明。从潍坊细腻讲究的餐食，足可感受到潍坊人严谨细腻的处事风格。

潍坊之风

我曾经把烟台和潍坊两个城市风格作过对比，还真找出若干不同：烟台属海派之风，原住渔民常年顶风破浪出海，崇尚船老大的英雄主义，养成了外向、豪爽、大气的处事作风；而潍坊平原农耕文明底蕴深厚，老百姓讲究精耕细作，分工明确，养成了协作互助的稳妥细致。所以，与烟台人相处，只要投脾气，一番交心的沟通交流，双方进入默契状态很快；倘若与潍坊人交往，他会仔细地观察和评估，只有确认对方人品合适、值得长期信赖，才会再深入一步。一旦被潍坊人真心接受后，他会长久保持着这种状态，你若对他有所帮助，他会时刻记得、念着你，感情沉淀得很长久。说到这，您可别小瞧潍坊人，觉得他们不谙世故，在市场经济的大潮里会吃亏。实际上，潍坊人貌憨内精且善于宣传。"烟台苹果莱阳梨，不如潍坊萝卜皮"，先把驰名遐迩的烟台水果赞美一番，紧接着后句——如此顶级的水果，还不如潍坊的萝卜皮。也对啊，郑板桥先生都曾把潍县萝卜送钦差，也算是为宣传萝卜做"硬广"的鼻祖了，后人岂能不争相效仿？潍坊人对家乡很有感情，山南海北的潍坊人，总会通过各种方式联系到一起，且以宣传故土潍坊为豪，典型如台湾李敖先生，貌似处事桀骜不群，实则乡土观念十足，自传里频频以潍县后代自居。

> 行尽青山是潍县，过完潍县又青山。
> 宰官枉负诗情性，不得林峦指顾间。

清末的潍县，没有板桥先生老家江南的繁华精致，郑板桥一人一骑刚到潍县时，过得并不很舒心，所以写下《恼潍县》的诗句。而当他慢慢调整好状态，在潍县济民赈灾，捐资助学，架桥铺路，修葺城隍庙，发展制造业。日益繁华的潍县也有了"云外清歌花外笛，潍县原是小苏州"的雅号。工作顺心了，本属文人雅士的板桥可以有更多时间做学问、做研究。四时不谢之兰，百节长青之竹，万古不败之石，千秋不变之人——欣赏板桥先生留下的条幅，那既似隶篆，也似草楷的"六分半书"，乍看杂乱无章法，仔细端详，单字圆润古秀，抱朴守拙，灵动奇巧；整体布局完整，排列有序，浑然一体。这"乱石铺街"的奇书融入了兰、竹、石的精美画艺，达到了字与画的高度和谐——"未画之先，不立一格，既画之后，不留一格"。完美的政绩，完美的艺术造诣，完美地与百姓互动，这些在《潍县竹枝词四十首》里都能找到答案。和潍县百姓共同生活了7年，郑板桥也把潍县顺理成章地作为他的第二故乡。当他"予告归里"，画竹别潍县士民时，说道：

乌纱掷去不为官，囊橐萧萧两袖寒；
写取一枝清瘦竹，秋风江上作渔竿。

关于郑板桥为何从潍县辞官归田，是得罪了钦差权贵，看不惯官场作风，还是悟出了人生真谛，不愿为仕途所累，说法很多。板桥先生中秀才时方24岁，满腹经书和一腔报国志愿，极力要货与帝王家，但一直没有机会。其间，曾锅中无米，灶间无柴，被人催债，尝尽人间冷暖，待到20年之后得中进士，他已44岁。此期他主动与达官贵人交往，终于在50岁时被慎郡王允禧推荐出仕。现在回头看，郑板桥的行为也可以理解，空有一腔凌云志，找不到报国之门，清朝郡王是饱读诗书的文化圈内人士，出于对郑板桥的欣赏和了解，举贤不避亲，于情于理说得过去。而郑板桥为了生存和功名，他需要做出最大限度的妥协。

板桥先生在范县任职4年，来到潍县时年54岁，离开潍坊已满61岁。不同的年龄阶段无论心态和状态，都会发生很大变化。"一肩明月，两袖清风"的人生追求从未改变，但6年的苦苦候缺，近12年停滞不动的县令生涯，让他对官场、对同道、对百姓都有了更加深刻的了解和认识，他在为人处世上不再随波逐流，而是开始听从内心呼唤，把骨子里隐藏的"刚、直、劲"，一个又一个地真实表现出来。在"乞疾归去"之时，郑板桥把"难得糊涂"四字留在了潍县，也把他的仕途生涯永远定格于此，以求得"心安"。幼年丧母，中年丧妻丧子，晚年又丧子，苦痛让他立下了"立功天地、字养生民"的铮铮誓言。当他彻底看清官场黑暗，便毫不犹豫地做回了"梦醒扬州一酒瓢"的文坛"怪人"！在屡被诟病的"三年清知府，十万雪花银"的晚清时代，官场里少了一个敬业的基层老县令，但名人堂里多了一位诗、书、画精研传世的大艺术家，也许是个难得的时代佳话。

郑板桥之后，潍坊的发展中规中矩，民族工商业与传统农业共存，潍县成为繁华的鲁中名城，这从民国时期留存的《潍县大观》影像里就能看出端倪。潍县老城以白浪河为界，西城方正，谓之"龟城"；东城一字排开，称为"蛇城"。讲究玄武之道的潍县曾是著名手工业制造之城，号称"二百只红炉，三千铜铁匠，九千绣花机，十万织布机"。胶济铁路开通后，煤炭业、交通运输业也有了长足发展，曾被德、日侵略者经营过的坊茨小镇，画册、邮票上时常出现的坊子火车站就是彼时新工业的典型代表。从古青州遗留下的诗书传统，加上秉承板桥高洁之风，潍县的文化氛围日益兴盛。近代潍县人以书画创作和收藏为共同爱好，无论其艺术水准还是书画交易量，均可称全国之翘楚。

如今的潍坊，既熟悉，也陌生。一路走来，履历中规中矩、起点不是很高的潍坊，每一步都走得很踏实，潍坊连续承办了30多年世界风筝节，让杨家埠风筝蜚声海外；连续承办10多年国际A级青年足球赛事——"潍坊杯"，让潍坊站在了世界体育文化传播的前沿；围绕市区的三条历史河流——白浪河、虞河、张面河，潍坊在市政绿化和生态治理方面做足了文章；据说这座城市已跻身世界100个最美城市，全球最前沿的VR和智能可穿戴产品、豪华游艇、发动机产业都在潍坊落地开花，科技水平世界领先。这些接踵而来的好消息若板桥先生听到，足够欣慰。

居住在潍坊的日子里，我喜欢顺着高高大大的奎文门途经白浪河桥，穿过布政司街去寻访驰誉华夏的万印楼。奎文门与新建板桥具衙处于同一水平线，站在白浪河桥北望，青砖灰瓦的十笏园隐约可见。每次穿行在人文气息浓厚的潍县老街，我总会想，也许郑板桥老先生也曾坐着轿子、骑着毛驴路过这里吧？奎文门保存了完整的老城根，巍然屹立俯瞰着白浪河；"鸢飞鱼跃"绿字行书粉饰一新，记载城市沧桑变化；河中冰水各半，留下了淡淡的岁月忧伤。看着板桥时代留下的残缺城墙，你会想起北海郡（潍坊古称）更早的经营者郑玄和孔融，"念述先圣之元意，思整百家之不齐"，郑玄孜孜以求经学，孔融护佑北海百姓，言传身教使得潍坊民风敦厚淳朴，当然还有与刘玄德一面之缘的太史慈，带着老母重托，怀揣感恩之心，也许就是从这条道路烟尘滚滚疾驰而过，驰援打破北海郡之围。当你终于寻觅到深藏芙蓉街巷尾的万印楼，定会感慨岁月时光的无情：两层灰白色民国风格低矮建筑，与周围民居浑然一体，大门紧锁，行人步履匆匆，全无驻足之意。当年，"海内学者奉为泰斗，咸为灵光岿然"的金石大家陈介祺回乡潍县修建万印楼，楼内收藏青铜器具、印章文物上万件，名满天下的毛公鼎仅仅是万印楼诸多藏品之一，如今为台北故宫博物院镇馆之宝。万印楼虽已不复往日辉煌，但这不经意间从街头巷尾流露出的文化古风，印证着这个细腻城市的着实不凡。历史给城市预留了发展空间，就看建设者如何发力——能站在什么高度，就能建设出什么样的风景。

三更灯火不曾收，玉脍金齑满市楼。
云外清歌花外笛，潍县原是小苏州。

这是郑板桥《潍县竹枝词》40首中的第一首，把潍县比作熟悉的人间天堂苏州，这也看出潍县在板桥先生心目中的地位。当潍县的历史画卷缓缓收拢，朦朦胧胧中，恍惚看到了板桥先生一袭长衫踽踽独行，意志坚定，步履匆匆，不卑不亢。——保持一份笃定的状态，一步一个脚印走下去，潍坊，没问题！

南京　缀满故事的故都

前世

"江南佳丽地，金陵帝王州。"——南京，栖长江之滨，居江淮腹地，兼有南北城市之风骨，虎踞龙盘，大气恢弘。吴王夫差修冶城，越王勾践建越城，东吴孙权垒石城，大明太祖深筑城，历代帝王将相持续经营，南京已成为名副其实的历史文化之都。这座缀满故事的故都有荣誉与耻辱，曾经沧海，亦极尽辉煌。关于这座城的传说，都已刻在斑驳模糊的历史城墙上。

作为历代兵家必争之地，扼守华夏南北咽喉位置的南京，战略地位不言而喻。中国历史曾经有三位伟大人物，他们与南京城共成长，在南京成就了辉煌事业，对南京有难以割舍的依恋，逝后又不约而同归葬金陵之宝地——紫金山。他们是三个不同时代的代言人——东吴大帝孙权、明朝开国皇帝朱元璋、民国临时大总统孙中山。

世人皆知的三国争霸故事里，似乎最不敢担责的便是偏安江东、媾和巧取的东吴了。东吴大帝孙权的锋芒始终被乱世枭雄曹孟德和擅取人心的刘皇叔所遮挡。但透过历史还原真实，吴国并非那么弱，国君也是相当强。作为"官二代"的孙权年少成名，15岁便执任县令，处理政务，18岁因兄长小霸王孙策遇刺仓促登上王位，主政江东。赤壁之战时，面对虎视眈眈的曹操百万大军和仓皇而来的荆州刘备军民，能够审时度势，力排众议，拍板决策"孙刘联合抗曹"——这也成为赤壁对决的胜负手，最终促成了三国鼎立的局面。此时孙权年仅26岁，羽翼尚未丰满。固然，诸葛孔明舌战群儒起到了推波助澜作用，但孙权在大兵压境、风雨飘摇之际，敢于接纳各路诸侯皆不敢容留的落魄者，敢于和矫诏而来、号称百万南征大军的军队对垒，不惧曹公、会猎赤壁、施苦肉计火烧曹军，这需要何等勇气和魄力！用当今的眼光去评价，孙权还是一位颇具契约精神的人物，刘备无立锥之地时暂借荆州，没问题，团队合作，共享赤壁大捷成果，借也就借了。而待刘皇叔已坐拥巴蜀之地，且违背协约长期拖欠荆州不还，呵，那就采用武力方式强行收回；还敢和"斩颜良、诛文丑、水淹七军"的五虎上将关老爷掰掰手腕、一决高下，竟然也维权成功了！

《三国志》陈寿给予孙权的评价更为中肯——"屈身忍辱，任才尚计，有勾践之奇，英人之杰矣。故能自擅江表，成鼎峙之业。"在你来我往的"三国杀"里，人才资源本不占优势的东吴，敢与强魏、硬蜀纵横捭阖，战战停停和和，一个决定性的因素就是孙仲谋在南京垒起石头城，以长江天堑为依托，最大程度发挥了"中都"的堡垒作用，为保持江东政权长期稳定、百姓安居乐业奠定了基础。以南京为战略中心，西征北战，剿抚山越，恢复经济。闲暇时段还能派出卫温率甲士万人去趟夷州（今天的台湾）宣示一下主权，这大帝孙权做人也太成功了。

大明缔造者朱元璋更是成功上演了一个草根的完美逆袭。从一个吃不饱饭的放牛娃到皇觉寺杂役，从扯起造反大旗驱逐蒙古皇帝远遁漠北，再到整肃吏制排除异己、火烧庆功楼建立独裁政权，历史上的朱元璋毁誉参半，众说纷纭。但不得不称奇的是，一个无社会背景的行脚僧、无家族势力的小人物，能够一次次从险境和死地脱生，创造了一个又一个辉煌成就，福地南京起了至关重要的作用。

"高筑墙、广积粮、缓称王"，他建造了以中华门为代表的易守难攻的城防体系，并把此城命名为"应天"——"真命天子，应天而动"，未动干戈，从国民舆论上已经占领了制高点。在"应天府"充分地休养生息，使他积聚了足够的能量和人气，将当时如日中天的张士诚、桀骜不群的陈友谅等江湖大佬一个个轻松端掉。在一干群雄惊愕的眼神里，他轻松地收复了中国丢失400年的燕云十六州，令骁勇的蒙古铁骑闻之丧胆，一路仓皇北逃蒙古大漠。他在福地南京建造了中世纪世界最大的大明宫殿，在这座给了他巨大支撑的城市登基称皇，达到了人生巅峰。

说起国父孙中山，更令人肃然起敬。他有坚定的意志和步伐，为了宣扬三民主义，几十年如一日，满世界奔波、演讲、筹资，文明教化不灵，那就买武器、造弹药、发动武装起义，跌倒了爬起来，拍一拍浮尘继续前行。武昌首义群龙无首，在社会各界一致呼吁下，孙先生从大洋彼岸应邀归来，"起共和而终两千年封建帝制"，在南京开创了他的一番伟业：总统府大会议室手握《临时约法》慷慨陈词，阐发三民主义，提倡五权宪法，建立民主共和国，踌躇满志接过临时大总统的担子，夜以继日开展工作。孙中山先生的进步主张让国人热血沸腾。

从1912年1月1日建立中华民国，到风云突变，袁世凯武力干预，炮架龟山，无奈启动南北和谈。苦于没有自己的军队武装，无法呵护年轻的共和国，属于孙大总统任职的时间只有短短3个月。不为名位困扰，务求无愧天下，"天下为公"的中山先生为了国家统一，民主存续，毅然辞去临时大总统职务。4月1日解职当天，无官一身轻的孙中山先生率众游览钟山，在半山寺下马，感慨这里："这里的地势比明孝陵还要好……待我他日辞世后，向国民乞上一抔土，以安置躯壳尔。"选定了紫金山作为身后事之所。南京留下中山先生一生的革命情怀，而素有龙蟠之称的钟山也永远留住了中山先生。

可以说，三位大英雄，一生辉煌尽在南京，身后也都留有遗憾。东吴孙权大帝受国力所限，未能一统中原，继承者被后起的司马家族渡江碾压；大明开国朱皇帝想将帝都永远扎根南京，却没料到逝后四子朱棣发动"靖难之役"迁都北京；而中山先生虽功成名就，建立了短暂的共和国，但有生之年，却没能享受到国家真正统一的和平时光。南京这座城市，和三位大英雄一样，有伟大的成功荣耀，也有许多未名的憾然。

南京城在中国历史上占据了显要位置，但非常遗憾，这座曾被东吴、东晋、宋、齐、梁、陈六朝定都，若加上南唐、明代前期、太平天国、中华民国，号称"十朝都会"的虎踞龙盘之地，定都于此的王朝持续的时间都不长，且均面临国家分裂或者战乱不断的局面，虽会有短暂的和平，但总会被突如其来的危难所葬送。

南京留下的遗憾远不止这些，李香君撕掉桃花扇，柳如是愤然投江，秦淮河水月灯影，隔岸犹唱后庭花。梧桐树，秦淮河，朱雀桥，金灵酒肆——"逶迤带绿水，迢递起朱楼"，繁华记忆的背后，隐藏着许多无奈和伤怀。历史上易守难攻的南京城，或者是大战前休养生息的根据地，或是北伐统一的民族复兴地，或是短兵相接的桥头堡，大战之后，一片萧瑟，复兴之后，尽显繁华。"昔年讲师何处在，高台犹以'雨花'名。有时宝向泥寻得，一片山无草敢生。"从梁武帝年间侯景叛乱，南北宋之交金国入侵，到太平天国攻陷南京，后又被曾国藩反攻屠戮，加上近代中日战争，历史上南京几次惨遭屠城，城市成长史缀满了哀伤。刘禹锡《西塞山怀古》描绘了这座繁华都市战乱之后的萧瑟景象：

王濬楼船下益州，金陵王气黯然收。

千寻铁锁沉江底，一片降幡出石头。

人世几回伤往事，山形依旧枕寒流。

今逢四海为家日，故垒萧萧芦荻秋。

"旧时王谢庭前燕，飞入寻常百姓家"，如今走进秦淮河畔的乌衣巷，王谢华堂业已恢复如初，巷子深深，古井旁依然是摩肩接踵、人流涌动，但已非当年冠盖云集、士族荟萃的模样，王羲之、谢灵运一干名士们昔年的传奇和过往，在古巷已寻不见踪迹。昔日俯首可拾的天然雨花石已属罕物，那恢弘壮观的明代故宫，如今也无法一睹真容。明太祖苦心经营的高墙坚壁，许多已毁于炮火，难再重生。南京，经历一次朝代更迭或战争洗礼，就会对城市进行一轮再建，一次"修缮"，一次"修行"，善于掩饰苦痛和消化伤感的南京，已经变得成熟且稳健，也渐渐学会了如何释怀……

今生

"风流总被雨打风吹去。"曾经的皇城南京坐拥繁华无数，日升日落，沧桑变化，深谙世事的他已不再追求虚名，承千年古韵却倍受磨折，丰富的阅历让他绝不会无端计较。从废墟中倔强站起，焕然一新的南京城依旧风姿绰约，但那些毁于战火与被破坏、无法修复的情与景，却只能永远留在了岁月的记忆里。

现代的南京城不再是国之魁首，当今中国的大城市综合实力排序大体是北、上、深、广，加上老树新芽的天津和重庆，杭州、苏州等新兴城市发展势头强劲，南京的位置似乎在后移，这也意味着媒体和公众的关注度不高，来自社会各界的压力小，作为一个经历过个中滋味的老城新生，心态也就刚刚好。

一方水土养一方人，南京人的性格本是自信且具优越感的，作为华夏正朔、传承着魏晋风情的南京，骨子里的傲气犹在，但精明练达的南京人一般不会在公众场合表现出来，他留给外地人的印象一般是低调谦虚，谈吐有节，周全细腻，符合南方人的特征。南京人的先祖讲究士族出身，推崇华丽骈文，流行涂朱饰粉，而近现代南京人则让城市回归了返璞归真的本性，因为很珍惜、很受用城市自然淡定的状态，不会很在意别人低估和误判。

经历过风雨的南京人，自我保护意识强，言谈举止一般不会像山东人那样直截了当、豪情满怀，做事情非常有节制，讲分寸，有技巧。"往事悠悠君莫问，回头，槛外长江空自流"，为人交往一般不去大包大揽，抢着无原则地出头。当然，这也并非南京人性格全部，"船到桥头自然直，没有跨不去的门槛"，这是南京人口头禅，也是其内敛执着、不达目的不放弃的真实体现，与己无关的事情尽可静观其变，但事关原则的问题定会坚持己见，这种骨子里的真性情倒是很像北方人。南北性格兼容并济的南京人自有他的处世之道。

和南京的缘分很深，新婚时，和夫人旅行到南京小住，寻访中华门，泛舟玄武湖，徜徉秦淮河，逛遍夫子庙，凭吊莫愁湖，年轻的心在古老的城市里荡漾，感觉天好蓝，水好清！记得玄武湖鸭嘴游船穿梭灵动，道路边梧桐树高耸入云，秦淮河边各色小吃热气腾腾，夫子庙熙来攘往，人气鼎沸，莫愁湖边凉风习习，惬意入怀，美好的场景回想起来总是那么清晰。在南京日子里，心清气爽，感觉这个世界真是分外美好。有了这第一次的缘分情结，再来南京就没有了距离感，感受到的是这座城的亲近和温婉。

朱自清老先生说："逛南京就像逛古董铺子，到处都有些时代侵袭的痕迹，你可以揣摩，你可以凭吊，可以悠然遐想。"谒访中山陵，这是必修的科目：从中山先生手书的"博爱"三门花岗石牌坊起步，在苍松翠柏的掩映下，拾级而上，心怀敬意地瞻仰与群山融为一体的蓝白色主体建筑，在"天下为公"的碑刻前，感怀中山先生在南京步履艰难却意气风发的岁月；也曾在红花飘零的秋日，看着漫山黄叶掩映下的孤单石象，走过明孝陵外曲折幽深的神道；也曾遍访梅花掩映下的蒋陵，踏雪寻踪小石桥边孙仲谋处。遥想当年，吴大帝秣陵石城虎踞，亲手操练水军，叱咤长江两岸；朱洪武应天府登基，以战止战，钦定"不征之国"；大总统狮子山鸣响礼炮，终结帝制，率众走向共和。每次重拾南京记忆，仿佛拉开了时光交错的大门，重回到伟人们激情满怀的岁月。每次登临怀古，总会思绪纷飞，感怀颇多：南京啊南京，这些斑驳的城墙与古楼之上，镌刻着多少愤懑与豪情！这残旧清冷的一碑、一冢的背后，到底经历了多少不平凡的岁月，又藏了多少不为人知的心声！

了解南京的历史越多，对南京就会有更深层的理解。城市和人生一样，年轻的时候，积极进取，珍惜荣耀，特别在意别人心目中的形象，就像年轻时贵为"六朝古都、十朝都会"的南京，国之重地务必端着"高、大、上"的身份，昭显金陵首都范。于是乎，尽管事非己所愿，为了万众敬仰也务必硬撑，一次次被推上风口浪尖。中年后的人生就像南京如今的状态，经历了各种风雨、苦乐、喧嚣之后学会了做减法，逐渐回归到一个普通城市正常生态——注重民生，摒弃功利，忘却浮名，回归本性。一个人年轻时追求完美，拼的是能力水平和权威影响，中年之后，比的却是思想认知和人文修养。无法说哪个阶段的人生更具魅力，但只要心态平和，处世就不会太张扬；只要能有所敬畏，做事就不会太功利；耐得住寂寞，稳得住节奏，心无旁骛地做回自己，沉心静气地把该做的事情做到极致，不也是一个美好的结局吗？人生如此，城市如此，大道相通。

每次到南京，总喜欢品尝当地的特色美食——"鸭血粉丝汤"。这道南北兼容的小吃，貌似平常，却很有地域特点，其中也蕴含了这座城市的风格。

烹饪"鸭血粉丝汤"需要原料众多：有南京本地出产鸭龄一年以上老鸭的鸭肝、鸭血、鸭胗、鸭油；有产自北方的水发粉丝，佐以北方香菜；产自南方的油菜、榨菜和油豆腐，南北融合，一煮一调，加上各种调料，热气腾腾端上桌来。乍看平淡无奇，细细品尝，你定会感觉相见恨晚。

其貌不扬的"鸭血粉丝汤"不咸，不辣，不甜，不酸，就和这座久经风雨的古城，丝毫不显山露水，也许很难打动沉浸在各种思绪中的你。不经意地先捞粉丝，再夹油豆腐，而后便是入喉难忘的鸭胗，初尝感觉味道不俗，细品方知回味悠长：汤是温婉的，油豆腐是水润的，粉丝是顺滑的，鸭胗是香浓的，香菜、榨菜是爽口的——喜欢咸的北方人，加点盐；喜欢辣的南方人，加点辣；其实最好吃的，还是原汁原味唏嘘着入喉、齿后留香；或者稍微点两滴镇江香醋，温润浓香里透着点酸甜。这就是"不南不北"的城市出品的"不南不北"的绝佳美食。大快朵颐之后，额头定会渗出细汗，浑身透着劲爽。

　　"鸭血粉丝汤"店面大都收拾得干干净净，无论是意气风发的赶路者，还是拮据困顿的"囧"途客，大家都安安静静地排着队，端碗，加料，加汤，热热乎乎地享受着妙不可言的地方名食，莫非这道小吃就是这座城市的性格符号代言？据说，南京已经专门制定了鸭血粉丝汤的地方标准，足见政府对一个普通小吃的高度重视，情系民生，古老的南京找到了一条正确的发展路径。这个古城流传下来的传统美食，这种隐藏在市井巷陌的温馨大场面，代表了这座城市的历史文化底蕴，体现了市民对这座城市的真心尊重。

　　一个城市的发展，容不得急功近利。南京，因为经历过，所以活得很从容。这样状态的城市，定会拥有稳稳的幸福。

上海　绽放百年的玉兰花

上海的雨

　　外滩，外白渡桥；思南路，民国洋房；淮海路，法国梧桐；田子坊，巷陌艺术——精致城市与近代文明的水乳交融，增添了海派魔都的贵族气息，而文艺之城时常未约而至的雨，亦别有情趣。

　　秋雨如丝般细腻温婉，轻轻地掠过路人微带凉意的脸颊。沉溺于暗夜酣梦，无奈被黎明摇醒的大上海，慵懒地接待了这位冒失的晨雨信使。石库门下香气扑鼻的小笼竹屉，水汽氤氲，晨雾升腾，弥漫在湿润空气里的蟹黄味道，瞬间就驱走了一整夜的疲惫。背双肩包的少年踩着沾满水珠的单车，潇洒地穿过寂寥街巷，车轮行进处，溅起水花几朵。撑着仿古油伞、蹬着高跟鞋的旗袍女郎，轻盈地踮着脚尖绕过积水，一揉眼工夫，婀娜背影便消失在湿漉漉的巷尾。三三两两的嘈杂声回荡在寂静的街坊，大马路上光线昏暗，路人稀少，私家车、出租车携着一道道光束疾驰而过，道路两侧漆黑一片的建筑体，不知何时燃起了几簇暖心的光亮，勤劳的早班工已开始为生计忙碌起来。外滩万国建筑群霓虹闪亮，闪烁一整夜的巨幅广告变得有点模糊，隐约可见广场绿地沐浴在雨雾中，成片梧桐香樟和茂密绿植静悄悄地享受着甘霖滋润，在这细雨霏霏的清晨，混凝土搭建的城市森林也在贪恋最后一个回笼觉。

黄浦江是上海最爱配饰的长围巾，暗夜丝毫未能遮挡她俏丽的容颜，忽明忽暗微光映射下，恬淡江面静若处子。静谧的夜景持续了许久，直到若隐若现的江心闪现出几盏夜灯，"突突突突"的马达声由远及近，声音越来越清晰，宽幅围巾表面慢慢被勾勒出一道黑色暗纹。揉揉眼定睛看去，原来是一艘长驳船拖着满载货物的商船，正顺着江心缓缓前行，船头船尾两盏黄灯遥相呼应，船舱顶部则是一闪一灭的红色微光，映照在波光粼粼的江面。渐次亮起的沿江建筑光影闪烁，暗纹游动处是雨水与江水的邂逅，熠熠生辉的黄埔江面给长夜留下了星星点点。远方横亘江面的立交桥上，顶风冒雨飞奔的车辆隐约在晨雾中，只剩头灯和尾灯闪烁，像极了天河流星。一走神间，天已擦亮，黄浦江游弋的商船和缀满广告的豪华邮轮渐次露出了真颜，历经百年芳华的外白渡铁桥梳妆完毕，安静地注视着苏州河驶来行去的船儿。雨下得更急了，雾却正在慢慢隐去，突然，一阵短促有力的汽笛打破了混沌雨雾中所有的暧昧，货船与江面的摩擦声，大雨滴落甲板的清脆回声，湍急的水流与河岸的撞击声，让沉寂的江面瞬时喧闹起来。江畔那被冲刷一新的延安东路、中山东路、外马路都不甘寂寞，纷纷敞开热情的臂膀，迎接着晨练和早班的人流。大排量轿车的轰鸣声，雨伞下成群行人的走动声，与海关钟楼定点播报的音乐声汇成了一部完整的《黄浦江之晨》交响乐协奏。或许，就是独饮一杯咖啡的时间，变戏法似的，外滩位置模模糊糊的哥特式钟楼现身了，接着是粗大的巴洛克石柱，小一号的爱奥尼柱，而后是罗马拱卷长窗，由暗到明，直至保存完好的老洋楼建筑群完整地矗立在斜风细雨里。雨越下越大，江面不见了繁星点点，雨滴和江水剧烈碰撞，溅起无数浑浊的浪花。雄踞大江南北的南浦大桥顶端高高擎起的霓虹灯整齐列队，只需四五个便组成亮晶晶一串，犹若天上街灯，照亮了远方的天际线。密密匝匝的欧式建筑群沿江划出一道漂亮的风景弧线，来回穿梭的运输船挤满了半个江心，东方明珠塔、金茂大厦、环球金融中心、上海中心，像比拼个头似的昂首收腹挺胸，并肩矗立在江湾拐角处，目之所及，高层建筑楼宇里逐渐燃起的光亮越来越多，被雨露滋养过的晨光温暖了这座立体美的城市。

雨量渐少时分，主角们粉墨登场了。被雨水反复冲刷的高架桥、楼房、道路、车辆一个比一个精神，洗过凉水澡的有轨电车和游船侧翼广告显得特别清晰。勤劳的雨刷器迎着水珠来回荡漾，急性子的司机则敞开车窗，享受着被雨水洗涤过的清新空气，五颜六色的花伞缀满了大街小巷，伞下是匆匆而过的拥塞人流，即使是雨天，行人的"流量"依然充足。在晨雨的沐浴下，街边玉兰花蕊娇艳欲滴，香樟银杏透出些许新绿，这为匆匆赶往写字楼、金融街的白领们带来了几丝兴奋，趁着等班车、候红灯的小间隙，也忍不住要拍拍照照，真想走过去嗅嗅雨幕下的清新花香！只可惜打卡刷脸是不能迟到的，抵达写字楼的第一件事便是站在玻璃幕墙里，

　　　　　| 第一辑　且行且思——品味城市 |

深情地望着楼外细雨，从记忆里找一找赞美雨天的应景诗句，闪一闪匆匆那年的雨中往事，而后就会迅速忘却下雨这件事，因为还有一堆重要琐碎的工作在等候着。精神抖擞的大上海，已经开启了新一天工作模式。

上海是个多雨的城市。雨，多是温柔可人的，有润物细无声的享受，却无电闪雷鸣的前奏，这种乖巧可人的甘霖很亲民，接地气，符合海派文化风格，也成就了申城别样的风景。在上海人的印象里，雨是不可或缺的老友，已深深融入日常生活。经常看看天气预报，出门记得带把伞，这是对雨最好的尊重，因为这位老友从不提前预约，说来就来，说下就下，说走就收。好在，如今城市里不再有道路泥泞，下雨丝毫不会影响现代城市规律有序的生活。于是乎，秀一把时尚雨伞，与"雨神"零距离，也是上海人的生活必修课。老人家颇喜欢长柄的，撑开有足够空间，收起来比拐杖还管用，可随身携带优哉游哉出门；年轻人，一定会选择花色新奇的折叠伞，手包里一塞，上下班无忧；孩童则把雨伞当成伴手礼，方寸之间卡通造型、动漫美图不一而足。于是乎，因为雨结缘了伞，上海人也就自然离不开雨伞陪伴。

如何度过雨天？有的人讨厌雨水里湿漉漉的感觉，没事躲在家里绝对不出门；有的人撑着伞匆匆从雨雾中跑过，溅起串串水花，引来诸多不满；有的则干脆就收了伞，雨中漫步，任细小雨丝钻入发梢，凉凉痒痒很是惬意。是啊，既然回避不过，不如开开心心面对吧。尝试着换一种心情，撑一把精致洋伞，去寻一寻民国诗稿所描述的雨巷，温习一下细雨霏霏的朦胧感觉。上海有许多适合雨天的去处，去甜爱路寻一家咖啡馆，点两杯或浓或淡的卡布奇诺，翻一番旧书，瞄一眼文化气息厚重的老屋装饰，和有故事的店主人随便聊聊天，你也许会情不自禁地喜欢上这条老上海最浪漫的路。到静安巨鹿路去吧，临街的书店一定会有让你动心的经典书籍，猫在靠窗赏雨位置，优哉游哉地看看街翻翻书，打打瞌睡发发呆，聊聊心事想想旧人，还是颇有情调的。

大多时节的雨是可人的。淅淅沥沥，无声无息，绝不扰民。若不是看到花花绿绿阳伞律动，你丝毫感觉不到老朋友已不期而至。大上海的绿化颇为讲究，街头巷尾公园绿地遍布，广玉兰、桂花、红枫争奇斗艳，尽显婀娜。路旁茂密的乔木就像撑起的天然雨伞，尽可欣赏着雨景缓缓前行。不经意中，一颗斗大雨滴"啪"的一声滴落头顶，宛若醍醐，抬头看看稀疏的枝叶，也顺便致敬一下雨神，差不多也该歇歇了吧？颇让人挠头的梅雨季节令上海人很纠结，天就像漏了，黄梅雨下一阵停一阵，刚晾出的衣服，无奈地收了。刚放包里的雨伞，又要一次次水漉漉地撑开，每日里重复体验。湿热加上无尽的梅雨天，衣服会发霉，似乎人的心情也都发霉了。秋冬季节的冰雨更让人绝望无比，冰凉的雨钻进发梢，粘在衣襟，凉意深入骨髓，刚从冰雨中逃脱，回到没有暖气的家里，凉意未消，寒意又至。

雨，给这座城市带来许多烦恼，他是位好玩的老友。

雨，也为魔都增加了若干情趣，会被人们经常想起。

上海，离不开雨。

上海与上海人

写上海与上海人，先来对标一下北京和北京人。毕竟，在现代中国，政治中心北京和经济中心上海，地位不可撼动。聊起老北京，想必会联想起"帝王故事、北京胡同和胡同文化"几个关键词，而与之相对应的，则是新上海的"外滩经历、沪上弄堂和海派文化"。

作为政治中心的北京历史悠久。从建都那天起，这座古城就被深深烙刻了"国之重地"的印记。古往今来，中国最有权势的精英群体荟萃于此，上演着中国顶级的大事件，老百姓看惯了红墙内外时代更迭，潜移默化中，也就深谙了帝都皇城的礼仪路数。古时，在北京建城盖殿，需严格遵循中轴线脉络构图施工，结交朋友要搞清渊源来历，做事情要有规矩套路。自信的北京人借助圈子经营人脉，通过整合资源来拓展事业。与上海相比，北京强于政治而弱于经济，无论哪个阶层的北京人，都喜欢关心政治局势和国家大事，正史野史、民间逸事无一不通，滔滔不绝、侃侃而谈。所以，外人对北京人的总体感觉就是"很牛"。

老上海历史不短，但遗憾没有作为首都的履历。700年前的上海尚为小镇渔村，难觅"东南都会，江海通津"的繁荣景象。催生上海迅速成为商业都市的，却是近代那段不得不提及的殖民地经历。鸦片战争后，上海被迫开埠，怀揣不同想法的各国殖民者、冒险家、实业资本蜂拥而入。其间，有"华人与狗不得进入"的屈辱记忆，也有英租界、法租界，以及 Jessfield Park（英商兆丰银行产业，今天的中山公园）、France Park（法军驻地和法租界产业，今天的鲁迅公园）等"城中之城"的奇葩历史。借助西方现代文明成果，以外滩为中心金融产业资本的成功运营，也造就了上海的畸形繁荣。村松梢风笔下描绘的"魔都"，真实记载了二十世纪二三十年代，这座远东最繁华商业中心的"明亮"色彩。不同文化理念碰撞融合，古为今用、洋为中用、中西结合，由此形成的海派文化令新上海充盈了旺盛生命力，沪上商业经济异军突起。上海也讲政治，与北京人一样，上海人同样很自信，甚至有些自负和自傲，更渴望通过做活经济来提升城市文明。上海人头脑灵活，精于商业经营，"实惠第一、面子居后"的理念令上海人做起生意来，识货明理且不拘泥人情世故，这座国际化城市的规则意识、法律观念很强，契约精神得以践行。当然，这也被诟病为"唯利是图、不够义气"。任你怎么去说，上海人却不怎么介意，该怎样做就怎样做，随着城市规模的几何级扩张，存在感越来越强。与北京的"牛气"对应，外人对上海人的总体感觉是"精明"。

北京胡同是北京人的"门面"。一个胡同的四合院里面，居住着身份迥异的各色人等，胡同文化也就渗透到各家各户的细枝末节中。古年间，宅院大门要高于道路，门前可以修台阶，台阶层数要与官职品级对应；观察此户大门是对齐院墙开，还是内进几尺，也能推断出家里人为官大小。"侯门深似海"——门开得越往里，说明官职越高。看门前两侧放置或方或圆的抱鼓石（民间称"门当"）形状，就可判断该住户是文官（圆形）、武将（方形）还是富商、百姓；看大门门楣上突出的木雕或砖雕（民间称"户对"）数目，便可知此户官位级别和家庭出身。各类规矩讲究，让北京这座城市，即使最普通的小胡同也变得等级分明。

胡同承载着北京的"胡同文化"，在胡同圈起的四合院里，有达官贵族，有工商儒武，有平头百姓。大院落富人独居，小杂院穷人混住，不一而足。"胡同"崇尚共性的传统文化基因，奉行着一套相对稳定的行为准则和处事方式：讲究文化传承，讲究门当户对，注重等级、规矩和面子。胡同里长大的，是根红苗正的纯正首都人，外来者属于地方群众，也会被尊重礼待，但绝对不允许愣头青在大院里撒野，这是北京爷们的豪情。喜欢与街坊四邻结交，爱瞧热闹，关心大事小情，不舍得轻易"挪窝儿"，这些都是胡同文化的典型特征。

上海的弄堂是上海人的"家"。弄堂浓缩了上海平民文化的精华。上海属于移民城市，既然都是从外地移民来沪创业，祖上攒下的功名也帮不了许多，所以上海不太在意门第出身，"千做万做，蚀本生意不做"——自己能赚钱，才叫真本事。上海人经营弄堂，不是为了炫耀，而是为了生活实用和便利，一个弄堂里若干家庭聚居，衣食住行、柴米油盐都需要在这狭小空间解决，每日在一起烟熏火燎、知根知底，门槛等级自然看得就淡一些，聊的也不尽是国家机密、社会头条，如何做生意、怎么赚钱的话题反而多些。但"蜗居"丝毫没有改变上海人追求精致的品质，上海人对自身形象非常在意，进了自家门换上便装做生活，出门则西装革履、旗袍丝巾，戴名表，开老爷车，秒回摩登明星气质。上得厅堂，下得厨房，这是上海小资津津乐道的生活方式。

弄堂文化衍生出了海派文化。弄堂里没有北京大院特殊印记的朱漆门户，但走进石库拱门，你也会惊叹上海人"螺蛳壳里做道场"的超级适应能力。弄堂里各家各户比邻而居，有分工、有合作，各自保持了私密空间，杂乱却有章。灶披间里，用水、烧饭、灶具各是各家，泾渭分明、绝不混用，责任归属到位，也就保证了弄堂的整体清洁。低调却实用，这也是"海纳百川、兼容并蓄"的海派文化精髓。海派文化倡导包容理念，无论是传统吴越文明，还是舶来的西方文化，倘若是先进的，必定汲取吸收，实在难以融入，自然选择扬弃；弄堂里不苛求各家各户世界观、价值观一致，"君子和而不同"，只要有益于整体利益和发展大局，可以尊重独立个性；海派文化注重理性，只要不挑战底线，就尽可能不发生冲突，绝对不逞英雄充好汉；海派文化崇尚合作、并蓄和包容，宽松融洽的氛围使多元创新成为可能；海派文化尊重人权个性，让有能力个体冲破弄堂的藩篱，毫不设限地再造广袤空间。超越时空的发达商业文明，就是上海"创新无边界"的最好佐证。

从渊源到现实，北京人和上海人的性格也就脉络清晰了。北京人和上海人有共同特点：大城市背景，先天具备优越感。见过世面、起点较高，充分自信、感觉良好，做事方式直接且一般能够成功。

但北京人和上海人性格特点差别还是蛮大的：北京人属北方性格，性格豪放，具有浓郁的首都情结，尊重传统，注重礼仪和身份，做事站位高，磅礴大气，善于利用关系和政策运作大事。北京人古道热肠，高谈阔论，好为人师，偶尔也会出现夸大其词、落地能力不足的情况。上海人属南方性格，感情细腻，注重自我感受，具有灵活的经营头脑和敏锐的商业意识，精明能干。上海人更容易接受国际化和市场化思维，做事情具备契约精神，尊重合同和约定，故有些场合感觉缺少"人情味"，性格偏"柔"、硬朗度不够，但碰上关键问题，上海人也会坚持原则不妥协。

北京人性格要义是"讲规矩"。从讲庙堂规矩，到讲江湖规矩、市井规矩、长幼规矩、交友规矩、商业规矩，从"修身、治国、平天下"到"琴棋书画烟酒茶"，规矩无处不在，个人利益要服从整体规矩，这也是规矩中的规矩。北京的规矩有些写在桌面上，有的则是千百年来，口口相传，记在心里，体现在举手投足、一言一行之间。

上海人性格要义是"讲规则"。"规则"和"规矩"一字之差，含义不同。规则更体现在契约合同上，再好的关系，不如白纸黑字明确更为可靠。从讲做事规则，到商业规则、市场规则、国际规则、交际规则，上海人依据规则，不断整合资源，丰富自己的人生。相比而言，同样是国家、城市皆为我爱，上海人在关爱他人的同时，更会爱自己。

言归主题。重点说说上海和上海人。上海原属于吴越之地，作为食盐和棉纺集散地的良港，1843年以通商口岸的名义被迫开埠。历经百年，上海依然是全世界商业化水平最高的城市之一，缔造了堪称辉煌级的商业奇迹。从十里洋场到百货公司，从轻工产品到服务产业，上海引领着近代中国商业化的发展潮流，始终雄踞世界一线。近些年，随着深圳、杭州、成都等新兴科技城的异军突起，上海的商业活力、科技水准，都在面临着严峻挑战，但其底蕴犹在，发展相对均衡，善于吸收和自我调整，品牌价值稳定，亦得到业界一致认可。难能可贵的是，上海商业的口碑很好，鲜有假货丑闻和纠纷。这些说起容易，操作起来很难，不仅需要完整的企业生产流程和内控机制，更需要完备的政府配套政策，社会快速应变机制，以及媒体市民的实时监督。上海商业化的发达程度还体现在，无论何种前端技术和时尚潮流，在申城都能找到应用场景；你在任何场合见过的产品和服务，只要资金充足，在上海都能够体验和感受。

在中国，北京和上海的外国友人数量最多，来北京的原因自不必说，政治中心具备唯一性和排他性，再挤也要挤进首都。而在老外的评价体系中，上海是"very nice"的城市，"非常"，意味着这座城市的成熟和繁荣，这是对大上海的高度褒奖。上海的基础设施很为市民着想：几十年前，在靠近居民区特别嘈杂的高架桥两侧，都会温馨地设置防噪声隔板，减少住户因车来车往嘈杂之苦；出差这么久，在国内还真没找到能够与虹桥、浦东媲美的枢纽站，机场、火车、地铁、公交等一体化管控，可随时随地快速换乘；黄浦江两岸也贯通了船舶、公交、隧道的立体切换，实现了出行、旅游、观光、工作一体化；城区洋房、绿地、酒吧、餐厅遍布，亲水步道、健身跑道、自行车道可以满足国内外任意人群的需求；老洋房、名人故居、文化长廊、博物馆、展览馆星罗棋布，增加了上海的文化厚度；城市各个角落便利的公共设施，就连公共厕所也实现了实时数字化和智能化，更不必说区区泊车的大数据应用了；小吃店、杂货铺的服务员都能与老外用流利的外文互动；在小笼包店、龙虾馆，你会不经意地看到不同肤色的外国人悠然自得，就像身处自己的祖国、完全没有异域感，他们已彻底融入了这座"非常舒适"的城市。

但上海人似乎给全国人民留下的印象一般。究其原因，上海人似乎不太接地气，特别是长期以来被严重误读的排外性格——"上海人瞧不起外地人，浦西人瞧不起浦东人。"外面人瞧不起，自家人也生隙，着实让人看不懂。上海人精明细腻，整体风格和印象，计较有余，刚强不足——公认的上海小男人。还有段子说二十世纪末，上海街头路口专门有人举牌"引路"，给钱就带你去目的地，不给则故意指错方向。当然，指路的也不一定是上海人，但上海的好声誉，确实曾被这些故事稀释并打折了，上海人听了也是"伐开心"的。

不理解可能是因为不了解，文化差异也左右了判断的公允性。上海和上海人，能够把地方经济做得尽善尽美，能够把城市建设得富丽堂皇，其性格必定有独到过人之处，理解上海人，需要基于这座城市文明，用特有的文化角度去解读。

上海人爱上海，这是很值得称道的。在许多上海人的眼中，上海就是地球上最宜居的城市，这种先天优越感是有经济曲线、消费指数等官方专业数据佐证的；外滩是全球最美的江滩，只可惜有水无滩，但浦东、浦西两岸的靓丽夜景和绵延的浦江绿道足可弥补缺憾；上海话就是普天下最优美最动听的语言，因此，上海方言可以堂而皇之地在许多正式场合亮相。记得易中天老先生评价上海，说上海人在本地说普通话，而组团在外一起旅游时，反而旁若无人地集体说上海话，这个好玩的现象从某种程度也说明了上海人的超自信——告诉大家我们从哪里来。一位上海名人在酒场不无自豪地说过："上海什么都不缺，只可惜市区缺少山川，连一座丘陵都不见，无奈只能在偌大的冲积平原建上高楼大厦了。"这也是同出一辙的上海自信范。

上海人是具备超高商业逻辑思维的群体。上海人对于商业的理解和运作让人叹为观止。殖民地时代，上海是"冒险家"乐园，通过金融和资本撬动，将一个没有基础的旧埠硬生生做成顶尖商业新城。上海人精明，做生意既细心又耐心，善于观察分析客户的性格特征，善于挖掘顾客潜在需求，让你舒舒服服地把钱从口袋掏出来。让客户满意，也让自己受益，这是上海商人的共识。上海的营销是无缝覆盖的，二十世纪之初新世界游艺场的大楼上，就矗立过"CHEFOO BEER"（烟台啤酒）、"LION BEER"（狮牌啤酒）、"JOHN HAIG"（威士忌）的巨幅广告牌；民国上海滩海报，有过旗袍美女手端张裕金奖白兰地的专题；而当年上海报纸征集对联，"三星白兰地，五月黄梅天"的"无情对"更使那个时代国货品牌的宣传效果达到了巅峰。时至今日，外滩上任何一栋高楼，都会有24小时广告宣传。衣食住行，只要有人群的地方，就有配套的服务在等候。"一两面粉做出十个小笼包"这是上海人的传统技能，到如今，在任何一个居民区、地铁站的销售服务点，无论你有任何购物意愿，都可随时提供涵盖线上、线下多渠道的选购方式。在许多便利店，都会看到本该放置在车站的自动取票机，当你感激涕零地按程序操作，很快发现那是需要收终端手续费的——"利他又利己"，这是上海"共赢"的商业模式。"共享出行"上海推广得最彻底，"红、黄、蓝、白"荟萃的各色单车归属不同互联网公司，任你随时扫码出行（上海政府很开明，绝对不会设置准入障碍）。上海有密集的购物、娱乐、餐饮一站式服务场所，就连乞讨行当和医疗行业，也被赋予了更多商业化味道。我亲眼看到医院门口壮观的乞讨场面，有人合着音乐唱着流行歌，有的娴熟地拉着二胡，还有的趴在地上写水笔大字，业务技能堪比专业水准。当然，你准备捐助可以投下现金，没带零钱也没关系，每个摊位都有微信和支付宝，任你随时付款。当然，上海社会快速反应机制非常健全，当社会救助车辆瞬间出现在乞讨现场，工作人员将现场"演出者们"扶起，大家不争不闹，轻车熟路地坐上救助车，一会儿就绝尘而去。医院的内部管理也颇商业化，绝对是服务患者之所需：需要订饭，App下单直送床边；需要理发，指定理发师几分钟到现场；需要预约专家、预约护理，皆有医院公众号24小时在线；只要你有足够的经济实力支撑，一切OK。

上海人是非常具备契约精神的。他们尊重商业、尊重合同、尊重承诺。在合同签订前要不厌其烦地研究细节，讨价还价，为了商业核心利益，也许会争得面红耳赤。但一经合同确认，他们会严格执行、不打折扣。上海的市场化思维，不掺杂任何无谓的感情色彩。上海人在确认业务服务之前，习惯问的一句话是"你交钱了吗?"，这也是许多北方人很不赞同的地方。因为，在北方人的认知里，解决世上之事，除了用钱，还会用人情或面子，很多时候，面子是要大于金钱的。而上海人很实际，咱们先谈钱的事，待双方有了合作基础，达成共识，再谈友谊。北方人的口头语是"冲着谁谁的面子，你还不相信我吗?"，这也让上海人很不理解——"我以前没有和你打过交道，我凭什么会相信你?"一方水土养一方人，文化的地域差异，不是一两句话能够解释清楚。

上海的服务类项目高度市场化。比如，宾馆酒店的价格是随时浮动的。入住之前，你一定要选择价格合适的酒店提前预订，一经确认，再繁忙的酒店也会严格按照订单价格执行，守时守信，决不会改变一丝一毫。而若临时抱佛脚，拖着行李箱来到酒店大堂碰运气，那就是"人为刀俎，你为鱼肉"了，越临近入住时间，价格越居高不下。即便你尝试着从网上App碰运气，效果大致相同——每一次刷屏，价格只会上浮，不会降低。在沪使用移动打车工具也会发现，道路通行有序不堵车时，价格相对合理，各种优惠任你选择；若赶上早晚高峰时段，价格秒涨，想要快速上车？没问题，抓紧预付司机小费，否则，只能乖乖地去坐地铁了。这就是接轨国际的市场化商业行为。

上海人的性格特点非常具备"讲规则"的潜质。上海人制定了许多规则，并会率先垂范、努力维护和遵守，因为"规则"是上海人做事的底线。无论你到政府机关还是服务机构咨询、办理任何业务，只要规则明确规定不允许，很难有商量回旋的余地，接待人员会斩钉截铁地告诉你"不行"，绝不会和北方某些城市一样提示你，"我这不行，必须要办，可以找'上面的领导'"。对于北方人引以为豪的各种关系、运作、协调，上海人看得很淡，甚至颇为不屑。

上海人性格特点也有相对自我的一面，就是习惯于以"自我"为中心，不太顾及他人感受的一面。上海民居有个非常好玩的景观，就是每家阳台上，都架设着探出窗外长长的晾衣竿，搭建方式估计参照了黄浦江渡口的龙门架，严丝合缝，层层叠叠，构成了一道别致的风景。许多外地人不明就里，被上空突如其来的水滴击中，抬头仰望才发现，湿漉漉的床单、被罩吊在了半空中。特别是上海老城区街头家家户户布满天罗地网，大风刮起，晾衣竿上衣裤飞扬，"侬是船来我是帆"，场面巍巍壮观，与现代化的沪上风尚颇为不"搭"。

文明程度较高的上海人是高度认可排队的，在公交车站、购物、餐饮场所排队是市民每日的必修课。自觉排队是共识，但总会有人有意无意地发现空隙，自动绕到前面。而服务员善意提醒，当事者也没感到不好意思，只是自顾嘀咕一句，然后自觉地走回后面——"有则改之，无则加勉"嘛。乘地铁过安检时，你若看到最服从号令，将一干物品全部自觉塞进传输带安检的，一定是北京人，这是长期讲政治的表现；而即使看到工作人员提醒，自顾背着包前行不太配合检查的，上海人为数不少。这也许就是海派城市个人维权意识的不自觉流露吧。

说句实在话，上海人很欢迎外地人来沪创业做生意，促进上海城市发展。但从内心讲，上海人认为上海是他们的本土，外地来的客人，逗留一下就好啦，最好不要久待。主人不太喜欢太多外地人来沪定居——本来就满负荷的大城市，人多道路拥挤了，市场竞争加剧了，总感觉外地人抢占着上海本就稀缺的各类资源。所以，上海使用车辆限号、限牌的方式来平

衡交通资源。医院就诊挂号费上海本地人6元，外地则需要22元，这是在平衡医疗资源。对这一点，上海还要反思，上海是创新多元的大上海，是世界各国文化融合的大上海。大家共同建设创造了新上海，新上海更是属于全世界的。上海，需要有更加开放的胸襟，来融入飞速发展的新时代。

说到这里，您可别误解，上海人绝对不是自私小气的代名词，上海和上海人给全国人民做出的贡献无可替代：几十年来，上海贡献了200多万支内、支边、支疆的知识青年，大多数已扎根内地、边境和高原；上海以不到全国千分之一的土地，贡献全国近十分之一的财政总收入。每年拿出巨额GDP支援全国财政分配，也没有见到上海人整日抱怨。作为小市民算小账，居家过日子计较多一些；而作为大公民算大账，需要家国情怀时，上海人也从来没有含糊过。上海市民整体素质非常高，无论是公共设施的自觉维护，还是公益事业、捐助活动，只要他认为值得付出、应该去做，出钱、出力都绝对没有问题。而他若认为其中藏有猫腻，按照一贯处事风格，他会和你好好理论一番的。

有国，也有家。这就是活得相对真实的上海人。

深圳　成大事者不纠结

成大事者不纠结。纠结令人瞻前顾后，踯躅不前。纠结者并非不能够成功，但过分纠结者很难成就大业。

做人如此，城市发展亦如斯。深圳是一个从不纠结的城市，也是古老神州版图上，由贫困乡村蜕变为繁华都市的奇迹，像极了一个做事果敢、从不纠结的年轻人。年轻，所以不惧失败，不畏挑战，敢于创新，善于逆袭。当别人还在为"做与不做"反复衡量时，深圳已从"怎么去做"和"如何做最好"狠下功夫了。所以，出身低微的深圳，仅用短短几十年，凭借持续不断的拼搏努力，实现了华丽转身，把一个名不见经传的珠江口小渔港，建设为绽放于中国南海之滨的新一线城市、全新的活力之都、科技创新之城。

中国各地文化特征受其历史沿革影响颇深。深圳所在的岭南大地今属富庶之乡，这首先要感谢秦始皇嬴政，他主导修建了灵渠，连接了珠江流域和长江流域，"以适徙民与粤杂处"，中原与岭南百姓交流渐多；更有秦国大将赵佗出师岭南，建神秘南越国于番禺（广州）；西汉陆贾两使岭南，加速了汉越交往融合；而六朝之后，贬徙士子、流寓百姓大量涌入，也让岭南顺畅地接受了百家争鸣的中土文化，客家与岭南各族相安，促使当地经济日益繁荣。"罗浮山下四时春，卢橘杨梅次第新。日啖荔枝三百颗，不辞长作岭南人"，东坡先生所处时代交通尚不发达，但岭南珍珠、杨梅等丰饶物产世人有口皆碑。加之其漫长海岸线和繁忙的港口贸易，使得岭南之富庶成为历史必然。

作为海上丝绸之路的主港，老大哥羊城广州，是岭南富庶乡的典型代表，保持了世界唯一的两千年长盛不衰的大港史。而大哥身后相对孱弱的小弟深圳，虽也与海比邻，但却没有太多傲人资本。"深圳"，名字起得就很随意，村落边、田野上又深又长的大水沟，当地方言就叫"深圳"，就像旧时穷苦人家怕孩子不好养，随意叫个"狗剩""鸭蛋"或"七斤"。虽说深圳南山区茶光村是上古叠石山遗址所在地，但直到东晋咸和六年（公元331年）才出现"置县于宝安"（如今的深圳市区）的官方文字记载，这也是该地盘祖上最高的建制了。现存年头最久的古建筑，是明洪武年间为抗击倭寇在海边修建的大鹏守御千户所，鸦片战争的"第一炮"，就是大鹏所城的九龙海战轰鸣出的，这也是深圳深以为豪的城市渊源，"鹏城"之根。被冷落的小弟"深圳"童年颇为艰辛，但他从不在意被忽视，一直倔强地生活着。直至20世纪70年代末，宝安县弥眼可见依然是小渔村、农田、鱼塘和大片废墟，遥望山那边的香港，已是高楼林立、港坞繁忙，是富庶繁荣的东方明珠，现代化的国际大都市，全球资源的配置中心（1979年深圳的GDP只有1.96亿元，不到同期香港的0.2%，谁能想到40年后实现逆袭呢）。当年，深圳西南的蛇口渔港相对忙碌，那是偷渡客的集散地，很多人冒着生命危险要"逃港"——他们眼中的花花世界。就连"罗湖桥"也比深圳知名度高，内地经深圳河到香港，必走罗湖桥，过桥是为了一睹梦中眷恋的"东方明珠"，一穷二白的深圳，相比之下很是寒酸。

"穷则变，变则通，通则久。"20世纪80年代国门敞开，在岭南，从深圳到珠海，东莞到佛山，汕头到中山，珠三角地区借助香港、澳门的辐射效应和岭南人善于经商的特点，一举走红。从电子表到电饭煲，从走私车到大型家电，从精打细算的个体经营到规范管理的集团化企业，广东成了中国经济发展的先行者，独领风骚。爱屋及乌，不经意间，煲汤、饮茶、生意经、粤语歌都成了时尚前沿。穿越千年，岭南，依旧是富庶之乡。而昔日寂寂无名的深圳，平地一声雷，率先从蛇口喊出了"时间就是金钱，效率就是生命"的口号，一时间举国震惊。不纠结的深圳继续敢为人先，主导了一项项石破天惊的改革求索：成为全国第一座没有农村的城市，发行了新中国第一支股票（深圳宝安），首建规范化外汇市场，首创工程招投标，首次实行结构工资制，首次拍卖楼花，首次成立物业管理公司，首创义工团体……

一系列让人眼花缭乱的创新举措，都取得了战略意义的成功。这座年轻的城市当仁不让地成为岭南军团的先行军，深圳举措成了全国推进改革的风向标，也成为国家级实验项目的领跑者。如今的深圳，海陆空立体交通发达，高新技术企业和金融服务行业世界领先，城市人才竞争力和民营科技上市公司数量雄踞全国第一，创新活跃指数已超过硅谷。华为、腾讯、比亚迪等一批明星企业，成为飞速发展的"深圳明珠"。而在钢筋混凝土森林的掩映下，也不乏诸多人文色彩：工业化的深圳，竟然是全国公园数量最多、人均绿地最多、私人游艇数量最多的"国际花园城市"，是世界级水准的"钢琴之城"和"设计之都"！这座中国最年轻的城市，成了中国最具吸引力的城市、最具创新能力的城市，短短几十年取得的卓越成绩，的确能配上"鹏城"之誉。

2006年第一次到深圳，是和夫人从珠海乘船到蛇口，在深圳转乘时匆匆一瞥，给我留下印象最深的是街景。当时的深圳还跟在香港后面狂追，高楼大厦并不很多，但每栋楼上都层叠悬挂着大大小小、花花绿绿的宣传广告，路上人流来去匆匆，没有太多寒暄，没有无聊逗留，更没有街边扎堆的麻将扑克和赤膊大叔，还真印证了传说中的深圳速度，大家都在小跑着前行。传说深圳人晚睡早起，平均睡眠每天不超过5个小时，我也是信了。说来也巧，乘坐出租车飞驰过一段市区，竟然有10多公里没有停车，司机解释，深圳人为了追求效率，节约路面通行的时间，连公路交通设施都有所改进，这一段长路竟然没有设置红绿灯！记得深圳有两个经典游览路线，一个是办理港澳通行证，从深圳过关去看看对面繁华的香港明珠，加上半日沙头角中英街的购物；另一个就是参观深圳精品景点，叫"世界之窗"。甚是遗憾，逗留时间短，没来得及出关，沙头角购物错过了。而对于人造景点，有些本能的拒绝，但名字却深深触动了我——"世界之窗"——立足深圳，放眼世界。能够正视差距，迎头赶上，这种胸怀，这种精神，再加上始终如一的坚持，不成功也难。

再来深圳已是2016年，一下飞机，就被时尚的航站楼所吸引，乳白色"大飞鱼"一跃冲天，据说足足有38000个仿生学设计的表皮天窗，凝练出深圳人不一样的精气神。敢为人先，科技含量很高的现代化空港给深圳增加了不少加分项。见了几位在深圳工作的北方朋友，言谈中，感觉朋友精神状态很好，完全没有想象中所谓特区生存压力。朋友很自豪地告诉我们，深圳投资环境好，经济高速增长，虽说房价每平方米已超过10万元，但还是吸引了全国各地创业客们来深圳投资，自己10年前购置房产，如今已增值10多倍，坐收红利，工作自然就少了很多压力。加之当地温度、湿度、舒适度俱佳，生活起来甚是惬意。真是一方水土养一方人，多年不见，他们的言行、习惯、处世方式，已经很深圳、很深圳，简直就是土生土长的原生态"岭南人"。的确，苦尽甘来的收获让人愈发成熟自信，日臻成熟的深圳也培养了一大批敢于尝试、信心满满的深圳人。也许是基于骨子里的好印象，在深圳逗留期间，道路一路通畅，完全没有同级别大城市的拥塞。红绿灯似乎增加了，但总体不堵，通行有序，检验了这个城市基于大数据的立体化交通疏导系统，全球城市"交通领袖奖"可谓实至名归。傍晚在深圳街头漫步，看着霓虹闪烁，不时走过操着港味普通话的路人，也许是主观臆断使然，总觉得他们脸上挂满发自内心的愉悦，这是一种靠实力打拼赢得的荣耀。市场化大潮最能历练人，大浪淘沙方能培育出色的生存能力，有成功作为资本，人自然也就底气十足。所以，在现实生活中，深圳人不太在意什么是级别，什么是关系，什么是套路，他们专心按照市场规则，拼命赚钱，做好工作，善待自己。

在现实世界中，通过自身不懈努力，提升认知水平和驾驭能力而获得成就的人，更让人心服口服。毋庸置疑，深圳腾飞借助了许多历史机遇：改革开放，坐享中国首个经济特区的红利，国家扶持，深圳赶上了、抓住了、受益了。但有机会、有机遇、有干劲的城市并非只有深圳，有些起点高、发展快的城市，一路狂奔后，反而是筋疲力尽，不辨方向，左右两难，陷入僵局。而奔跑的深圳，更像那位阿甘，无论刮风下雨，无论闲言妄语，无论拉拽羁绊，始终微笑着前行。也曾经磕磕绊绊甚至跌落滑倒，偶尔也会停下来找寻一下方向，只要目标不变，奔跑的脚步始终没有停歇过。从20世纪80年代，国贸大厦"三天一层楼"的"深圳建设速度"，到90年代地王大厦"九天四层楼"的新"深圳速度"，始终对自己狠一点的深圳，不断挑战着潜力极限。21世纪后，边防证废除，铁丝网和检查站撤掉了，再没有人费心费力去偷渡——富起来的深圳，离开都不舍得，哪里还有看管的必要。香港老板开始到特区做生意，在深圳搜罗房产资源，毕竟这里房子是按照平方米计价，而非"有房万事足"的香港是继续沿用平方英尺（1平方米相当于10.7平方英尺）售房。深圳市区进一步拓展，开放的深圳变得越来越成熟、自信。一切用事实说话，那些曾对深圳指指点点，对深圳不屑一顾的城市，如今也都收起了昔日的傲慢，开始研究"深圳现象"和"深圳速度"，调侃起"天堂向左，深圳向右"的城市幽默。

发展，只能借鉴，无法复制。也许在成长之初，小弟并没有心比天高的宏愿，他只是在心无旁骛聚焦目标，积极尝试奋力打拼，把事情一件一件地用心做好，努力去证明自己并不比别人差。没有背景，所以无所畏惧；无史可鉴，所以不循规蹈矩；起点低、底子薄，更不怕讥讽和白眼。面对困难、嘲笑、质疑，深圳不放弃、不争辩、不理论，低头快步前行；面对无视、讥讽、各种误读，深圳选择坚持、忍耐，站直了不趴下；面对挑毛病、下绊子的情形，深圳自顾做好自己。既然不被理解，不必太多解释；幸运地碰上指点帮助，深圳会深深地感恩致谢。"纵然华丽地跌倒，也不做无所谓的徘徊"，耐得住寂寞，受得了委屈，放得下身价，就会赢得大格局。一心一意谋发展的深圳，几十年来一直坚持锁定目标、持续奔跑。不纠结的城市定会聚集到不纠结的创业者，也许就是看了一则广告，也许是听了同学、老乡的成功分享，也许就是为几十年没有激情的生活增

　　　　　　　　| 第一辑　且行且思——品味城市 |

加些许温度，即刻收拾行囊，买上车票，义无反顾地奔赴深圳。来自全国各地、最舍得付出的人，为了同一个创业梦想，齐聚这片热土，开始了"大鹏展翅"般的创新之旅。来深圳之前，"身份""级别""社保"……，样样都是让人纠结的理由，融入"深圳节奏"后，才发现，只要你有能力、有水平、有信心，一切都不是问题！年轻，就难免偶有小错，失误了，纠正总结，从头再来。年轻的深圳和年轻的深圳人在共同成长着。深圳的发展，很重要的原因在于这里有一个非常好的投资环境，政府很开明，实实在在帮助企业做事情。深圳拥有适宜公平竞争的创业环境，政策很宽松、很透明，这是很多在深圳扎根的企业家的切实感触，也是很多优秀企业愿意留下来，为建设和发展深圳尽心尽力的理由。如果说，几十年前，深圳的成功是借助了政策和区位优势，时至今日，深圳能够继续领跑，人才和科技的后驱动发挥了重要作用。

2018年出差又来到了深圳。接站的朋友是这座城市的一名管理者，多年来为了深圳的发展殚精竭虑。看着他热情的笑脸和紧锁的眉头，感觉到最近应该压力很大。几句话就聊起了城市的发展，谈起了年轻的深圳在快速成长过程中，面临的一些历史遗留问题，实体经济遭遇了前所未有的困境，目下经济增长速度有些放缓，却又没有立竿见影的好办

法，他很替这座城市的转型升级担心。

我很体谅这位敬业的朋友，一心一意做事的人，不会刻意掩饰自己真实的情绪流露，很多的辛苦不是用只字片语能够形容出来的。看着专心驾驶的朋友额鬓增添了许多白发，我一时不知道该怎么宽慰才好。不是专业司机的他车开得很稳，宝安大道还是一如既往的通畅，让人感觉特别舒心。我仔细端详一下深圳街景，老城区楼房依旧中规中矩，很像一个个工厂盒子，没太多花哨张扬的造型，缀满路旁的绿树红花、密如蛛网的高架公交，符合工业化城市的特征。而远远望去，新城区域风格迥然不同，个性张扬、造型奇特的密集建筑群现代感十足，却也配得上联合国教科文组织钦点"设计之都"了。大家不约而同沉默了一会，各自转头向车窗外看去，那是深圳街头常态出现的，一辆又一辆匆匆而来、匆匆而去的厢式货车，车厢上都写着醒目的大字，有标注"某某物流企业"的，也有标注"某某货运公司"的，疾驰的货车不知从何处来，也不知驶向何方——也许很快，街头忙碌的车辆就会被新的无人驾驶工具代替，毕竟从"深圳制造"到"深圳智造"，深圳的科技迭代一刻没有停歇过，深圳还会继续创造新奇迹吗？我想会的，只要他能保持一贯特有的风格——不纠结、不放弃、盯住目标、持续向前……

瞬间，自己毫无征兆地提高了声调："这流动的生产力，不就是深圳的生命力啊！这座从来不会停止前进的城市，一定会挺住的！"

朋友转过头，我们不约而同，会意地笑了。

西安　遥远的盛世

～～～

历史上，曾在西安建都的王朝和政权有多种统计说法，从"10朝说"到"21朝说"，不一而足。比较公认的说法是"十三朝古都"，分别为：西周，秦，西汉，新莽，东汉，西晋，前赵，前秦，后秦，西魏，北周，隋，唐。建都史始于国力渐衰的周朝"丰京""镐京"，终于国力鼎盛的大唐"长安"。5000年的中华文明，属于西安的城市历史是3100年，而其贵为国都的时间足足有1200年，占了中华有文字记载史的1/3。

"强秦"灭六国，一统天下，筑长城、修灵渠、统一度量衡和货币文字，建立中央集权国家；"大汉"休养生息，独尊儒术，讨伐匈奴，封狼居胥，兴太学、使西域，传播大汉文化；而"盛唐"贞观之治、开元盛世奠定了国力强盛基础，建立了当时世界最大城市、最强军事帝国、最受尊重之外交，创造了最为灿烂恢弘的中华文化。统一的秦帝国15年，两汉407年，唐朝289年，3个最强王朝时间共约700年，这也是中国历史豪气冲天、值得大书特书的700年。更为巧合的是，秦、汉、唐这三个强盛帝国，竟然都不约而同地选址在关中区域定都。无论当年都城称"咸阳"还是"长安"，旧址皆在"荡荡乎八川分流"的今西安地区，这也证明，以西安为中心的关中沃土对于中国历史的重要性。西安延续了一脉相承的中华文明基因，呵护着隐藏在古城黄土中的辉煌时代，也见证了曾经的盛世年华！

西安的城与墙

历尽沧桑的西安城，秦砖汉瓦已成过眼云烟，残留下来的古都遗址，大抵为隋"大兴城"和唐"长安城"之后建筑。盛唐长安见证了城与墙的辉煌时刻：宫城、外城、皇城层层相连，城内有2市108坊，10余条大街纵贯南北西东。鼎盛时全城面积达87平方千米，为古罗马城5倍，今西安城8倍，乃当时世界规模最大的帝国之都，亭台楼阁、雕梁画栋，蔚为壮观。只可惜安史之乱长安城惨遭破坏，吐蕃也曾入市洗劫，加上黄巢军焚掠，长安面目全非。后朱温又拆长安宫室、掳走唐昭宗，长安城皇宫楼宇被付之一炬。待到天佑元年韩建对城池进行改建，放弃外郭和宫城，重修皇城（新城），此后城垣基本沿用"新城"旧制，长安老城退出历史舞台。如今看到的西安城，为明洪武年间朱元璋下令在隋唐皇城上拓建西安城墙，形成"门三重，楼三重"的防御体系，长安亦改名西安。

与久仰的西安古城零距离，是从昔日"大唐迎宾"的正北门启程的。抵达之时，天蒙蒙亮，城门紧闭，没有想象中乌压压的人流，只有悠扬的古琴古曲在静谧的晨曦中回荡。待到城下道路上车辆见多，工作人员纷纷到位，城门才缓缓洞开，扫码购票随着三三两两晨练者穿过"安远门"，便见斑驳的城头高悬"古城第一门"匾额。也许是雾霾原因，游客寥寥，方正的瓮城显得格外空旷，踩着登城马道灰白色城砖向上攀登，感觉空气湿漉漉的，古城墙两侧印着奇形怪状的水渍。抬头先看到了柱顶雀替高悬的红灯笼，之后巍峨的箭楼才清晰地出现在眼前。安远门位于古长安城太极宫与东宫交界，曾为大唐安抚边疆、厚载万物的"天下第一门"，后屡经改建，到明代逐渐形成了瓮城之上建有箭楼，瓮城外建有月城和闸楼，城内建有正楼的格局。民国时月城被拆除、正楼毁于战火，近些年箭楼也出现塌陷倾斜，经抢救恢复才保留现状。古往今来，物是人非，真可谓世事难料，弹指一挥间啊。

来到城头才发现，原来上面视野如此开阔，城砖都是方方正正的大块头，有的发灰，有的泛白，给古城做了最恰当的年代背书。城墙上宽阔的道路尽可操练军队，目测"八马齐驱"没有任何问题。太阳还没有完全升起，晨光与城墙垛口大致等高，散发着柔和的彩色光晕，映照着城墙上红彤彤的玄武号旗。越发浓重的雾霾，使得远处敌楼、角楼在云雾中若隐若现，犹如空中楼阁。顺着城垣前行不远，便看到了城墙下西安唯一的藏传佛教寺院——广仁寺。从城墙之上俯瞰院落，高过围墙的印度菩提枝叶繁茂、迎风而动。殿顶黄金色的琉璃瓦，透过雾气熠熠发光。广仁寺的主建筑为铜瓦贴纯金的金瓦殿，殿内供奉佛祖真身舍利和12岁等身像，藏经阁收藏着康熙御赐6600卷明版《大藏经》，这都是当年康熙文治武功的见证，看来玄烨皇帝为了维护边疆安定下了不少细致功夫。

继续行走，便可见隋初建造的"开远门"。此门为隋唐丝绸之路起点，彼时提及长安到西域的距离，都要从开远门算起。张骞出使西域，玄奘西行印度，皆从此门依依不舍地离开。大唐在开远门外设"振旅亭"，等候将士西征凯旋；周边建西市和大秦景教寺，与西域"胡商"开展贸易交流。一手抓外交，一手促国防，此乃大唐雄起之秘诀。接下来看到了"玉祥门"。民国时冯玉祥千里驰援"二虎"（杨虎城和李虎臣），解西安之围之后，百姓在残墙缺口新筑城门并以"玉祥"命名。从城墙垛口远眺，西北位置就是上溯两千年的秦章台宫，当年屈原之旧主芈熊槐被秦昭王骗入咸阳，曾在章台宫滞留三年；而赵惠文王时蔺相如入秦献和氏璧，也在章台宫觐见并智斗秦昭王。合纵连横、勾心斗角、权谋博弈，古都和古城墙，都是忠实的历史见证者。

不知不觉，绕到了西安城的西门"安定门"。安定门原为长安皇城的"顺义门"，明代扩建沿用至今，安定门瓮城、箭楼、内城、正楼具备。明代安定门正楼曾作为大西北军事管理总部，是战时西北王的指挥中枢，正楼建筑也幸未毁于战火。仔细端详了一下，歇山顶式的三层重檐，四角高高翘起，回廊环绕，钟鼓分列，战旗飘扬，煞是巍峨大气。历经战乱，正楼梁柱上还幸运地留存了上千平方明代彩绘，实属不易。行程告一段落，便从城墙下行至瓮城。此时雾霾未散但游客渐多，大家聚拢在东北角大槐树下围看古井，这是当年西安城百姓的饮水主源，井口被保护网罩着，上面架着十字形木头辘轳，栏边石碑刻着"井养无穷"，既是赞叹井水甘冽、汲而不竭，也有饮水不忘挖井人之意。的确如此，无论任何时代的城市管理者，围绕着城垣治理，必须一手抓"防御"，一手抓"民生"——正楼的军事指挥绝对不能出问题，确保一方平安。老百姓的甜水井更要挖好，治理好瓮城的水井，方能得到城内百姓的真心拥护，则水源无穷尽。

从北门到西门，长约13.7千米的西安古城墙只走了1/4，虽未抵达南永宁门、东长乐门，但已窥斑而知全豹了。西安的历史与长安城的建造史、古城墙的更迭史息息相关。城墙肩负着城市的安全使命，便成了西安的城市图腾、市民的精神寄托。古城，是西安人的魂；城墙是古都的根，也是西安的生命之源。经历了无数繁华盛世和战乱纷争之后，西安把相对完整的城垣保留下来，即使古城墙已经圆满完成了使命，也不会退出历史舞台。只要古城池在，长安的魂魄就在，西安人的精气神就在，几千年的文化血脉就能延续传承。

梦回大唐长安

大唐时，西安大号长安。"长安"，"长治久安"，多么伟大的大国记忆！遥想当年，李唐家族君临天下，胡汉融合万方来贺，外邦遣唐使入觐，大唐长安当仁不让地雄踞世界，成为东西方文化交流的枢纽。时至今日，阿房宫难觅，上林苑难寻，西安城还能够留下记忆的，唯有斑驳长卷残余的盛唐遗梦。

绛帻鸡人报晓筹，尚衣方进翠云裘。

九天阊阖开宫殿，万国衣冠拜冕旒。

日色才临仙掌动，香烟欲傍衮龙浮。

朝罢须裁五色诏，佩声归到凤池头。

也算见过大世面的大诗人王维，早朝时，被大明宫的恢弘场面深深震撼到了。这位"诗中有画、画中有诗"的摩诘居士在开元盛世入仕，安史之乱中被迫接受叛军伪职，光复之后再回长安城，看到昔日繁华宫阙被洗劫后的破败惨状，睹物思情，也不知作何感想？也难怪王维后半生看破红尘，转而"参禅悟理，学庄信道"了。

大画家阎立本参与了大明宫设计，体弱多病的唐高宗促成了大明宫建造，可以想象，龙首山巍峨，丹凤门矗立，含元殿、宣政殿雄踞龙首原，俯瞰长安城，一个面积为明清紫禁城四五倍大的大明宫建筑群，当年何等风光！黄巢、李茂贞、朱全忠三位历史罪人先后将长安的宫、庙、寺、署都焚毁殆尽，大明宫自此湮没在历史的云烟中。

大唐盛世，如同一个绚丽的梦，一个纵使现代人冥思苦想也勾勒不出的"玉梦盛景"。大唐人的真实生活状态是什么？

长安一片月，万户捣衣声。

秋风吹不尽，总是玉关情。

何日平胡虏，良人罢远征。

诗仙李白的《子夜吴歌·秋歌》，把一个强盛帝国的家国情怀淋漓尽致地表达出来了。"长安城内一片月光，千户万户都在捣衣。秋风吹送捣衣声声，家家怀念戍边之人。"许多年来，我一直寻找，中华民族引以为豪的根在哪里？品诗怀古，梳理着越来越清晰的历史脉络，也就慢慢悟出了盛世大唐的长安魂。从来没有哪个时代，能够像大唐那样，拥有着最繁华的都城，最富足的文化经济，最开明的民族政策，最强大的军事实力，最多彩的娱乐方式。一个歌舞升平、遍地诗歌的盛世！大家生活得如此自信，如此洒脱，何等快意，何等豪情！

那是一个"人人都是人才、人人都能成才"的开明时代，无须韬光养晦、刻意低调，"长吁问丞相，东阁几时开？"——"有才"，你就大声喊出来！大唐盛世，四海晏清，朝廷给人才们提供了科举晋级的多重机会：非常之才，考制科；常规考生，走常科。常科又有进士和明经两条渠道可以选择。"麻衣如雪，满于九衢"，秋冬时节，天南海北、山乡村野应试者云集长安，等待由大唐皇帝主办、一年一度的人才见面会隆重开启。此路不通？但也无妨，还有"行卷"。"丈夫三十未富贵，安能终日守笔砚"的大唐文人们，携精心打造的原创作品、治国方略去长安的名流宅邸拜谒，向成功人士毛遂自荐——"致君尧舜上，再使风俗淳"。而名流雅士们惜才如金，定会不遗余力地向主考官"公荐"，向同僚推广美文佳作。如若拜谒不到名流如何是好？岂不会愤懑怨世？没关系，高手总在民间——那就辞亲远游天下，民间处处皆可一展才华。无论是街坊肆处、亭台轩榭，还是寺庙道观、驿站客栈，有抱负的人才们尽可将文字诗篇书写在墙壁、屏风、诗板显眼处，以待大众观赏评点。一切都靠实力说话，好诗佳句迅速通过民众传播千里，社会民间呼声高了，传入宫廷也是须臾间的事情，你可以放心去欣赏祖国大好河山，在旅途中随时等待朝廷召唤吧。

一个空前强大和自信的时代，造就超级强大和自信的国家，指点江山激扬文字的才俊们层出不穷：十四岁的王勃上书刘右相，侃侃而谈对国家时政的四点建议，批评朝廷穷兵黩武讨伐高丽国，落得劳民伤财；另一位初唐四杰骆宾王洋洋洒洒地写下《为徐敬业讨伐武曌檄》，化身护唐讨逆的骁勇干将；诗仙李白也跃跃欲试自己的政治军事才华，几经犹豫之后，也携诗佩剑加入了永王幕府。

你很难想象，每个专业领域的最强者凑齐在一个时代，那是怎样一种体验？房玄龄、魏征、李白、杜甫、阎立本、吴道子、欧阳询、柳公权、孙思邈、玄奘、僧一行……有充足的人才保障，难怪大唐远交近攻，干什么都底气十足。大唐文人用他们诗一般的热情来温暖国家，"宁为百夫长，胜作一书生"，他们从大山里、乡村走出来，发表自己见解，投入报效国家的洪流中。"莫愁前路无知己，天下谁人不识君"的高适，和"山回路转不见君，雪上空留马行处"的岑参，不仅作得边塞诗作，更能仗剑驱马赴边关，杀敌建立功勋；"赏春无酒饮，多看寺中花"，从天竺带回经卷的玄奘法师抖擞精神，精心组织人力物力，自信满满地建成了大雁塔和大慈恩寺，全然不是《西游记》刻画得那么柔弱无助。唐人确实太会生活了，轻纱霓裳，赏花赏月，尽情嬉戏，纵情快乐。乘黄骏马款款而来，那是盛装出游的虢国夫人；屏风扇下、仕女簇拥，乘步辇而来的，那是接见吐蕃使臣的唐太宗。教坊瓦肆的散乐百戏无不争奇斗艳，拔河、脚抵、斗鸡、斗茶、蹴鞠、马球，唐人硬生生地把传统娱乐变成竞技项目，"秋千争次第，牵拽彩绳斜"，就连荡秋千也要争个高下。竞技与娱乐深度融合，成为全民参与的盛唐狂欢。

昔日龌龊不足夸，今朝放荡思无涯。

　　春风得意马蹄疾，一日看尽长安花。

　　这是一个用诗歌装扮起的豪华帝国、开明时代。一个不贪恋金钱，不觊觎地位，全民崇尚"诗歌"，尊重文化，尊重艺术的自由王国。只要有才华，不必压抑，不必低调，你尽可能大声地说出，大胆地释放。"且放白鹿青崖间，须行即骑访名山。"你可以与李白、杜甫一干名流们对诗、论道、舞剑、共酌，指点江山，抒怀明志。人人都可以凭借才华逆袭，登上明堂，高谈阔论。"春风得意马蹄疾，一夜看尽长安花。"放榜之日，长安城不啻全民共度盛大节日，社会各个阶层都在探讨同一个"状头"（后称状元）主题，同一首佳句，长安百姓定会倾城而出，争先一睹夺魁者的仪容风采。状元郎要游街示喜，同榜人聚集名园探采名花，慈恩寺雁塔题名，曲江杏园大开"探花宴"——所有的肆意和轻狂都会在善解人意的长安城得到彻底释放。

　　想想大唐百姓们的日常生活，不是为柴米油盐和各种烦心事所左右，百姓的快乐，是在坊间酒肆高谈阔论，最近哪些诗家们又推出了哪些新作。经过口口相传的佳作被高悬于壁上，众人边欣赏边议论，以诗会友、唱酬痛饮，陶醉在诗的意境、诗的海洋、诗的天地里。这是一种多么高雅时尚的全民文化氛围！

　　大唐的帝王将相们擅长以"诗歌"来美教化、移风俗，引导各民族和谐相处。遣唐使学习中国文化，丝绸之路推广大唐文明。全社会推重知识，尊重诗歌，尊重人才。诗歌是唐代文人们的生命，无论是筵宴赋诗、寄赠唱和，还是壁上题诗、投诸名流，诗歌占去了唐人绝大部分的生命空间，也造就了涵盖王公贵族、风流雅士、市井商贩、名角歌妓各个阶层的痴迷"诗粉"。当诗词歌赋写到了极致，对号入座的便是唯我独尊的大唐皇帝。

> 长安回望绣成堆，山顶千门次第开。
> 一骑红尘妃子笑，无人知是荔枝来。
> 新丰绿树起黄埃，数骑渔阳探使回。
> 霓裳一曲千峰上，舞破中原始下来。
> 万国笙歌醉太平，倚天楼殿月分明。
> 云中乱拍禄山舞，风过重峦下笑声。

　　这是一个因溺爱差点毁了国家的悲情故事。遥想一骑红尘飞驰而过，那是唐明皇对杨贵妃爱的表白。李隆基足够优秀，否则也不会创造开元盛世百姓安居乐业的辉煌。当然，也正是这种自信和自负，让他放松了警惕，不思进取，躺在温柔乡里，看着功劳簿，信任着最不该信任的人；为了方便出城去曲江游览，唐明皇能在皇城修一段内城墙；骊山温泉边，不理朝政也要陪好贵妃；把"诗仙"李白留在身边，为了便于写诗赞美杨玉环，这个皇帝也真够痴情。

　　如今大唐的繁荣景象，只能在西安的夜景中找寻了。华灯初上，置身巍峨的钟楼上，看着四通八达的道路霓虹闪烁，听着《东方红》音乐声响起；移步人头攒动的鼓楼回民街，遥想盛唐的雄浑快意，尽享鼎沸夜市的现世繁华；大唐不夜城游人如织，火树银花书写盛世灿烂文化；曲江池边音乐巨幕，起舞弄影处思忖"曲江流饮"的昔年盛况。这，就是奢华绚丽传承至今的大唐遗风。

　　我曾问过一位西安文友对自己故土乡亲的性格评价。他认为，西安人性格具有两重性，一方面由于熟知历史典故，做事比较通情达理。另一方面，性格中带点小狡黠，这也会体现在做事方法和手段上。现代西安人"又勤又懒"。"勤"体现在大多西安人勤于思考、勤于创作、勤于歌唱；懒，表现在很多西安人一天就吃两顿饭，经常早饭午饭一起吃。这个稍显奇特的回答，我没有再去深度解读，但有一点可以肯定：一方水土养一方人，常年生活在底蕴深厚、先祖遗风尚存，目之所及皆为历史的古都里，西安人除了传承大唐豪爽热情的秦腔之风，估计骨子里也很自傲，事事都会有自己的体会和心得。毕竟，他们是地地道道盛世大唐的后人。

太原　龙城印象

～

　　来太原之前，一直心存疑惑——为什么地域位置、生活习惯，就连拼音都极其相似的"山西"和"陕西"，一个隶属华北，一个却归西北管辖呢？更奇怪的是，太原号称"龙城"，曾培养了众多"马上皇帝"，而这些从太原发迹，一路走向成功的官家们，登基之后有了一言九鼎的权力，也始终未将太原定为帝都。究竟是什么原因？实地探究了太原的前世今生后，问题似乎有了答案。

龙城之殇

　　从历史看，太原远古为"唐国"，后称晋阳、并州。周成王姬诵封胞弟姬虞于翼城，后迁至今太原西南晋水发源地，姬虞之子燮改国号为"晋"。三国分晋后，晋阳（今太原市晋源区一带）曾为赵国之国都。长期以来，这里是汉族、戎狄、鲜卑、匈奴等各民族混杂交融的居住区，自然也是国家边境战争及博弈和谈的第一线。战国赵襄子，西汉刘恒，北齐高洋父子，唐朝李渊父子，五代李存勖、石敬瑭、刘知远等皆从晋阳起家称王，杨广未称帝前也曾在晋阳做过晋王。这些祭拜过唐叔虞，凭吊过晋祠，出仕太原地方长官的王公贵族，大抵都能如愿以偿地改元登基、君临天下，也使得晋阳这片孕育帝王之气的土地，荣膺"龙城"美誉。传说李渊父子晋阳起兵反隋之前，曾在唐叔虞神像前祭旗誓师，允诺将来灭隋得江山，必改国号为"唐"，唐叔虞也成为护佑皇命社稷之神。

若要一统天下，必先问鼎太原。并州（古太原，又称晋阳）自古是"四战之地，攻守之场❶。"春秋时发生过改变晋国命运的"智、赵、韩、魏"四卿的"晋阳大战"，赵氏以"唇亡齿寒"之理说服韩氏与魏氏，赵、韩、魏联合除去智伯，三卿肢解晋国，导致地缘政治制衡瓦解，战国群雄局面形成；西晋时并州刺史刘琨抵御匈奴胡骑无以数计的轮番进攻，双方于并州反复拉锯10年之久，使得匈奴南进乏力，并州保卫战确保了江东晋国苟延续命，也使华夏文明得以延续；十六国时期，晋阳有北周与北齐的晋阳之战，战争已全面展开，北齐后主高玮竟然与宠姬在外围猎不回，导致北周轻松获胜，北齐灭亡、晋阳城破。这场自毁长城的窝囊战争，也载入了晋阳地方志；安史之乱时，唐朝名将李光弼以五千人马抵御史思明十万叛军进攻，以弱胜强的晋阳之战，阻止了叛军进一步屠戮中原，使大唐文化

---

❶　出自《后汉书》。

再获新生；而让太原刻骨铭心的惨烈经历是北宋围灭北汉之役，战无不胜的太祖赵匡胤前后三次发动战争未能征服晋阳，其郁郁而终11年之后，胞弟太宗赵光义再度讨伐北汉，一番肉搏加佯攻终于拿下誓死抵抗的晋阳，出离愤怒的宋太宗下令迁民焚城，后又引汾河水灌入城中，使得建城已一千五百年的古晋阳化为废墟。

古晋阳虽已成为历史，新太原的战乱依旧持续，之后有北宋阻止金国军队南下的太原保卫战，元初蒙古铁骑践踏太原，明末清初清军以西洋大炮轰开太原城，与李自成大顺军殊死巷战，民国时期中日军队旷日持久的太原会战，太原这座历代兵家必争之地，凸显了其"控带山河，踞天下之肩背"的重要地理位置。而见证了太原无数场惨烈战争的新旧当权者们，也始终未把鲜血铸就的龙城确定为一国之都。

古代晋阳被称为龙城要地，而当今山西省会太原，却是一个比较尴尬的城市。三晋大地保留下不少原汁原味的中华文明：云冈石窟、悬空寺、五台山、平遥古城，古刹大院星罗棋布，可惜，这些古建筑都不在太原。4700年文明史，2500年建城史，"襟四塞之要冲，控五原之都邑"的太原城美誉盖天下，但因饱经刀兵战乱，许多名胜古迹已遭摧残。如今到太原，除了晋祠、永祚寺双塔、纯阳宫尚在，其他历史旧址，包括当年曾固若金汤的城垣堡垒都已荡然无存。斯人已去，故地无存，这也是太原城总感觉缺少点精神基因的重要原因。有故事而无城景的现状让太原人很遗憾。平时说起古城几千年的辉煌历史，太原人会很自豪，言语中透着几分得意与豪情；而若客人贸然提出赴现场考究实迹，主人登时就会少了几分底气，神色显得很不自然，"这是要闹甚了"？

太原所在山西省的地理条件非常特殊，其省界与自然山川河流的形态高度重合，也就是说，周边大山长河完全可以将山西进行地理隔离。从历史上看，一旦形成这种隔离，其区域开放性就受到一定限制，发展也就随之放缓。居于山西中部的太原有历史、有文化、有人才、有底蕴，多年处于国家博弈、战争冲突、经贸融通的一线，不是核心也称得上主流吧。所以，从骨子里讲，太原给自己定位是成为国家重要城市，融入中国政治经济发展大局，无数次战火之后颠沛流离的经历，太原自信程度有所降低，特别不愿意被国家中心隔离，不愿意被国民大众遗忘，这也是他选择向京城所在的华北而不是西北靠拢的原因。从实际情况看，山西一旦开放，对国家总体发展颇为有利，古时唐叔虞在太原实行"启以夏政，疆以戎索"的新政，就能有效解决民族问题，推进历史向前发展；南下的鲜卑人促进多民族融合，也曾开创过"平城时代"；而借助朝廷边饷政策之力，与政府军队交往密切的晋商，也成为拉动中国明清经济发展的重要力量。

战争，成就了从太原走出的帝王将相；而开放，则使太原乃至山西经济飞速发展，民富力强。历史也总在轮回：为了发展，每一个朝代都会机缘巧合地对山西和太原进行一段大刀阔斧的改革，而积聚一定财富资源，开放意识渐渐浓烈之后，山西一定会莫名地闭关锁城（它有封锁的先天地理优势），一番小富则安、莫名收缩的"神操作"，会让山西变得更加闭塞，重新陷入低迷，发展止步不前。比较典型的佐证就是，当初因为土地贫瘠，人多地少，晋商们无奈出外经商，"跋涉数千里，率以为常"。靠吃苦耐劳勤奋致富，"通兑天下"——在资本积累到一定规模时，首先不是扩大再生产，而是回老家买房置地，打造封闭的家族庄园。奉行"中庸哲学"的阎锡山经略山西，经济建设卓有成效，山西也被树为"模范省"，富起来的山西接着选择封闭，就连贯穿山西的铁路大动脉同蒲铁路，也被修成法式窄轨，其目的就是防止省外势力顺利进入山西。而时至近代，浙商、徽商、粤商都在厉兵秣马、蓄势待发之时，晋商却在乔家大院的盛名之下，其实难副。在改革开放的浪潮中，山西人选择了固守家园从事实业，他们似乎找到了一个容易发展经济的方法，就是开采祖辈留下来的富矿——煤炭。过度的煤炭开采，造成了资源枯竭、环境污染、产业结构不合理，作为一个省会城市，太原的GDP总量还不如东部沿海某些富裕县。

煤炭之谜

真实情况是这样吗？我是带着疑问来到山西太原的。因为，煤炭是山西给世人的第一印象，也是山西经济增长的传统引擎。寻访当代太原，一定要去煤炭博物馆。在追寻不到太多古代遗址的昔日龙城，看看远古贡献、现世获利的山西煤炭或许会有所感悟。

根据手机定位寻踪，煤炭博物馆的位置很容易便找到了，就在山西利税大户焦煤集团大厦侧方，乍看有种姊妹附楼的感觉，不知博物馆是不是焦煤集团投资建设的。楼体外观非常像夯土的无尖金字塔，却没有埃及古文明的沧桑感，由于建筑周边覆盖着花花绿绿的各类广告，通体缀满图案的宣传牌遮挡了指示标志，再想找到入口就很难了，正在迟疑中，一阵喧闹声传来，不知从哪里瞬间出现了许多步履匆匆的大爷大妈，集体朝着一个方向行进。我也就顺势随着人流，找到了他们蜂拥而入的进口，门楣

"煤博馆全国年货会"标志赫然在列，原来当地人正在场馆里采买年货，进去瞄了一下，东西还很齐全，汾酒、竹叶青、大枣、小米、核桃，山西本地特产应有尽有。看来"晋商"无处不在啊！把闲置的场馆提供给社会商企作展销，方便当地民众购买，确实无可厚非。年货会标牌周边还有许多"全国皮草工厂直销展""全国中小学生实践教育基地"的宣传，都是"高大上"的"国字号"。利用一切可用资源，最大限度地变现品牌价值，我愈发对太原人的经营意识刮目相看。向保安大叔打听，确定这里是煤炭博物馆的底层，顺便知道了博物馆也是以"中国"字号冠名，而非"山西"或"太原"。转了好几圈，终于找到了闹中取静的博物馆售票处，顺着引导标志，坐上窄窄的电梯，直达三楼。

进去之后发现，闹中取静的"中国煤炭博物馆"还真是别有洞天。首先映入眼帘的是巨幅中国煤炭分布地图，深蓝色的山西区域很是扎眼。以前知晓中国并非煤炭储量大国，却是开采大国，而美国这种煤炭储量丰富的国家，采掘却非常有节制。论及国内煤的储量，山西是次于新疆和内蒙古的，可分布图显示，山西的开采量却是中国之最。煤炭属于不可再生能源，老祖宗留下的遗产也是有数的，用点就少点，将来怎么办呢？煤炭展厅摆放着一个个来自世界各地、不同类型的硕大煤炭实物，有圆有方，简单加工后显得格外规则。玻璃橱窗内则安放着形态各异、惟妙惟肖的苍鹰、顽石等工艺作品，都是以煤炭为原料，经过人工雕刻、砍形、打磨等多道工序精制而成。看来煤炭不只是"仅供燃烧"，被精心包装之后，"转型之作"也会焕然一新。接下来的参观内容让自己对煤炭专业有了全新的了解，真切感觉到了不虚此行。记得有一个声光电合成的多媒体展示室，介绍了远古时代煤炭逐步形成的漫长而又艰辛的过程，除了4D影片本身的巨大视觉冲击力和震撼效果，更多体味的是对这位老友的复杂心情——煤炭被人类誉为"黑色的金子"，对人类的奉献堪称"毫无保留"，而人类还在无休止地索取着。继续参观进一步了解到，煤的功能除了用作燃烧发电、取暖之外，还可以气化，以合成气的方式产生甲醇、合成汽油、硝酸、氨水、碳酸氢铵、尿素等工业必需品。也可以炼焦，制造焦油、焦炭和焦炉气，然后再加工成沥青、电石、甲苯等丰富的化工原料。看来，长相普通、用途广泛的煤炭，起码一定时期内，作为一次能源的功能还不能完全被替代。

"煤的全身都是宝"——怀着对煤炭的深刻认识，顺着讲解员的指引，我也戴上安全帽，带上矿灯，钻进"罐笼"，下到矿井。地下是模拟的采矿实景，介绍了从人工采矿到现代自动化加工的全过程，全是如假包换的实物展示，其中一个巨无霸进口挖煤车只需全自动操控，每天可以采集几万立方米的煤炭！记得有资料介绍，山西的煤炭资源可供开采200年，广泛应用了这种采掘设备，看来"全身是宝"的人类老朋友，要加速与世界道别的时间了，但忙碌的人类似乎还浑然未觉。参观结束后，花几百元买了个"又黑又亮"的煤精石工艺品，煤精石是褐煤的一个变种，据说已在地下沉睡了3000万年，所有煤精制品都属自然雕琢，世间绝无雷同。

晋祠之魂

当然，来到太原还有一个必赏项目为"晋祠"。抵达之后发现，晋祠的规模比想象中要大很多，"晋祠胜景"的大牌坊、"太白楼"都应该是新落成的，铜铸的李世民和他的哥们秦叔宝、尉迟恭身着崭新衣袍，骑着高头大马，煞是威猛。非常有意思的是，入口广场有许多招揽散客的当地导游，估计原本是附近村民，观察到旅游是个赚钱行业，便入行亲身体验，经过反复实践，加之长期耳濡目染，也就慢慢练成了晋祠专家。

好的文字体味一生。以前学过《晋祠》，是文人梁衡的一篇佳作，文章里"拾级而上"四个字给我留下非常深的印象。身临晋祠景区，"拾级"的感觉始终没能体味到，或许是边赏景边神游的缘故吧，一路平坦地走到了核心景区。 一千五百年前，郦道元在《水经注》中约定了参观路线，"沼西际山枕水，有唐叔虞祠。水侧有凉堂，结飞梁于水上，左右杂树交荫，希见曦景。"圣母殿和想象中差不多，门前数千年的"卧龙周柏"倚靠在古旧的圣殿旁，整个景区分外肃穆。大殿屋顶显然经过了维修，重檐歇山顶琉璃瓦上泛着些许新绿，而正殿悬挂的匾额透露了各自寿龄，慈禧手书的"三晋遗封"相对年代较近，通体泛黑，而"惠普桐封""惠流三晋"的匾额因年代久远，已全部泛白，字迹很难辨认。正殿柱子木雕盘龙神采飞扬、张牙舞爪地行使着护卫职责。仔细端详了殿内宋代仕女彩塑，果然是灵动传神、惟妙惟肖。几千年过去，眼神依旧顾盼生姿，仿佛正向你转头看来，当年中国匠人的工笔技艺可见一斑。圣母殿前，便是传说中的"鱼沼飞梁"："鱼沼"指游鱼甚多的方形水池，"飞梁"则是沼上34根八角形石柱架起的石板桥面。造型优美的十字形桥面，起到了殿前观光平台的作用，"飞梁石磴，陵跨水道"，算得上国内古桥梁界的孤本了。

给晋祠画龙点睛是"柳氏坐瓮，饮马抽鞭"的难老泉，晋祠里最多的就是"三晋名泉""晋阳第一泉"等围绕着"泉"的名人题词。斗拱健硕的八柱单檐攒尖顶亭子中，有傅山先生手书"难老"二字，这位经、史、书、画、医、侠皆备的清代学者也是太原人的骄傲。时至寒冬，泉池内依然泛起热气腾腾的汩汩泉水，一直流淌到石塘之中。因为刚下了雪，地面结了一层薄薄的冰，踩着有些湿滑的小径，颇费些周折才走到沟渠之下。汉白玉的石雕龙嘴吐出几缕清澈的泉水，在岩泉下洗洗手，冰凉的手心就多了几许暖意。合着清脆的滴水声，看着冒着热气的水面和周匝建筑落上的皑皑白雪，真是感慨大自然的造化神奇。"晋祠流水如碧玉""百尺清潭写翠娥"，谁看着这晶莹剔透的涓涓泉水，不感慨这梦萦千年的晋祠之魂呢？这么清澈见底的泉水常年滋润稻荷，可以断定米中极品的晋祠大米必定口感甚佳。可后来听说，因为山西煤炭的过分开采，太原地下水位下降，实际上晋祠的泉水已不能自然涌出，为了确保"永锡难老"景观无奈从地下抽水，做成了喷涌的模样。古老的晋祠和现代煤炭开采又被联系到一起，我宁愿相信这是个虚假消息，但是无论怎么说，太原的自然资源保护已迫在眉睫，晋祠之美，不可无"魂"啊！

结束太原行程时，很想买点当地特产寄回家。都说山西人独特的记忆是"醋"，以至于外省市面销售的醋一律称之为"山西老陈醋"。太原优质的"宁化府"醋估计是难老泉水秘制，外地很难见到，必须一购；当然还有"晋水源流汾水曲，荷花世界稻花香"的晋祠大米。可惜，醋因为液体原因无法邮寄，难老泉灌溉的大米也没找到销售点，都未如愿。

以勤奋和勤劳著称的山西经济，这些年有点沉寂。经历了无数大战争、大场面的太原，似乎习惯了"内战内行"，总感觉缺少点主动出击的霸气。当初晋商兴盛的时代，山西商人都能围绕外蒙古乌兰巴托的佛寺建起商贸城，当年繁荣的经贸场景，这次山西之行只在煤炭博物馆本地年货会上见识过。

冬雪就在身边，记忆并不遥远。之所以反复提及这座城市的历史记忆之魂，也是希望他能早日找回昔年的精神和勇气。

重庆　北派南城

～

无奈的邂逅

第一次到重庆，纯属偶然。

写小文时候，是工作忙累交加的一段特殊时光，游弋在陌生的新领域，貌似实现了一个又一个突破，但倍觉疲惫、身心交瘁。连轴出发，本计划从云南乘机直飞山东，赶着处理突发事件到机场有些晚，自动值机处没刷出登机牌，无奈何跑到人工窗口排队，恰巧碰上实习小伙子慢条斯理地处理着业务，一个简单动作来回重复若干次，办理一个行李托运足足耗上十多分钟。按捺住焦虑的心情，看着长长的队伍尾巴缓慢地收缩……终于轮到了！赶忙递上证件，斯文的小伙子不急不慢，一面垂着头尽情思考人生，一面漫不经心地来回翻转我的身份证。我苦笑着提示了一下，大约是没听清楚，小伙子游离的目光在空中足足停留了2分钟，而后再低头看看电脑，瞅瞅机票，又再次陷入深深思考中……看着、琢磨着，脸色瞬间出现了变化，声音都变得有些颤抖了："先生，真是，对、对不起，刚过登机截止时间，您可能、可能来不及登机了。"

"不是可能，确定来不及了！"看着脑门上尽是汗，有些不好意思的小伙子，我无奈地摇摇头，笑了笑。事情往往这样，欲速则不达，就像最近的工作状态。责怪又有何用，反正已经彻底迟到了。无奈地说了声"谢谢"。拖着拉杆箱没走多远，电话响了，妻子打来的，也是牵挂着我的身体，"业务的事情不要太焦急啊，谁能保证每一样事情都成功呢，还是身体要紧，别太累了"。她知道我最近工作特别忙，又过于追求完美，有些放心不下。我平复了一下心情，在手机客户端查了查，当天已经没有直飞航班了，最早抵达山东的班次也得次日下午。对了，再查询一下可以周转的城市吧，休整一晚，明天一早出发中午前赶到，这样还能节约旅途时间。

好吧，去重庆周转！

重庆半日笔记

18点

到达重庆，直抵住处。按照惯例，换上一身轻便运动装，出去瞧瞧城市的模样。踩着足下陪我走过许多时光的havaianas老布鞋，心情顿时轻松几分。搭乘当地交通工具是了解一个陌生城市的捷径，于是寻了出租车，计划在路途中听听更多的重庆故事。司机50岁左右年龄，一看就是平日里生活担子很重，眉头紧锁，极其不爱说话，不像有些司乘人员，滔滔不绝犹如城市品牌的义务宣传员。看着车窗外飞逝而过的街道楼房，带着一丝兴奋的我开始主动攀谈，还是零零碎碎获取了一些有用资讯。天色已晚，公园都已关闭，欣赏夜景是唯一选择。重庆两江沿岸的灯光秀颇为有名，最美景致集中在磁器口、朝天门和洪崖洞一带，磁器口古镇晚上很多店面要关张，近期朝天门也在封闭维修。如此看来，微型旅行计划最多只能安排两个去处了——洪崖洞和解放碑。短短几个小时的旅程想读懂一个城市很难，但偶遇的风景必定能流露出城市底蕴，市民则是城市的流动名片，每每都能从这两方面看出些许端倪，今天也不例外。

19点

到达洪崖洞。乍一听名字有种天然溶洞的感觉，进去才发现，这就是一条展现重庆地方文化风情的商业街。只知道洪崖洞是重庆的古城门，却没有料到，主建筑竟然是依山修建巴渝风格的吊脚楼群。因时间略晚，人流适中，顺着电梯一层层走上去，看到商场里摆放着国内外各地的土特产和纪念品，也是每个旅游城市差不多的风格，重庆味道并不很浓郁。巴渝剧院的外墙装饰很有特色，与整个洪崖洞浑然一体，是观赏本土话剧的好去处，只可惜时间仓促，无缘欣赏了。美食街一种大米做的糕粉看上去不错，盛放在洁净的一次性餐具里，松松软软，可以搭配各种辅料，我选择了茯苓膏、黄桃、樱桃，一边欣赏着店主加工调制，一边咨询着当地风土人情，取到晶莹剔透的糯软成品后，一下子就来了胃口，如释重负地端坐在宽大的木条长凳上，也模仿着机场小伙子，发了长长一段时间"呆"，用勺子轻轻搅拌均匀，慢慢地啜饮，口感酸甜，一种莫名的快意顿时弥漫开来，心情慢慢就舒缓平复了。

补充了体力，也有了前行动力，边看边走，不知不觉溜达到了洪崖洞的最上层，那是一个漂亮的观光平台，可以看到不远处霞光沐浴的嘉陵江。19点的重庆天色很是明亮，太阳还在远处高楼上方悬挂着，余光洒在平静江面，犹若披上了金色外衣。人们都聚集在嘉陵江边，有的并行指点着赏景，有的排队等待夜游客船。也很想下去一探究竟，于是顺着长长的匝道，从嘉陵江边绕过正在装修的朝天门码头，快步穿过街巷，便见穿着随意的当地人，估计都已下班吃过晚饭，哈哈地打着招呼，三三两两迎着霞光健步而行。空气中弥漫着一种特殊的人间烟火味道，男男女女聚集在路边围着热腾腾的火锅喝着啤酒，满面红光，大声地开着玩笑，尽情享受毛肚、鸭肠、麻辣烫带来的舒爽和愉悦。

和我先前想象的一样，重庆真是个北方的"飞地"——北方得不能再北方的南方城市。都说秦岭淮河是南北方的分界线，处于南方位置的重庆，呈现更多的却是北方的性格特征。此前对重庆的了解，是与几个重庆同事工作的交集。记得他们常说，重庆巴国与四川蜀地不同，因为历史上的多次"大移民"，加之水路交通发达，"兼容之性"的重庆人豁达耿直、"干燥"、火爆。重庆人讲究"码头文化"，性格颇有江湖风，像极了豪爽的山东好汉，常会演绎出电影《疯狂的石头》所体现的恩怨情怀。片子里频频出镜的"罗汉寺"深居闹市，应该距离解放碑不远，无奈天色已晚，没能如愿一瞻其容。地势落差也成就了山城重庆的魔幻，就像今日住的酒店，大厅不是一楼是五楼，一进电梯就往下走，感觉怪怪的，那分明是从平地往山洞里奔的！的确，这座山城就是《千与千寻》神灵小城的现实版，《盗梦空间》的梦境世界。听说，可以在屋顶上种树造林，在楼顶公路跑汽车，天桥、轻轨尽可轻松穿墙（楼）而过——在这魔幻的城市里没有"东南西北"，只有"上下左右"！只要你敢于创意，就能设计和建造出任何不可思议的山城建筑，就像深入地下94米的红土地地铁站——立体重庆成了名副其实的"网红"城。

边走，边想，边观察着一路风景，对这座山城又有了更多好感，重庆城内有很多上坡和下坡路，与山东半岛沿海丘陵缓坡相比，这面山势更为陡峭。与胶东类似，重庆的道路也没有特别笔直的，大多都沿着山势盘旋迂回。路边的饮食风格也和北方超级类似，面食占了绝对优势，路过了许多摊位，有火锅，有重庆小面，还有抄手。观察许久，竟然没一个吃米饭的！和北方人的性格相似，重庆人的性格也大大咧咧，这从路边摊位购物不斤斤计较的当地路人就能看得出来。在美食街边搭个车，更觉好玩。经过反复招手示意，一辆从远处飞驰而来的出租车，迅速刹车变为滑行，然后就猝不及防地"刺啦"泊在身后，吓一大跳。当自己还没有从惊愕中反应过来，"好球儿热啊！"不知从哪里冒出来的少男少女们哈哈说笑着一拥而上，迅速塞满车子前后座位，司机一刻不停息地绝尘而去，车窗里留下一路欢歌笑语，全然不顾待在路边一脸愕然的我。

20点

江边前厮门大桥是公路铁路两用桥，连接了江北城和洪崖洞，也是傍晚人潮涌动最喧闹处，大家有说有笑欣赏着夜景。听说重庆滨江灯光很美，也看过重庆夜景的网上视频，心中有很多期待。此时夜幕已经降临，灯光渐渐亮了起来，洪崖洞漂亮的吊脚楼层层叠叠，霓虹灯光彩耀目，煞是好看，远方闪闪烁烁处一栋栋摩天大厦突兀而出，对比之下洪崖洞显得袖珍了许多。转头再看江面，夜游长江的游船灯光尽开，红黄交替闪亮，在暗色江面和炫彩倒影映衬下，愈发显得金碧辉煌。江边楼宇建筑霓虹闪耀，打出了巨幅"我♥重庆"的字样。闪亮的巨型幕布，那是远处千家万户点亮的灯火；华丽的纽带，那是镶嵌在桥梁和干道的灯盏；移动的光影，那是不远处高架桥穿梭的汽车；山河相映，层见叠出，夜重庆变成了山、河、城、楼交相呼应"灯与光"的海洋。和许多城市不同，重庆的夜景是立体化、全方位的，这和他特殊的地理位置有关，这里"山是一座城、城是一座山"，长江与嘉陵江汇合，前后左右没有遮挡，构成了一面靠山三面临江的绝佳位置，最美的景色一览无余。

21点

在路边喝了一杯西红柿汁，跟着导航前行，不经意地竟然寻到了解放碑。按照自己先前的想法，解放碑应该是比较肃穆的历史建筑，正如很多重庆地界让你竖毛孔的名字，像渣滓洞、天坑和丰都鬼城。现实版的解放碑带着浓重的商业色彩，方圆搭配的白色多棱建筑，被灯光映照得通体发亮，上方为瞭望台，悬挂着四面大钟，以此为中心，几条道路向四周延伸。作为亲民的地标建筑，周围商场大幅国际知名品牌广告，散发着浓烈的时代气息，这是山城的人气聚集地、繁华商业旺铺。在广场转了几圈，既没发现所谓赤膊文身的袍哥，也没看到解放碑美女如云（网上排名此处邂逅美女概率第一，实际上附近观光的，大部分是外地人），围栏台阶前坐满了乘凉的市民，广场上则是一群群游客忙着摆拍、自拍、群拍，欢乐嗨翻天的气氛和解放碑的名字很是不搭。

还是补充点营养吧，每到一个地方，最喜欢的就是品尝各地的小吃。忙忙碌碌的工作节奏，让身体又困又乏，回馈自己的味蕾，让精神松弛下来，迅速补充体力，这是出门的习惯，这也是一种别样的状态调整。

找了家正宗重庆小吃店，点了碗"过桥抄手"和两种米粉做的小吃。热气腾腾的大锅汤汁前，老板娘大声问："加辣子吗？"我一咬牙："少来点吧！"既来之，则尝之！说少来，放得也不少，在重庆，厨师随手一抓，看来就是山东辣椒的几个倍数。

也不顾周围情侣们的卿卿我我，一个人吃得是昏天黑地，品尝着通红凉粉，喝着热乎乎的"麻辣鲜香"汤汁，一会就大汗淋漓，身上每一个毛孔都张开了，透着说不出的舒服。难怪说重庆出美女，还真有道理：每天上坡下坡，不主动锻炼也自然健身，一定不会太胖；温热潮湿，水分滋润着皮肤；热汤辣味，透气又舒爽，天天在这样的"衣、食、住、行"氛围里生活，重庆妹子不美也交代不过去吧？

22点

霓虹灯下人流依然很多，完成出门的常规工作——购物。觅到一家重庆地方特产店，按图索骥："陈长江麻花"选择了香甜、椒盐、原味三种口味，留给夫人加班吃。"白市驿板鸭"，没敢买最辣的，选择五香口味，带回去父母、孩子都可以尝尝。也没亏了自己，在"张鸭子卤烤鸭"

店选购一份卤鸭熟食，看说明是重庆非物质文化遗产，"先卤后烤干又香"的加工工艺，在店主的强烈推荐下品尝了一口，味道着实不错。

23点

回到宾馆记录下今天的旅行日记，感觉浑身酸麻，但心情颇为愉悦。眺望窗外，建在山坡上的宾馆，可以俯瞰山下的公路，城在山上，山在路中，此时已是"山高我为峰"了。每日里工作，出差，爬坡，经常还以"白加黑"、"5加2"、加班加点为豪，偶有今天这种转机休闲几小时的小惊喜，已是非常惬意和满足。一直执着地认为，全力付出、一拼到底才算优秀的企业家。其实，很不尽然，当一个人透支了精力和体力，转了好大一圈也许才发现，山已经不是那座山了。只有辨别好道路方向，及时调整行进节奏，才能保持持续动力和激情，才会酣畅淋漓地踏歌而行。这世界若能增添更多小小惊喜，幸福也许会变得异常简单。

24点

合上笔记本电脑。休息。一早还要赶航班。

次日6点

赶到机场。还得叨唠一下细节，重庆机场很大气的，符合直辖市的范式，不过商业化浓烈程度超过了想象。机场里最好、最显眼的位置都留给了"吃喝玩购"四大项——"一四一"九宫格麻辣火锅、正东担担面、顺庆羊肉馆、德远酸梅汤、解放碑吴抄手……似乎重庆当地名吃特产都被一股脑搬到了江北机场里。欧洲名品街、品牌服装店、咖啡店、茶庄、酒屋、果蔬汇……人声鼎沸，感觉人气丝毫不亚于昨晚的洪崖洞市场，吸引了众多旅客驻足体验。"行"，在这里只能屈居第五位了。顺着并不显眼的引导标志迂回几圈，好不容易才找到了登机口，原来候机排队的旅客都挤在极不显眼的负一层。其实这也无可厚非，出行是旅客的刚需，一定能找到具体位置。而"吃喝玩购"也是重庆人民的刚需，必须要放到最显眼的区域。真是一个好有意思的地方！

突然反应过来，我竟然还是第一次到重庆啊！

次日8点

飞机上，随便写下几行字……

"奋斗的人生注定忙碌，再忙也要少安毋躁，换个思路，换换环境，换个方式，也许会有新的转机，没准还会有意外的收获。旅途如此，人生也是如此。"

哪怕仅仅是半天的走马观花。

再见重庆，我一定会再来。

广州　时尚传统五羊城

　　认识一个城市的路，只需亲身走过；而解读好一个城市的风景，则要身体和心灵携手同行。

　　徒有行万里路的夙愿，也有遍赏风景的雅情，却一直苦于奔波劳碌，鲜有寻踪访幽的机会。如若差旅适逢周末闲暇，那必是路途里最快乐的一段时光。千里迢迢来到羊城，要想搞懂"吃在广州"的含义，若不是一路探访至老城巷陌，在斑驳的百年老店排一阵长队，来一盘白白嫩嫩的正宗银记王牌肥肠，吃一碗暖心的生滚艇仔粥，末了，品一壶清润爽滑的凤凰单枞解解腻（当然，这仅是"吃在广州"的凤毛麟角），也许都不好意思承认，也曾亲身走过这个城市。

城市基因

这座城，与众不同的基因图谱是什么？坊间说法，现代广州总被评价"有钱且任性"。究其原因，"有钱"因为改革开放推开南风窗，"得风气之先"的广州人，充分发挥了岭南文化"思维活跃、敢为人先"的优势，敢尝敢试：引进外资、出口转内销、搞批发市场、下海淘金、"炒更"（业余兼职）、当个体老板……广州城成为时代的弄潮儿："电影院"改成"国际影城"，"理发室"改称"明星发廊"，"大众饭店"变身"豪华酒楼"，商业繁荣催生了城市经济高速发展，也造就了一大批敢想敢干的"倒爷""大款""大boss"们，广州荣膺大陆开放之初的"首富"。而提及广州的"任性"，体现在吃、喝、玩、乐、购的各个方面，生猛海鲜、人头马XO、KTV生意场、24小时不夜城、商品交易会都是从广州推广到全国，而"派对""拍拖""买单""爆棚""炒鱿鱼"这一干流行词，均脱胎于粤语而被全社会广泛应用。广州城先进的基础配套设施，可以满足客户任何"任性"的需求。这些"敢为天下先"的开放思维，使得广州在经济腾飞的大路上一骑绝尘。

是这样吧？有几分道理，但也不尽然。"有钱且任性"的称谓让广州城颇有几分"暴富土豪"的气质，日新月异的城市变化，许多传统文化基因已深深掩埋在高速发展的历史尘埃里，让你忽略了他的前世今生。事实上，广州的开放史颇为久远。作为岭南政治文化中心，广州口含金钥匙长大——面向广袤南海，坐拥珠江出海口，先天地理位置优越。六朝之后，吴隐之、萧勃、欧阳颇和欧阳纥父子这些优秀的广州治理者，把中华文明的种子，尽撒羊城大地。侯景之乱后大批流寓文士南迁，广州成为南朝新兴文化中心，加速了岭南文明演变进程。到了唐代，广州跃升为全国最大的外贸港口，并持续了千年繁荣。广州人敢于打拼、自强不息的创业精神，激励着一代又一代后人：下南洋，闯世界，兼容并蓄，开拓发展——广州港一直站在开放的前沿，广州城一直就很有钱。

至于"任性"两字，感觉颇有些敌意成分，或许用"率真"来形容广州风格更为客观一些。身处南国开放前沿，广州善于接受新事物，也习惯了作为引领者走在时代发展前列。与此同时，他并没有扬弃传统，许多从祖辈传承来的文化基因，都被原汁原味地保留下来，并予以热心推广：节庆的祭祖，拜年的红包，正月的舞狮，端午的龙舟，还有时刻挂在嘴边的"广府粤语"。广州的传统文化继承比许多所谓历史文化名城好得多。我曾经对比过"北、上、广"三城的地名，很值得琢磨：北京的地名颇具老皇家特征，"前门，王府池子，崇文门，恭王府，后海，颐和园，公主坟"；上海城市新、名字新，"外滩，东方明珠，虹桥机场，金融中心，上海艺术馆"；而广州则介于二者之间，传统与现代兼容，现代建筑如"广州南站、广州大道、珠江大道"。许多传统地名直接引用当地方言，未做任何艺术加工，"柯木塱（lǎng），黄陂（bēi），长湴（bàn），暹（xiān）岗"，别说地名的意义，字音能读对，已属不易。细节见风格，广州确实是一个时尚与传统并蓄的城市。

广州的"率真"有其当地文化的沉淀。广州人一贯追求真理且实干。

袁崇焕、洪秀全、孙中山、邓世昌、詹天佑、冼星海、彭加木……这些人物都与广州有深度渊源，无论是朝廷重臣、革命先驱，还是实业家、科学家、艺术家，他们都承续着脱胎于广州地域文化的共同特点：执着、直率、真实，为了追求真理而埋头苦干，敢于忘我付出，不达目标、决不罢休！"搏到尽"——哪怕付出一生时光乃至宝贵的生命！

广州的"率真"能够在市民衣、食、住、行方面得以印证。广州人追求时尚，敢吃、敢穿、敢玩、敢做，但绝不呆板刻意。南风窗、广交会、文博会靓丽的舞台之上，时装革履的商界精英们正襟危坐、侃侃而谈；粤式养生餐馆里，天上飞的、山里跑的、水里游的，只要是活物，没有广州人不敢下口的；从摩天大楼出来，街头拐角就能找到热气腾腾的小吃摊，可以看到穿着随意，提着黑色大塑料袋（搞不懂当地市民为何青睐黑色袋子）匆匆来往的人流；看看建于20世纪的沙面建筑群，小洋楼、大提琴、流苏垂地，历经百年依旧时尚雅致；一路之隔的上下九步行街，人声鼎沸，吆喝叫卖喧嚣热闹，非常接地气。新潮前卫却也不失人间烟火味，这就是广州，不一样的广州。

陈家祠·农习所·黄埔军校

某一日，我寻到了陈家祠，并且也惊喜地发现，在商业化高度发达的广州，在拥塞的钢筋水泥建筑群里，竟然还承载着一个鲜活的历史文化记忆，老广州的根，原来就存活在故城闹市街头。

陈家祠院落前有个硕大的旗杆，肆意飘扬的古风彩旗混搭着熙攘的现代商圈，感觉很滑稽，很亲民，倒也很和谐。让我惊叹的是陈家祠雕刻艺术。与北方地区喜好将精雕细刻的艺术品深藏内宅大院不同，陈家祠的雕刻作品高调喜人，哪个位置更醒目更显眼，他便会当仁不让出现在那里。所谓看东西看"门面"，院落正门乃吸睛佳处，自然成为陈家祠雕刻作品荟萃之所。陈家祠大门梁架上方、屋脊两侧堆满了颜色鲜亮、造型各异、神态夸张的彩色脊饰，一层摆放不开，便叠放成两层，上层陶饰，下层灰饰，感觉意犹未尽，就把呆萌可爱的陶饰小动物的身子、尾巴和触角加长，夸张地高翘到空中，喜气祥瑞、居高临下，给陈家祠平添了几分自信。游客未入大门，远远就被这些颇为喜感的彩塑作品所吸引，纷纷驻足仰望。雕塑作品五花八门：有"践土会盟""大宴铜雀台""尉迟恭争帅印"这类历史故事，也有"王母祝寿""和合二仙"等神话传说，还夹杂着"关公战秦琼"这样跨朝代的无厘头作品，更有麒麟、龙、狮子等一干吉祥物助兴，荔枝、菠萝、木瓜、阳桃这些岭南瓜果加盟，人物、动物、植物荟萃组团，雄踞屋脊，拱卫大院，颇有几分"率真"气势。彩塑作品线条流畅，造型夸张，表情鲜活，颜色艳丽，让人目之所及，瞬间就会反应出粤语常说的"靓"！——"垒好靓啊"！

陈家祠建成于清光绪二十年（公元1894年），是三进五间九堂六院的典型岭南风格建筑群，占地足足1.5万平方米。走进祠内依次呈现的聚贤堂、中厅云台、连廊院落、后祠堂建筑更是精雕细刻，艺术水准上乘，被誉为岭南民间建筑的明珠。陈家祠"陶雕、木雕、砖雕、灰雕、石雕、铜铁铸、彩绘"七大装饰艺术一应俱全，既有一丝不苟地还原钟鼎彝铭的艺术真实，也有用商业思维、以现代手法表现历史的适度夸张。草木庭院、砖瓦器皿，无一不渗透出浓郁的番禺文化。因非典和新冠疫情而被牵连和嫌弃的蝙蝠，在陈家祠是最受欢迎的祥瑞之物，形状卡通呆萌的蝙蝠装饰遍及各个角落，大的接近4平方米，小的不到2平方厘米，取"福""富"之意。"聚贤堂"瓦背上的蝙蝠紧靠大铜钱，寓意"福在眼前"。钟馗执扇迎蝙蝠，那是"引福归堂"。还有"五福捧寿""福寿双全"……陈家祠里有蝙蝠元素的装饰图案超过100个，真让人叹为观止。

参观过程中，时常在我脑海里反馈的，是在北方常见的"山陕会馆"拼图，同样广宅高脊、庭院深深，山陕会馆与陈家祠建筑风格和功能用途神似，差异在于艺术作品的色调与风格：灰白色调与鲜亮色泽的强烈对比，循规蹈矩和诙谐乖张的迥乎不同，就是南北地域文化和风土人情的最大差异。

陈家祠还有一独到之处：广州"古祠流芳"的文化传播。据记载，光绪十四年广东四十多位陈氏乡绅共同募集建造"陈家书院"，让有识后生在此攻读应试——这是对社会的公开说法，而其主要目的，是要建成陈氏"合族祠"。在当时皇帝眼里，拓宽家族范围的"合族祠"如同帮派联盟，不利于朝廷维持稳定，故而一直禁止。所以，祭祀先祖的"家祠"与培育后代的"书院"便巧妙结合到一起，"陈家合族祠"得以修建，对外统称"陈家书院"。极富商业头脑的广州人解决了建设问题后，在建筑风格的选择上则选择了保守。此时广州已被迫开埠，西方文化对广州进行了全方位的渗透和洗礼，但这些丝毫没有影响陈家祠的传统建筑风格，寄托着"国泰民安、家业兴旺"的"陈家书院"耗时4年建成，用不拘一格的建造方式，充实和丰富了祖辈留下的文化遗产，也为现代广州的未来储备了人才。"百年育人"，自此广州重文重教的风气蔚然成风。

想继续了解广州追求真理且实干的风格，还有两个必赏之处，就是承载着中国近代史浓墨重彩回忆的"农习所"和"黄埔军校"。"农习所"在越秀城区，交通便利。而"黄埔军校"建在远离市区的长洲岛上，未通地铁，需要搭乘轮渡前往。

"农习所"就是"农民运动讲习所"，是国共合作时期由共产党人彭湃倡议，以国民党名义开办培养农民运动干部的场所。先后举办了六期，其中"第六期农民运动讲习所"的所长就是当时保留共产党员身份、任国民党宣传部代理部长的毛泽东。举办期间，毛泽东和周恩来都亲自选题授课，"讲习所"默契合作之余，他们有充裕的时间就共同关心的问题深度交流，也奠定了后来毛泽东和周恩来相互信任、相互支持的基础。若干年后，毛泽东和他讲习所的伙伴周恩来、萧楚女、瞿秋白、吴玉章、彭湃、邓中夏等，用"讲习所"探讨的系列思想来指导革命实践，彻底地改变了中国近代的大格局。

从"农习所"地铁口出发，步行10数米即可找到"农民运动讲习所旧址"的棂星门牌坊，身后有一个文庙式建筑，外墙皮已有些破损，工作人员正在往墙上粉刷白色涂料。此处原为明洪武三年落成的孔庙，清代为番禺学宫，大革命时期作为"讲习所"使用，之后改为中学校舍继续发挥着教育功能。看来"有钱"的广州重教尚学之风一直很盛行。院内已复原了讲习所开办学习班的生活场景：简单得不能再简单的起居设施，挤在一起伸不开腿的小木床，条件确实艰苦，却丝毫没有影响办学者和好学者的坚定意志。看室内悬挂的黑白照片，讲课者指点江山、意气风发、信心满满，而学员们则心怀崇敬、专心致志、刻苦攻读。都说世间做事难，成大事更难，没有持之以恒的决心与定力，怎敢奢言日后的成功？

广州是个有革命血统的城市。反清起义、护法运动，孙中山先生两次在广州建大总统府，广州人民的热情一次次被点燃。这里不仅有星星之火的农运讲习所，还有省港大罢工、广州起义等一系列革命运动，黄埔军校则见证了大革命的起起落落。

黄埔军校建在广州黄埔长洲岛上，登岛需从鱼洲码头乘轮渡前往。去时天光大好，轮渡口人头攒动，熙熙攘攘、吵吵闹闹地蜂拥而上。因航程很短，故舱内无座位，大家只能在甲板上无聊地站着。即便人群拥塞，言谈举止中，也能看出各自的身份和性格：前面打着小旗、大嗓门的是当地导游；后面统一着装、步履匆匆的，是夕阳红老年旅行团；背包遮阳伞标准配置、看着地图小声讨论着路线的，是自由行的一家人；穿着随意、大声交谈、带着大包日常用品的，是从市区采购回来的岛上原住民；在船开最后一刻方才推着车子上来的，大概是去岛上做生意的。有趣的是，似乎大家已经约定了在乘船途中休憩，那位推着满满一车新鲜甘蔗、车把挂着很多甘蔗汁瓶子、长得格外瘦小的生意人也不在甲板上叫卖，只是静静地把目光投向江面，若有所思。

黄埔军校老建筑已在20世纪30年代的炮火中成为废墟，1996年在原位置复原，黑白色的正门、深灰色的校本部，以及土黄色的中山先生故居都显得焕然一新。参观时，我也一直在思考，这类建筑是否有重建的必要。从尊重历史的角度来讲，复原反而会湮没真实的历史痕迹；但从传承的角度来讲，对于未来一代来说，也许复原的历史就具备了文物的意义。黄埔军校本部占地不大，校园仅有三条通道，以走廊连通的校舍共四排两层，很容易便能转上一圈，看得出，当年建校非常注重简单实用，难怪中山先生要亲手把"贪生怕死莫入此门，升官发财请走他路"挂到了校门口。事实证明，创办黄埔军校是很有必要的，当年在校学习的热血青年，大部分都经过了北伐战争洗礼，陆续成为中国近代军事史的重要人物，许多国民党将领在后续二十多年间与他们的黄埔同学或者农民运动讲习所培养的干部进行大决战。客观评价，无论是农民运动讲习所还是黄埔军校，他们培养的学员都非常优秀，因为这两个教育机构在培训过程中，都注重了军事与政治并重，注重了理论联系实际。在黄埔军校的出口处，我看到了曾在轮渡上邂逅、沉浸在工作状态的甘蔗车主人。这位生意人正卖力地推销着甘蔗汁，精神抖擞，目光如炬。"到什么山上唱什么歌"——率真的广州人天生就具备职业商人的素质。

从城市特征来品味城市之人，看得出，广州人性格中确有"率真实干"的特质。和平环境下，广州人并非只是早茶煲汤，参鲍燕翅，乐得安逸，他们在各自专业领域自我要求很高，像广州籍的詹天佑、冼星海、彭加木，哪一个不是埋头实干并取得了骄人的业绩？而似乎没有太多政治抱负的广州人，一旦有了目标信仰和精神追求，他们就会抱定信心、无怨无悔地付诸行动。邓世昌、孙中山、彭湃这些都是番禺文化的最好代表，他们执着、率真，为了心目中的理想追求，从来都是笃定前行，决不动摇。20世纪以广州为中心的革命启蒙，工人运动，国共合作，北伐战争，哪一次不是轰轰烈烈、如火如荼！

对广州越了解，对广州人越熟悉，便越发感受到广州的确是一个时尚可以与传统共存的城市，"兼容并蓄，率真实干"使得这座有着美丽神话传说的"五羊之城"长盛不衰。

杭州　爱传千年西湖在

如若杭州是江南的笑靥，那么，西湖必定是杭州的明眸。"若把西湖比西子，淡妆浓抹总相宜"，人间天堂杭州是个懂得爱的城市，西湖，则是被古往今来有情有爱之人倾心锻造的翡翠项链。"未能抛得杭州去，一半勾留是此湖。"有爱的西湖璀璨绚烂了几千年，无数的爱恨情愁和悲欢离合的故事将她滋润得魅力十足。

断桥好似西子姑娘长长的睫毛，纤长卷翘，明眸善睐。在那春光烂漫的日子里，杨柳拂面的断桥边，许仙和白娘子恰似有约地邂逅，原本晴朗的天空应景地起了雨，于是乎，顺理成章地借一把雨伞，便演绎出一段奇美的爱情故事。白娘子在纷扰的断桥人流中给许仙出了一道人生考题，而许仙则用一辈子的光阴写出了答案，那就是"信任与忠诚"——无论你是人是蛇，既然我选择了，那就钟爱一生，永不分离。爱在西湖是不分四季的：两人春日黄花的断桥相逢，斜阳残雪的断桥惜别；为了爱情与信任，水漫金山，白素贞被压雷峰塔下九死未悔；为了爱与忠诚，许相公屡被胁迫亦不妥协，最后爱感动天地，"佛、道、儒"斗法，雷峰塔倒掉了（千年之后还真倒掉了），白娘子再赴西湖，阖家终团圆。

长桥犹如西子姑娘的袖带，桥虽不长，情意绵长。爱是奇巧的西湖精灵，让人沉浸其中，忘却忧愁，忘却距离，忘却俗世。梁山伯与祝英台万松书院同窗攻读，两人耳鬓厮磨皆有默契，长桥之上依依不舍，十八相送，直恨长桥与时光太短。"碧草青青花盛开，彩蝶双飞久徘徊。"西湖佳处，爱意绵绵。有情生死相许，既然不能携手白头，那就"化蝶双飞"吧。情之所归，尽在西湖。与之相似还有王师儿和王宣教，苦于不能结成连理，二人夜游西湖、各诉衷肠之后，在静谧的双头桥荷花深处，双双投水，永与西湖共眠。

西泠桥恰似西子高耸艳丽的发髻，是敢爱、敢恨、甘受凄苦的爱情桥。"妾乘油壁车，郎骑青骢马。何处结同心，西陵松柏下。"钱塘名妓苏小小本是性格洒脱、敢爱敢恨的女子，她不畏权贵，冷面讽刺觊觎她的达官贵人；倾其所有，资助一介落魄书生；对西泠桥骑大马缓缓而来的英俊少年一见定终身，哪怕激情一日，亦甘愿孤老半生。西泠桥头，苏小小终未等来梦里如意郎君，年仅19岁便郁郁咯血而逝。"无物结同心，烟花不堪剪。"懂爱的杭州人没有看轻她的出身，把苏小小墓修在西子湖畔最热闹的西泠桥头。这是杭州人有情有义的表现——就像西湖的每一座桥，无论大小，总会取上一个温存典雅的名字。"金粉六朝香车何处，才华一代青冢犹存。"慕名而来的游客络绎不绝，也算实现了苏小小"生在西泠、死在西泠、葬在西泠，不负一生爱山水"的夙愿。

大爱，源于大气。"一蓑烟雨任平生"的苏东坡，性情豪爽大气，两次任职杭州，对西湖感情甚笃。"水光潋滟晴方好，山色空蒙雨亦奇。欲把西湖比西子，淡妆浓抹总相宜。"在东坡先生的眼里，西湖就是最美的西子姑娘。首仕杭州通判，多情的苏学士带走了"不合时宜最知己"的王朝云，他与他的"西子"一路颠簸出仕密州、徐州、湖州、黄州，加之乌台诗案遭牵连，王朝云所生爱子夭折，政治和生活一连串失意，他实在累了，倦了，厌了。再任龙图阁学士知杭州之时，他只想陪伴乖巧的朝云在此久居，宁愿把所有才华和爱意都倾注杭州百姓和西湖山水——疏浚西湖，广种莲藕，遍植杨柳，修建苏堤，与民同乐。他似乎要通过尽心"履职"来证明，我还行，虽远离庙堂，不被重用，却仍可为百姓做点实事。

杭州百姓与苏知州默契互动、创制肥而不腻"东坡肉"的故事，便是苏轼为官好口碑的最好写照。"菰蒲无边水茫茫，荷花夜开风露香。渐见灯明出远寺，更待月黑看湖光。"西湖的美景让他沉醉，经历种种仕途险恶后，映波桥上谈禅说法，锁澜桥畔黑白对弈，佳人常伴左右，在"有爱"的西湖安享余生成为苏轼的最大心愿。可惜，朝廷并没有让他如愿以偿。既然已经选择仕途宦海，西湖和杭州只是他人生的一个驿站，东坡先生注定还要继续漂泊。

与东坡先生一样有大气和大爱的，前有白居易，后有岳鹏举。香山居士早于苏轼在杭州为官，他耗时两年疏钱塘、浚六井，整顿吏治，兴修水利，为杭州百姓造福，他主持修建的白堤如今已无法窥见踪迹，但从"绿杨阴里白沙堤"这意气风发的诗句中，足可推断当年西湖修饰一新的胜景。后人亦将白沙堤作为白老的西湖坐标。岳飞可谓家国情怀兼备，那龙飞凤舞的行草文章，那押韵合题的《满江红》，着实看出了他的文人功底、武将豪气。"直捣黄龙府，与诸君痛饮尔！"，豪言壮语振聋发聩，让热血男儿闻之血脉偾张。如今，纪念"尽忠报国"的岳飞庙矗立在西湖之西北，正对西湖十景之一的"曲院风荷"——最好的景致，必须留给文武双全的大爱之人。

有情有爱，亦在江湖。名人，传奇，恩怨，情长，皆为西湖增加了浓厚底蕴。《水浒传》里行者武松"重情重义"为众人皆知，金眼彪（满眼金钱的猛虎）施恩为之早有策划，施以各种小恩小惠，换来了武松主动出头，醉打蒋门神，夺回快活林，直至怒杀张都监，无奈上梁山。经历了水浒聚义又被朝廷招安，南征以断臂之力擒方腊，北返途中，看淡世情的独臂行者选择了留在杭州，终老西湖；同在二龙山聚义，性格秉性相似，有过"倒拔垂杨柳，怒杀镇关西"之举的鲁智深，被招安后不喜为官，同样选择归隐杭州，传说钱塘大潮之日，圆寂在西湖之南六和塔。鲁达逝后，武松亦在六和塔出家至八十岁善终，西湖山水见证了二位老友的"殊途同归"。

定格后的山水是西湖永远的风景。"山外青山楼外楼，西湖歌舞几时休？暖风熏得游人醉，直把杭州作汴州。""靖康耻、臣子恨"竟被西湖的极美景致淡化为烟云，这是高宗赵构被后人指责的痛点，却也是当年杭州经济高度发达、百姓安居乐业的真实写照。"疏影微香，下有幽人昼梦长。"静谧的西湖惹人遐想；"湖风清软，双鹊飞来争噪晚"，动起来的西湖，别有风致。南宋的帝、臣、军、民不约而同地陶醉在西湖营造的安乐窝里，也难怪斗志锐减、乐不思蜀了。执掌半壁江山的宋高宗政绩平平，仅可称道的便是不遗余力地推广西湖山水了。赵构在万松岭紫云殿创立了南宋画院，荟萃全国书画名家，围绕西湖题材进行集中创作。名品如李嵩的《西湖图》，夏圭的《西湖柳艇图》，陈清波的《湖山春晓图》，胜景永远定格为长卷，使得"西湖胜境"世代流传。名家们还为西湖美景选定雅号——"平湖秋月""柳浪闻莺""曲院风荷"……听听名字就感觉和西子又亲近了几分。

每个人的心中都会有一个西湖，爱的是西子的风景与记忆，忧的是西子的伤感与别离。记忆里的西湖或许是红衣青衫西泠桥头的依依惜别，留下刻骨铭心的爱情种子，抹也抹不去；或许是并肩携手飞奔在无边的荷塘，敞开欲言又止的心扉，梦里几回。"予尝夜起登合江楼，或与客游丰湖，入栖禅寺，叩罗浮道院，登逍遥堂，逮晓乃归。"只把惠州做杭州的苏轼一辈子也割舍不了西湖情结，被贬岭南依旧忧国爱民。惠州任上，他失去了最懂他的爱人王巧云，痛苦伤怀，唯有留下惠州西湖、惠州苏堤的印记，把离愁演绎为不变的西湖情怀。西湖的美，不仅是曲院风荷的酒香与荷塘的微波荡漾，也是白堤孤山一轮秋月映照下的平湖，春日柳梢之上的黄莺浅唱，更是南山路茶座浓香袅袅的窃窃私语，还有鄂王庙正堂白底黑字的"还我河山"！

记忆中的西湖是和当事人心情息息相关的。徐志摩写过一篇《丑西湖》："什么西湖这简直是一锅腥臊的热汤！"他抱怨乱世之中西湖周边环境的破坏，说来也是，"雷峰也羞跑了，断桥折成了汽车桥，工厂的烟替代了出岫的霞"，西湖的破败不小心也殃及了"杭白"，"不读书人无味，读书人更可厌"，徐志摩首先声明自己也算杭州人，西湖本应是他引以为豪的胜景。写文章之时，他已别离了张幼仪，理应意气风发并称心如意吧，是什么让他如此不快，殃及西湖和"杭白"呢？据考证，《丑西湖》是徐志摩接待泰戈尔访华一起参观西湖之后的作品。那就对了，泰戈尔游西湖，在游船上兴致勃勃与众人合影作诗，心情愉悦，"登山游湖，心地光明，好像本身的精神，与山水的灵气，已经结合一致了。"泰戈尔眼里的西湖是美丽柔情的，而神不守舍的徐志摩，私想的却是"得之，幸；不得，命。"本来应该一起来西湖却没有出现的杭州姑娘林徽因——为情所困，触景生情，徐志摩把思念他"齐德拉公主"的焦虑与愤懑，一股脑倒给了无辜的西湖。

是文人的心太柔软、太细腻，还是心里隐藏的事情太多了？"在淡淡的阴天下，黑瓦白房子无尽的行列，家家关闭着黑色的门。"在张爱玲的眼里，杭州弄堂的房子不知为什么有一种不祥之感，她所看到的到处都是黑色。在唯美的西湖，她感慨颇多："冬天的西湖十景，每样都有在那里，就是不好。""简直觉得我们普天之下为什么偏要到这样的一个地方来。"为什么要来？张爱玲并非为西湖胜景而来，她要"在黑夜里奔向月亮"，她要继续去温州寻找《异乡记》里那位"沈先生"——胡兰成。他的故乡，便是她永远的异乡。既然相爱的人都要重归陌路，西湖再好的景致也不会给张爱玲留下美好印象。而她的男人心里除了她，考虑的还有很多，"抗战中间，中国这边是有孙权这样风度的，可惜日本那边没有曹操的妩媚"，一切都能"合理化"的胡兰成还要在时局中苦苦挣扎。心中唯有爱情的张爱玲终于心灰意冷，而胡兰成的反应则是，"我的单是一种苦味，既非感伤，亦不悲切，却像丽水到温州上滩下滩的船，只觉得船肚下轧砾砾擦着人生的河床，那样的分明而又钝感，并不是痛楚，而是苦楚"。张爱玲的小说创作揣摩人物感情拿捏到位，但直至分手，她也从未读懂在事业和感情上"无处不纠结"的胡兰成。

无独有偶。"走近，又投出，太息一般的眼光。"诗中雨巷也在杭州。从杭州大塔儿巷11号走出来的戴望舒，在上海邂逅了他的丁香姑娘施绛年，这个结着愁怨的姑娘并没有被戴诗人多情的诗句所打动，他只能撑着油纸伞，独自彷徨在悠长、悠长，又寂寥的雨巷。痴情的诗人听信了施姑娘缓兵之计，远渡重洋，而当他如约而归要迎娶丁香时，却得知姑娘已经嫁人。他欲哭无泪——后悔为何不多些主动、早约施姑娘同游西湖，晨雾朦胧中，讲讲柳梦梅与杜丽娘；柳岸长堤畔处，谈谈白居易和商玲珑；荷塘夜色里，说说苏小妹与秦少游……在西湖这充满爱的氛围里，丁香姑娘也许会被打动，那迷惘感伤的结局，可能会被重新改写，再现希望呢。

仁者见仁，智者见智。郁达夫对西湖的评价更为中肯："杭州的出名，一大半是为了西湖。"他宁愿卖掉小说《她是一个弱女子》的版权，也要来杭州为爱人王映霞建造"风雨茅庐"，做一回西湖山水的主人，"楼外楼头雨似酥，淡妆西子比西湖。江山也要文人捧，堤柳而今尚姓苏"。从郁达夫的临湖咏叹里不难体味，他对西子和映霞的爱意是发自内心的，而他也曾介绍过"孤山月下看梅花，八卦田看菜花，虎跑泉试新绿，西溪楼啖煨笋，保俶塔看晓山，苏堤看桃花"的系列杭州习俗，一个以西湖为中心的"春时幽赏"便如此复杂，那一年四季遍赏西湖的诗意生活，更让山南海北的客人们心生羡慕了。

崇尚四季赏幽的杭州人生活无比精致。他们喜欢沏一壶上好的狮峰龙井，品尝楼外楼、山外山的美食佳肴，眺望西湖山水，琢磨生意场的事情，慢慢品读钱塘的味道。他们不像满山遍野西湖半日游的外地客人，浩浩荡荡而来，浅尝辄止即走，旅游就像在完成功课。而每天忙忙碌碌的我们，即使有幸光顾杭州，一般也是为工作，难得在西湖细细品读。心怀遗憾时，或透过车窗一瞥，或驻足片刻，留影释怀。每次在杭州逗留，总感觉心气浮躁，往昔心存的西湖旧事，似乎都被这快节奏生活挤对得踪迹绝无，不能沉下心来体味钱塘山水艺术之美，和精致有爱的西湖"合拍"。相比杭州人的悠闲与洒脱，我们总感觉少点什么，但只能从内心里艳羡，却又无法彻底改变。

同样的美景，不同的心情，定会有着不同的感受。对西湖的最好记忆是那年假期，一家三口同游杭州。住宿酒店是精挑细选的北山路紧邻西湖的新新饭店——"苟日新，日日新，又日新"，取日新月异，永葆新鲜之意，符合修建时新文化运动的背景。记得我们住的是1922年建的中楼，楼的硬件设施略显陈旧，但从楼内悬挂的黑白照片上，仍能找出当年名流荟萃的痕迹。1935年奥地利姑娘瓦格纳就曾在此与中国小伙杜承荣演绎了一段跨国恋情，似乎浪漫故事也理应如此：饭店正对面就是有爱的西湖，在这唯美景致的渲染下，瓦格纳姑娘作出了永远留在中国的决定，并在中国一直生活了68年，西湖见证了旷世跨国爱情。当然，有爱也会有离愁，新新饭店的东楼是"何庄"，西楼是"孤云草舍"，南楼则是有故事的"秋水山庄"。主人本是上海申报总经理，世称"人有人格、报有报格，国有国格"的史量才，这位传奇人物参照《红楼梦》怡红院描写，给爱人沈秋水修建了"秋水山庄"，与沈秋水琴瑟和鸣，时常陶醉于西湖美景之中。他们在"秋水山庄"仅度过了两年的平静生活，敢于直言的报魁才子史量才便惨遭暗杀，目睹惨案但幸免于难的沈秋水万念俱灰，搬出新宅，南楼自此遗世独立在西湖的烟波浩渺中……

　　一面与妻分享感慨着西湖旧事，一面带着似懂非懂的儿子不知不觉走到了南山路左岸，热腾腾的铁板菲力牛排，浓香的卡布奇诺，再加份红黄绿分明的意式通心粉，一下子就回到现实世界里。优哉游哉地浏览天气预报，计划着接下来西湖的深度游览，却看到近期即将有台风经过杭州！未来天气丝毫没有影响一家人的兴致，事不宜迟，果断地来到断桥边，租上两辆自行车，和妻轮换带着儿子，三人大呼小叫，飞也似的穿过柳叶婆娑的苏堤，在桂花飘香的湿润空气里，感觉沉寂在心头的烦恼一下子就随风而去，荡然无存。台风送来了斜风骤雨，游人渐少，一家人却游兴更浓，逛花港观鱼，赏雷峰夕照，临西溪湿地，看灵隐仙寺，玩得不亦乐乎。只可惜自己正沉浸在西泠印社吴昌硕先生的"方寸之间"时，接到某机关衙门头头比台风还急促的电话，不论缘由，非要求次日返回山东对接工作。一边看着孤山最美的风景，一边作着无谓的解释，那种恨之切切的感觉至今仍历历在目。其实，提前回去也没啥大事情，但一家其乐融融的旅行计划被迫画上句号，到现在想起还甚觉遗憾……

爱，成就了西湖永恒的风景。在每个美妙景致的背后，定会有许多爱的故事在流传。在这个懂得爱的城市，更多西湖胜景的欣赏，还需提升品位，慢慢咀嚼，切不可失去情怀，否则就会缺少芬芳，功利无趣。毕竟对于"爱传千年"的西湖来讲，我们只是匆匆过客……

济南　大明湖故事里的事

爱上一个城市，需要充分的理由。

让理由变得充分，需要城市与人共同沉淀。

若把济南比作一位壮实憨厚的北方大汉，那齐州古城巷陌密如蛛网的泉水与河道，便是流淌在汉子魁梧身躯，为生命带来能量动力的血脉。血液时刻都要与心脏相融相通——就像洑水环泉城，72泉涌动，最后也必将汇入大明湖中。毋庸置疑，大明湖就是泉城济南的心脏。千百年来，大明湖水与济南名泉息息相通，见证这座城市的沧桑变幻——无论是繁华喧嚣、车水马龙，抑或是孤单落寞、寂寂无名。而大明湖湖水清洌，旱季不枯、雨季不涝，蛇不见、蛙不鸣，加之湖畔长堤、苍山秀色、柳荫含情，一步一景一传说的明湖杂谈更加丰富了"泉城故事"的情节。古有历城（济南市区）八景，大明湖独占四席：一为鹊华烟雨，乃雨雾之中明湖鹊华桥上远眺鹊山、华山朦胧景色；二为汇波夕照，明湖北岸汇波楼前夕阳与湖光相映；三为明湖秋月，乃秋夜温酒泛舟大明湖，观景赏月；四为历下秋风，佛山倒影明湖历下亭中，文人雅士曲水流觞、吟诗作对之快意……说起济南这座城，一定逾越不了这片湖，倘若你真正读懂了大明湖的故事，也许你会慢慢喜欢上这座被明湖水滋润的泉城。

济南，作为蜚声海外的历史文化名城，有些年颇有些名不副实。论起经济发达程度，济南贵为山东省会，GDP排位曾多年落后于青岛和烟台。也许是北方汉子粗枝大叶的性格，不比江南女子的精致灵透，济南的城建与环保时常被质疑——几次荣登全国第一"堵"城，空气质量习惯性"差评"，PM$_{2.5}$值屡屡爆表。坐上出租车，一路上司机"老师儿"（济南话对别人的尊称）各种牢骚满天飞，给你不绝于耳的满满负能量。连生活在这座城市的人都看轻自己，那谁能左右城市的未来？20世纪90年代，我习惯步行从人声鼎沸的济南火车站（巴洛克风格的老建筑现已不存）途经横跨津浦、胶济铁路的"天桥"，步行去济南东站（现在的大明湖站）。那阵子沙尘柳絮漫天的概率很高，小吃摊油腻的视觉反应与烤串散发的诱人味道形成了强烈对比；从街道商店里随意泼出来的污水淌在马路上，路人只能踮起脚尖小心前行；街头瞬间出现和你搭讪的陌生人，一刹那，你都无法判断接下来会发生些什么。一阵大风吹过，揉揉被眯住的双眼，也许会看到半空中正飘浮着不明来源的白色塑料制品。看着依旧繁忙的铁路线上吱呀吱呀的绿皮火车轰鸣，总会误认为自己正置身于民国时代。老旧的济南东站正对面，是绿树掩映下大明湖公园的北门，那时候门票才5元一张，可若随机调查一下全国各地到济南的客人，又有几位下车之后，专程赴大明湖一游呢？

大明湖，曾经有过辉煌骄人的历史背书。昔年诗圣杜甫来山东看望胞弟杜预，途经济南，与北海太守李邕同游大明湖。宴毕诗兴大发，作《陪李北海宴历下亭》为这座城"站台"，一句"海右此亭古"引来无数文人骚客，游湖登岛寻踪；而"济南名士多"也见证着李清照、辛弃疾、李攀龙这一干泉城本土才俊的万古留名。尽管杜甫与李邕相会的历下亭本在五龙潭一带，大明湖所存历下亭乃后朝重建；尽管生于济南的名士们未必在家乡居留多久，但文人佳句已实打实地为济南城增色千年。老家江西的曾巩虽在"唐宋八大家"排位偏后，但他对大明湖的贡献度首屈一指：宋神宗熙宁四年，南丰先生曾巩赴任齐州，与大明湖结下了不解之缘。他主导兴修北水门——"视水之高下而闭纵之"，又建成贯穿湖堤南北的"百花堤"，游人可从南岸直抵北渚亭，尽享暮听明湖雨的诗情画意。"百花堤"被后人尊称为"曾堤"，更为巧合的是，北宋时期的大明湖，因位于济南古城之西，原本就叫"西湖"！《西湖纳凉》《西湖二月二十日》皆为曾巩咏叹大明湖诗作，也是他的齐州工作日志。熙宁十年，"八大家"的另一席苏东坡在调离密州、转任徐州的间隙，曾游历齐州月余。来此，本欲与胞弟齐州掌书记苏辙（也属"八大家"一席）相见，无奈抵齐州时，苏辙已赴京述职。东坡先生只能独自漫步"百花堤"，一览齐州西湖之秀美景色——"我性喜临水，得颍意甚奇。"一生爱水如命的苏轼，看到湖中绿树掩映、红花争艳的"曾堤"，心中定会萌生许多想法。待到元祐四年，苏东坡知钱塘杭州事，与杭州西湖再次结缘。做上地方行政正职的苏东坡，很可能回忆起游览"百花堤"许下的心愿，当年就对杭州西湖进行了彻底大修，横空而出的南方西湖苏堤，自此成为人间天堂杭州永远的印记，而此时，距离他漫步"北方西湖"曾堤已整整过去了12年。

说来也巧，工作调动到济南，距离自己上一次游览大明湖屈指算来亦是12载，感觉这个城市的特点还是不够鲜明。来济南并非本愿，但也能够接受。人生怎能事事由己呢？繁忙的工作节奏，天南海北奔波，日子一天天滑过，事务性工作越做越多，偶尔也看到网上调侃济南"酷热火炉、雾霾尘土、拥塞交通、油腻串都"的段子，至于城市真容究竟如何，也就无暇顾及了。

直到有一日，听到了大明湖免费开放的消息。在天大新闻也不是新闻、见怪不怪的网络时代，内心深处瞬间被这个简短的信息触动了。恍然感觉到，多少年来千篇一律的济南，似乎要有大手笔、大变化了，是啊，尽管公务常去与大明湖一路之隔的省府大院，但从未走过斑马线去看望久未谋面的明湖老友。熟视无睹的理由无非就是忙，城市在变，大明湖在变，自己也该调整一下状态了。于是选择了一个难得的周末重游大明湖。我相信，开放的大明湖定会有所变化，当一个城市公园不再被刻意围起的藩篱所束缚，必是源于管理者深层次的观念转变，就像传承了许多精彩故事的古城名湖，若不及时保护开发，经典迟早也会湮灭。也许，大明湖重新绽放灿烂的春天就要到了。

入园已不必再走正门，我选择了从西南角青石小径迂回而往。因为没了围墙的遮挡，入园便看到了满眼的绿植。大明湖号称有"柳树八百棵"，垂柳依岸而立，青树翠蔓嬉水，一下子就找到了婆娑婀娜的感觉。园林工人正用电锯修剪枝叶，几位摄影发烧友蹲在路边用长枪短炮的镜头捕捉着水面游动的白鹅。小心翼翼走过未名石桥，明湖景区豁然开朗起来。首先觅到了"晏公庙"——精致的中式北方独院建筑，估计是大明湖扩建时重修的，白墙、红橼、黑色匾额，门框两侧书写着小篆体"先贤开霸业，后学继遗风"，正门很袖珍，把门口石鼓、石像映衬得格外突出。院内影壁墙前画后字，记载着晏婴的丰功伟绩。大殿匾额"齐天贤相"古朴典雅，晏子彩塑鲜亮质朴，颇有春秋之风。晏婴乃山东高密人，在齐国三朝为官50年，使楚扬国威，二桃杀三士，原则性与灵活性结合，助齐国称霸贡献卓著，建庙纪念也理所应当。瞻仰晏公庙毕，精神一下子振奋起来，行进步伐不自觉地加快了。

北行不远，绕过山石掩映的大照壁，便是稼轩祠。这里本是晚清李鸿章的生祠，20世纪中叶改成稼轩祠，生于济南历城、长期在江南任职的辛弃疾，自此可与大明湖为邻、与太湖石为伴了。主院南北三进，正中矗立着一尊太湖石，"皱、瘦、漏、透"的特点鲜明。正殿楹柱赫然书写"铁板铜琶继东坡高唱大江东去，美芹悲黍冀南宋莫随鸿雁南飞"的对联，客观地评价了辛弃疾文韬武略、激情洒脱的一生。《黍离》之悲未能打动偏安一隅的统治者，《美芹十论》也无法实现金戈铁马收复河山的梦想，斯人已去，唯余豪放洒脱的词风，还在影响着一代又一代后人。

绿树掩映下与稼轩祠相邻的亭廊深处，是山东省图书馆所在地，别称"遐园"。"南阁北园"（宁波天一阁济南遐园）藏书丰富，盛名远扬。北遐园藏书曾多达13万卷，可惜屡屡在战火中颠沛流离。在古朴厚重的读书堂赏析佳作，在幽深静谧的藏书楼观湖赏月——"湖山如画，齐鲁好文"，那是何等惬意！见两层规规矩矩的砖混建筑，想必就是"奎星主鲁，虚星主齐"的"奎虚书藏"了，门右侧悬挂陈旧铜牌，凑近看清是"山东战区受降遗址"，斑驳标识似乎也在提示，战争与和平，或许就是一念之间、一步之遥。本欲踏进"奎虚书藏"寻踪"我武维扬"的匾额，无奈天色渐晚，图书馆大门半闭，那就继续前行吧。穿过乳白色"遐园"月亮门，在长廊拐角处，竟有了重大发现——足足十余米长岳飞行草书写的《前后出师表》石刻，与南阳武侯祠、成都武侯祠围廊碑刻同出一辙。据后人考证，以上岳飞字迹均系明代白麟所伪托，但"稍舒胸中抑郁尔"，能让诸葛丞相、岳大元帅、仿作者和后代观者跨越时代达到思想共鸣，已让碑刻具备了其艺术价值。

接下来去寻觅亦诗亦画的"鹊华桥"。

明湖景色，是由许多历史故事拼图构成的。而"高山流水"的知己故事，大抵要从鹊华桥讲起。据说，鹊华桥是连接百花洲与大明湖南口的单孔拱桥，登桥可远眺济南北部鹊山和华山，乘舟可经大明湖，过北水门，一路向北，直抵华山脚下鹊山湖。鹊山在黄河北，相传山中多乌鹊，名医扁鹊曾在此炼丹；华山在黄河南，形状酷似牡丹，又被称为华不注（济南方言花骨朵）山。"兹山何俊秀，翠绿如芙蓉"，这是李白对华山的美誉。而鹊华桥的声名广播，大多源于赵孟頫的《鹊华秋色图》，此画作系曾任济南路总管府事的赵孟頫送给周密的精品。客居吴兴的周密祖籍济南，"一样归心，又唤起，故园愁眼"的他向辞官归隐的赵孟頫一诉思乡之情，令赵孟頫为之感动，《鹊华秋色图》凭借其泉城风光的记忆一气呵成。画中平川洲渚、红树芦荻、渔舟唱晚，还有高耸入云的华不注山和浑圆醇厚的鹊山，把那个时代的济南风貌尽收眼底。有着画家、鉴赏家身份的周密尽可细细端详，一解思乡之苦。好的艺术作品已超出其技法本身，《鹊华秋色图》不仅是一幅价值超然的艺术作品，更多传递了高山流水般的友谊，金不换的知音情谊亦可流传百世。相传乾隆皇帝曾携此画亲赴大明湖按图索骥，对比济南府的山水实景。他因故两次下旨焚烧《鹊华秋色图》，细思又止，只将画暂入冷宫，传世佳作避免了《兰亭序》的厄运，侥幸保留至今。名满天下的《鹊华秋色图》如今保存在台北博物馆，鹊山和华山依旧风采奕奕，大明湖畔鹊华桥的原位置已成平坦道路、车流涌动。

接下来寻踪"明湖居"——《老残游记》里黑妞、白妞说书的地方。刘鹗，这位长江边长大的治水专家，"不务正业"地创作了一部脍炙人口的人物游记，实现了他的文学梦，也与明湖济南结下了缘分。从老家江苏镇江到山东济南旅居，家家泉水、户户垂柳的泉城让刘鹗久久不能释怀。当他写下《老残游记》，留下丹枫为画、渔歌互答、佛山倒影、曲苑杂坛这些活灵活现的《老残游记》系列故事时，已离开济南10余年，文字记录如此清晰，可见他对济南刻骨铭心的感情。明湖居的后门，雕刻着济南本地曲艺人物故事画像，身临其境，边看画边思索，"余音绕梁，三日不绝"的意境一下子就想象出来了。背靠大明湖面、绿茵掩映下的明湖居，如今还定期上演山东大鼓、山东琴书、山东快板、单弦、坠子和西河大鼓。

从明湖居正门西行数十步，走过水西桥，就到达了老舍纪念馆。《济南的冬天》把济南写得暖和而安适，《济南的秋天》把济南写得修长而晴美，而《大明湖之春》则戏说了丁香、海棠与落花黄沙，那些从笔墨渗透出来的真性情，流露出老舍对济南的爱。"上帝把夏天的艺术赐给瑞士，把春天的赐给西湖，秋和冬的全赐给了济南。"——这又是西湖与大明湖的文学邂逅。爱一个城市，也许因为城市的美，也许因为恋一个人，也许因为城市与人的共同成就。老舍来济南，是作为海归被聘于齐鲁大学国学研究所和文学院。作为深受学生喜爱的文坛名人，老舍在济南的生活非常惬意，他频频登台演讲，甚至在师生联欢会上练过功夫、说过相声。他在济南娶妻生女，享受了四年多美滋滋的时光，连长女的名字，也带上了"济"字。他爱济南，也在泉城实现了文学作品高产，无论是长篇、短篇，还是幽默诗文还有译作，"第二故乡"和明湖景色给予他无尽的创作灵感。他专门写了一部以济南为背景的长篇小说《大明湖》，只可惜毁于淞沪会战的炮火下。无奈他只能靠回忆补写一部中篇，取名《月牙儿》。济南成就了老舍，老舍也成就了济南。把纪念馆修建在大明湖，这也算还了老舍的心愿："我必须回济南，必能回济南！济南将比我所认识的更美丽更尊严。"斯人已逝，老舍精神却永远地留在了大明湖畔。纪念馆位于颇有民国风的小胡同深处，内侧墙壁镌刻着老舍先生《济南的秋天》，胡同尽头照壁上是老舍夫人胡絜青手书"福"字，福字前方便是黑色大理石的老舍坐像，正装领带，圆框眼镜，锁目沉思，神态安然。

从老舍纪念馆出来，满脑子充斥着先生的大部头作品，绕过司家码头，低头疾行，忽地一阵声响，吓了自己一跳，也惊起了许多飞鸟，鸟儿们成队盘旋，径直落入前方茂密树林中。前方望去，超然楼的轮廓越来越清晰，太阳刚刚落山，顺着长长的曾堤，随着人流快步向前，杨柳垂荫，绿树花香，真是明湖如画，人在画中。足下的曾堤未必是当年曾巩所修"百花堤"，"北渚凌清河"的北渚亭已寻不见踪影，但"曾堤萦水"的新晋景致也很可人。"烟雨半城秋半顷，垂杨多处是明湖。"明湖两岸植被丰富，杨、柳、松、竹各领风骚，湖中莲藕荷花挤成一团，煞是好看。"白莲藕、蒲菜、茭白",此为大明湖"三美蔬"。糖醋藕片,奶汤蒲菜,茭白烧肉,那是鲁菜精品中的极品。"五月荷花半压塘,北风直送满城香",既能赏鉴,又可食用的风景与珍馐,除了大明湖,哪里还曾有过?

曾堤之北头便是大明湖北岸。右拐即可看到汇波楼和北水门。汇波楼是20世纪的复原建筑,南瞰大明湖"绿荷丛中画舫争渡",北望"华山谷里绿树成荫","汇波晚照"之下,北水门依然溪流湍急,泄水防洪的功能还在。"其汇而为渠,环城之西北,故北城之下疏为门,以泄之❶。"这是曾巩先生治理齐州湖与泉的点睛之笔,他留给后人不仅有碑刻、诗稿和美景,还有泽被后世的水利工程,也难怪济南人要扩建祠堂纪念南丰先生。南丰祠里有曾巩的生平介绍和书画作品,大厅矗立2米多高曾巩雕像,乃其老家江西南丰千年香樟木雕刻而成。

继续西行就是"北极阁",供奉着真武元君,也是大明湖的最高点,在此可俯瞰济南全城风光。往前数十米便可抵达"铁公祠",纪念的是明代兵部尚书铁铉,是阻击朱棣南下不屈不降的壮烈人物。修祠来供奉战争失败者,体现出济南人朴实倔强的性格——胜负并无关系,敬重的是铁公宁死不屈的铮铮铁骨。这也许就是这座大大咧咧的城市口碑甚好的原因吧。铁公祠前方围绕湖水建有曲曲折折的围廊,泉水穿渠引入了荷花池,池边八角形建筑名曰"小沧浪亭",在此欣赏千佛山倒影大明湖的胜景,想必是历朝文人的生平快事。"四面荷花三面柳,一城山色半城湖"的楹联在小沧浪的西出口,此乃清嘉庆年间山东学史刘凤诰所作、书法家铁保

---

❶ 曾巩《齐州北水门记》。1071—1073年,曾巩知齐州军州事。

所书，写实佳句把大明湖之于济南的重要性完全勾勒出来了。

站在小沧浪亭放眼西眺，一轮红日正从城市丛林隐没，余光洒满湖面，景色好美！大明湖周遭的灯光亮起来了，亭台楼阁霓虹闪耀，树影婆娑、流光溢彩，原来大明湖夜景如此壮观！的确，济南要发展，必须给"泉城心脏"注入持续活力，开放大明湖只是第一步，今后还需要把"明湖系列故事"叙述完整。台湾作家琼瑶把济南姑娘夏雨荷演绎成了现代"网红"，而她与乾隆皇帝大明湖邂逅的精彩传说，却没有给济南当地旅游业带来多少拉动。如何让"雨荷厅""荷花茶""天憩舟"这些静止的故事题材鲜活起来，如何让皇上盛赞的"鲁菜筵"成为当今饮食"爆品"，都需要已开放的大明湖继续打开思想之门……

大明湖有变化了，变得神采飞扬、更有魅力了。其实这种变化一直就在，只是自己总还停留在原来印象里，无暇去深入了解。济南有厚重的历史底蕴，有大气的城市风光，有厚道的济南"老师儿"，只可惜，许多年来忙碌的城市来不及梳妆打扮，街道有些陈旧，泉水有些脏腻，大明湖有些孤寂。而当护城河被彻底清洗，泉水再度奔涌，大明湖重新焕发容颜，这些本该属于济南最耀眼而长期被忽略的资源重新启用，这座城市也就旧貌换新颜了。城市和人一样，都需要时光的沉淀，过滤掉浮躁和浮华，留下真实与本原。和一个城市相处久了，慢慢品味、细细琢磨，才能发现城市的本质；和一个城市交流多了，逐渐熟悉、找到共鸣，你也许会喜欢上这座城市。

未来在哪里？非你所能左右，目前需要做的，唯有调整好当下的状态和心境，安心品读这个城市的点点滴滴。

朝花午拾

——感怀岁月

心中有梦的"70后"男人，属于为了面子奔波一生、心中装满了他人、不太考虑自己内心真实感受的特殊群体。他们为上一辈活，为下一代拼，有着感性强烈的英雄情结，戴着面具行侠仗义，渴望凭借努力成为改变世界的角色，外表坚强、内心柔软，浪漫主义情怀时常与残酷的现实交织碰撞，偶有内心情感纠葛、不能自拔的时刻。

"70后"的连环画

"90后""00后"看到这个题目顿会讪笑，哈哈，"连环画"，别名"小人书"？听名字就够俗套的！看这种没调性的东西，未免也太"小儿科"了。是的，新生代们再费力琢磨，也很难理解，巴掌大的连环画对"70后"的特殊启蒙作用。

连环画是根植群众土壤的中华传统艺术，底蕴厚重，影响深远。广义上讲，连环画指有多个篇幅、内容连续的图画：名山大川的岩画，佛窟碑林的壁画，寺庙朝堂的纹饰，民间木雕砖刻都留下了连环画的印记。承蒙北宋印刷术的普及，连环画始从岩壁石窟迁移到书本之上，自此，也在国家文化书藏占有了一席之地：朝廷刊刻的《列女传》系列、《二十四孝》故事，民间流传的"梁山108好汉绣像图"皆为古典连环画精品。20世纪20年代，上海世界书局在出版物上首印"连环图画"字样，现代连环画总算有了像样的"学名"。"70后"印象中的连环画，大多特指64开本

（92mm×126mm），每一页都配有图画和文字说明的"小人书"，这类连环画册在20世纪中后期风靡一时：街头巷尾大众翻阅，领导干部闲暇浏览，大人品读琢磨心事，幼童枕边陪伴入眠，真可谓"小人书、大天地"。连环画的文字高度凝练，通俗易懂，加之每页都有图画配套，无论读者文化程度高低，都可赏析、点评一番。连环画的绘画形式不受画种所拘束：工笔线描、素描彩绘、剪纸艺术等一干小众艺术，都可在画书上一展身手。连环画涉及题材广泛，取材于传统文学作品居多，像艺术和经济价值"双高"的《红楼梦》拥有多个版本，据说50年代版的全套画品身价早已上百万了。该作品汇聚了三民、新美术、上海人民美术等三大出版社，集董天野、刘旦宅、刘锡永等10多位顶尖绘画大师智慧，完成一本发行一本，凑齐完整的一套，往往要等好多年。那时还有大量结合政治形势推出的历史故事，以及根据社会热点创作的现实题材。比如赵宏本的《孙悟空三打白骨精》，赵宏本、贺友直等六位名家联合创作的《投降派宋江》，钱志清改编、汤义方绘画的《原形毕露》，影射的都是当时的社会时政动向。至于韩和平手绘的《铁道游击队》，王宏喜等创作的《白毛女》，都是被官方认可的"全国一片红"的革命教育题材。有的连环画扉页直接印制了"马、恩、列、斯、毛"的红色语录。国家倡导什么，反对什么，连环画都会有相应的创作落地。

应时代而生的连环画"阳春"与"白雪"兼容，"雅俗共赏"的普及程度令人叹为观止。据说国家领导人专机上摆放过连环画作品，许多优秀作品被海内外知名美术馆珍藏。连环画年销售量曾高达8亿册，全民竞相阅读的狂热氛围可见一斑。随着连环画艺术持续繁荣，成就了一大批技艺精湛的创作名家：人民美术出版社任率英以画古典小说、神话传说和民间故事闻名，其画风工细，构图严谨，色彩绚烂。知名作品有改编自地方戏曲的《潘必正与陈妙常》《花木兰》《梁红玉击鼓战金山》，取材历史故事的《昭君出塞》《苏武牧羊》。上海少年儿童出版社华三川以工笔人物画见长，尤其工笔仕女图细腻至臻，恬静典雅，独树一帜。华老创作的第一部作品是《七桂芝》，封笔之作为《明珠》，《白毛女》《项链》《交通站的故事》属于其创作的经典中的经典，也为普及国外文学精品做出了贡献。与华三川并称"南华北杨"的中央美术学院杨逸麟教授，擅长蒙太奇的表现形式和焦点透视的绘画方法，长篇连环画《青春之歌》《一颗铜纽扣》《伪君子》为其高超艺术水准的代表，他可以精准地运用黑白对比的手法来烘托气氛，通过绘画语言给予读者强烈的视觉冲击，令喜欢前卫风格的读者爱不释手。

在"全民皆看连环画"的年月，遍布于城市乡村的新华书店和供销社设有连环画销售专柜。从幼儿园开始，我便是连环画大玻璃柜后的常客，踮着脚尖，仰望着花花绿绿的画册，手里捏着几枚分币，盘算着买下小画册还差多少钱。玻璃柜后的阿姨和父母很熟络，总能笑眯眯地按照我要求，不厌其烦地一次次把书拿将出来。苦于囊中羞涩，只看不买属于常态，所以也不太好意思劳烦阿姨，试看书时总是小心翼翼，一页一页轻轻翻过，还未全部看完便匆匆交还阿姨，心里记住翻到哪个页码了，准备着下次再来。作为一个比较听话的孩子，零花钱绝对不乱花，省下吃冰棍雪糕的费用全买连环画了。有时候，攥着刚刚凑够的零钱，匆匆赶到书店一瞧，觊觎很长时间的连环画被买走了，那份懊恼的心情呀，能持续好几天。那时，欣赏连环画是学龄前儿童的必修课，资金不宽裕也有解决办法：大一点的书店设有出租连环画的区域，花花绿绿的小画册铺放开来，周边用绳子一围，几个小板凳一放，1分钱就能看一本，且没有时间限制，你可以尽情尝试啥叫连环画的"买不如租"。

连环画中最喜欢《岳飞传》和《三国演义》系列，一本一本地买来，慢慢攒成一套。记得《岳飞传》先买到了第2集《枪挑小梁王》、第3集《岳母刺字》，这两集主要描述岳飞到相州参加武考，气愤不过武状元被内定，枪挑小梁王一战成名，我顺便记住了岳飞胯下白龙马、掌中沥泉枪的潇洒形象，还有武场较量双方舞动飞扬的战袍和衣襟；过了半年才买到第1集《岳飞出世》，画册开篇便是河南黄河泛滥，岳飞父亲为救岳母和落生三天的岳飞被洪水卷走的场景，那漂浮的大荷花缸和孩子在襁褓中啼哭的画面感特别让人伤怀；还记得胡子拉碴的牛皋胸挂大红绣球，满脸羞涩要成亲的彩图封面，这是描写他与戚赛玉拜堂的桥段，叫《藕塘关》；印象里《牛头山》高宠用长枪挑起样式古怪的铁滑车，战马力竭而倒地；《小商河》杨再兴坐骑身陷淤泥中，浑身上下被射满敌箭；《双枪陆文龙》里王佐为了劝降不惜自断左臂潜入金营，空空的长衫袖筒迎风而动，画得惟妙惟肖。待到买到最后一集《风波亭》（第15集），已收听过评书知晓岳飞被屈就义的结局，所以这本封皮颜色凄冷的小人书很长时间都没忍心翻看……时光无声无息地划过，岳家军的故事画面历历在目，所谓国家大义、民族存亡、匹夫责任、担当精神，已伴随翻得发旧的连环画册深入骨髓。

另一套《三国演义》连环画则以《虎牢关》《长坂坡》《水淹七军》《五

丈原》等重大战役作为书名，封皮都是绿边微黄的背景，主画面都是惟妙惟肖的盔甲小人（大将）骑马捉对厮杀，只要一看到这些小人书的名字，脑海里马上就浮现出阵容齐整、战旗飘扬、衣衫律动、蓄势待发的战争画面，耳畔也会莫名地响起单田芳略微沙哑的嗓音，一段段荡气回肠的"分合"故事就这样讲述起来了。

分门别类地鉴赏连环画，让我童年变得忙碌而充实：《东周列国》《说唐》《杨家将》《李自成》《格林童话》《镜花缘》《铁道游击队》……改编者们能把古今中外的各类典籍浓缩成简短文字和精美图画，达到通俗易懂且保持着原著风格，实属不易，这也就是连环画"俗中见雅"的特点，成就了其特有的文学价值。鲁迅先生讲："连环画早已坐在艺术之宫的里面了。"这句话我高度认可。《三国演义》《水浒传》《西游记》《封神演义》《说岳全传》这些古典名著，都是因为先被连环画情节所吸引，为了知晓前因后果而到处寻觅原著，然后把小人书和原文认真对照啃读好几遍（唯有《红楼梦》几次尝试也未读完），那种阅读时的快乐感觉，堪比"过年"。

与连环画有关的故事还缺一位男主角——好朋友大芦。倘若自己买到心仪已久的连环画，俨然成为世界上最幸福的人。捧读着钟爱的小人书，难掩心中兴奋，如何来表达？我会第一时间找大芦分享。

大芦年长我几岁，是我童年时的偶像。他是个内向的人，平时少言寡语，唯独和我可以敞开心扉。当小弟带来了崭新的连环画和"无厘头"的各种问题，他就开始滔滔不绝了。我们经常一起谈历史，谈理想，谈未来。每次大芦讲到酣处，他的脸就会涨得通红，手不自觉地拿上去又放下来，我都会感觉格外震撼。对世界发展的忧虑，对人类生存的担忧，对中国历史文化的剖析……我总恍惚感觉他就是联合国某个组织的实权人物，只要一下指令，即刻会乘上直升机，奔赴炮火硝烟的远方。

曾经在大芦的带动下搞过"大事情"——"出租连环画"，解决攒钱买连环画速度太慢的问题！我俩把各自的连环画册集中起来，也有几百本，画圈摆摊开始营业，出租一本大约是1~2分钱。没想到客户还真多，大人小孩各个年龄段都有，人生中的首次创业大获成功。最多一次"大买卖"竟然赚了4角钱——40分啊，可以买4个单本《岳飞传》。生意做大了，就尝试引进"合作人"扩大规模。摊子规模拓展得很快，后续管理却没跟上，所以每次收摊时，都会发现丢失和毁损小人书若干，特别是丢掉了最心爱的《武当山传奇》第3册，后来再也没凑齐过一套，无比遗憾。经过我俩认真统计，出租赚的钱还不够赔书的成本，于是刚开始的热情就慢慢降温了，我们的商业首秀也就草草收场。

"创业失败"丝毫没有影响我们的求知热情，在大芦的推荐下，我狂热地迷上了连环画《岳飞传》和刘兰芳的同名传统评书："《评书岳飞传》，由鞍山市曲艺团刘兰芳播讲。"刘兰芳，曾任过中国曲协主席，当年小伙伴们的声音偶像，她的评书清脆明亮、字正腔圆："浓眉毛、大眼睛、狮子鼻、大嘴岔，花白胡须，飘洒胸前""哥哥兄弟呀，了不得了，岳家军太厉害了，快跑呀"……这些经典的播音套词让我们如醉如痴。那时候评书只能一天播一集，很不解渴，想知道结果只能一次次去请教大芦，自己也感到有些麻烦，于是就想办法借来《说岳全传》，比对着《岳飞传》连环画，尽可能模仿刘兰芳的评书腔调，读念和背诵，加深对"文白各半"《说岳全传》的理解。我也第一次明白，原来小说、评书、连环画突出刻画的重点与角度，是如此迥然不同、各有千秋。

　　为了检验自己的学习成果，我找来一批比自己还小的"粉丝"，给他们讲岳飞的故事。这些小家伙懵懵懂懂，只要感觉热闹就叫好，全然不顾历史的真实。万一卡壳了可以说"下回分解"，所以没有任何压力的尝试是成功的，除了模仿刘兰芳的《岳飞传》，后又增加了单田芳的《三国演义》，一群新"粉丝"又诞生了。当然了，讲课虽然是免费的，说得格外精彩，"粉丝"就会积极贡献出私藏的连环画，以备"说书人"及时更新素材。高光时刻，我可以不歇气地狂讲几个小时，有时小"粉丝"坚持不下去了，就连连追问："讲完了吧？书都准备好了。"我还没从得意中醒来："快了，快了，别焦急。"然后一排排、一溜溜、一行行地解说下去。

　　评书讲得好不好，我从不相信"小不点"们的评价，还是虚心向我的"精神导师"大芦请教。我的每一点进步，平和稳重的大芦看在眼里，也随时提醒我，千万不能翘尾巴。我给小"粉丝"说评书的时候，大芦看似不经意，实则很用心地倾听，每次结束后，他会很严肃地指出讲解过程中存在的问题，对于这位畏友的建议我非常重视，绝对是认真听取、立行立改。

　　让我难忘的是那个夏天，因为父母工作调动要搬家，我去和大芦告别。他送给我一本珍藏的连环画和两张纪念邮票，还是一脸严肃地继续畅谈了他对现状和历史的种种看法，然后很郑重地说了几句话："以前我是你的师傅，最近呢，我感觉你进步很大，成就已不在我等之下，现在我正式宣布，你可以自立门派，出去报效国家啦！"这被评书、连环画、武侠小说综合包装的郑重"教诲"，让我瞬间蒙掉了。我悄悄看了大芦一眼，他似乎眼圈红了，故作镇静地把送我的那本小人书翻来覆去。当时我怎么回答的实在记不得了，但我的童年记忆，以及所有连环画的记忆，也就永远停留在那一刻了……

之后，随着年龄增长，连环画慢慢淡出了视线，沉浸在大部头文艺作品时光中的我，发现传统连环画也渐渐被印刷精美的大画册所替代。几次搬家，耗费许多光阴和精力积攒下来的连环画，包括藏书的精致羊皮箱子也不知道散落到哪个江湖去了。N年之后，当自己也为人父，想让孩子享受一下连环画的愉悦时，却发现，可以买到连环画的书店已越来越少。仔细找寻才看到，连环画已经被装入丝绒礼盒，作为一种礼品图书端坐在某个角落，内心感慨满满。偶尔的机会，去北京报国寺的中国连环画基地参观，看到一本本熟悉得不能再熟悉的泛黄连环画册，感觉是那么地亲近，立马买了一套《东周列国志》（幼时只能一本本买），翻翻连环画，故事依然那么精彩，顿觉时光冉冉，昨日重回。

"70后"的歌曲

"70后"对"文革"岁月基本没什么特殊记忆，参与那场轰轰烈烈的"全民运动"是上一辈主导的事情。生于20世纪70年代，印象深刻的是20世纪80年代中国社会百象，那里装满了我们最美好的少年时光。

那段岁月是中国经济的复苏期，社会秩序日趋安定，人们开始悄悄脱去千篇一律的条绒衣和军便服，穿上从"南风窗刮进来"的蝙蝠衫和喇叭裤，歌曲《在希望的田野上》《乡恋》《军港之夜》已经风靡大陆，港台歌曲也开始慢慢地流行起来。年少的我对台湾张帝的歌特别感兴趣，因为他可以现场即兴填词回答问题（真正意义的原创），特别是对他唱的那段"你妈妈和太太同时掉水里，你先救哪一个"印象格外深刻。当时也感觉问题很是无聊，只是单纯地认为自编自唱特别好玩。青春叛逆期，越是听不懂的，大人不太鼓励的，越有兴趣去研究，因为这些花哨的表达方式，确实比千篇一律的传统唱法更吸引人。小伙伴们也在偷偷地传唱，但回到家都不敢出声。在当时，东南亚港台音乐叫"靡靡之音"。唱这些无聊的歌曲，若再配上喇叭裤、蛤蟆镜、跳起太空霹雳舞，大街上任何一个人都会把你对号入座——小流氓！

我有一个表姐，叫白洁，特别喜欢音乐和唱歌。曾经风靡中华大地的《我的中国心》就是她教我唱的。"洋装虽然穿在身，我心依然是中国心"，在网络尚不发达的时代，这首一唱而红的春晚歌曲和一袭米色西装、银灰围巾的演唱者张明敏很受大众欢迎。记得有一次表姐神秘地把我带到她家里，从抽屉深处仔仔细细地拿出一盘花花绿绿的磁带，得意地把卡带放入录音机，音乐响起了，是个女声，声音很婉约、很空灵，里面好多词听不大懂，但感觉旋律是从来没听过的柔软甜美。可惜只听了几首大人们就回来了，我们只能悻悻而终。

过了很多年我才知道，磁带里唱歌的人就是红遍东南亚的华语歌后邓丽君，当时听的什么歌就不知道了。我曾经问过表姐，那磁带唱的是邓天后的哪些经典作品，表姐一脸的茫然："咱们听过邓丽君的歌？记不得了。"问她这话的时候，表姐正准备结婚，而姐夫不是她的初恋爱人，她正郁闷着。表姐很有音乐天分，也很有梦想，可惜她生活在那个尚未开放的时代，没有"海选"，没有"超女"，没有《星光大道》，没有一个能让她展示自我的平台和机会，加之生活上的诸多不如意，她只能做一个默默无闻的音乐爱好者。

多年后再见到表姐，长大的我已经变得成熟和自信，赶上一大家子聚会，我便竭力想和她交流一下当年的趣事。但后来发现，我们的共同语言已经越来越少，仔细观察表姐，发现她确实苍老了许多，这些年她和姐夫一起打拼创办企业很成功，家产已经过亿，也算得上富婆级人物了。细细一聊，她活得好像并不开心，也许是我多心了，但我心里明白，当初她没有能够选择喜欢的音乐专业，没有能够携手她最爱的人，对有梦想、有追求的她来说，绝对是个不小的打击。也许，她已经许久没有唱歌了。

还是再说说张帝吧。在《同一首歌》美国演唱会的直播里，又看见了张帝。人不可能拒绝岁月，饱经风霜的张老脊背已有些弯曲，脑门横亘的尽是皱纹，年龄虽然大了，但风采依旧，热情的嗓音一如从前，年轻和快乐继续着。与许多年前一样，仍然是现编现唱，自由交流，爆棚的歌迷山呼海啸，极度疯狂！看着张帝开心地合着熟悉的旋律，脑海里浮现出的竟然是表姐郁闷的神情，我多希望表姐学学张帝的洒脱而不是邓丽君的忧郁啊。邓丽君女士英年早逝，张帝老先生却依旧老年童趣，不同性格的不同人生，难言孰好孰差，但也不免唏嘘，如果表姐出生在当今时代，全民选秀，音乐达人，她的机遇和选择肯定会增加许多，也许她的精神世界会完全不同。没办法，可遇而不可求。有机会，也不一定换来理想结局。"不如意事常八九，可与语人无二三"，这就是无比真实的人生啊。我只能从心里默默地祝福她幸福、快乐。

20世纪70年代生人是承前启后的一代，承续传统也从不拒绝流行。少时经常跟父亲学着唱戏，父亲的戏曲造诣颇深，高兴时喜欢哼一段国粹京剧，拉一会京胡二胡，这个好习惯一直保持至今。耳濡目染，有些唱段也就了然于心，特别是"今日痛饮庆功酒，壮志未酬誓不休，来日方长显身手，甘洒热血写春秋"和"穿林海，跨雪原，气冲霄汉；抒豪情，寄壮志，面对群山"这些朗朗上口的折子戏，唱起来特别有激情；胶东地方戏吕剧也很喜爱，"马大保喝醉了酒，忙把家还，只觉得天也转来，地也转"，把一个苦于生计又怕家人担心的落魄商人形象刻画得淋漓尽致；"大雪飘飘年除夕，奉母命到俺岳父家里借年去"，要面子的书生道白如何去岳父家讨生活；"本是一母同胞生，一知凤凰一只鸡"，唱的是莱州毛纪大学士佯装落榜，未婚妻嫌贫爱富而其妹明理、姊妹易嫁的趣事，亦诙亦谐，让人耳目一新。古典舒缓的戏曲总会被"70后"唱成了快歌，因为那时太年轻，不会享受慢节奏的愉悦，总唱不出父辈们那种稳重合拍的感觉。

继续聊歌曲。"70后"的我们从《少年先锋队之歌》和《童年》唱起，先后学唱了大陆歌曲、港台音乐、外文歌曲，尝试了通俗、摇滚、爵士、民谣等各种音乐风格，也开启了一生与歌曲为伴的奔忙岁月。

那时流行歌曲的歌词是抄在软皮本上的，顺便摘录几首汪国真和席慕蓉的诗，贴上赵雅芝和翁美玲的贴纸。因为相互传抄的歌词，经常出现唱错词的情况。待到台湾"小虎队"组合风靡大陆的时候，才开始对"歌星"和"追星"有所认知。霹雳虎吴奇隆、乖乖虎苏有朋、小帅虎陈志朋，青涩帅气、白衣舞动，动作整齐划一，青春活力四射。《青苹果乐园》《蝴蝶飞呀》《爱》，把年轻的快乐，对美好未来的追求和青涩的初恋表白一下子表达出来了。"周末午夜别徘徊，快到苹果乐园来，欢迎流浪的小孩"，"蝴蝶飞呀，飞向未来的城堡"，"别让年轻越长大越孤单，把我的幸运草种在你的梦田"——动感的旋律、真诚的告白，浮现在脑海里的是我们的青春岁月啊！同时期的大陆歌坛则流行军旅风和西北风，军旅歌曲《十五的月亮》《血染的风采》《说句心里话》在电视上反复播放，以战场硝烟做背景，缠绷带、坐轮椅演唱的镜头至今仍记得很清晰；西北风是以《黄土高坡》《信天游》《走西口》为代表的北方民族风格，歌手们合着重金属音乐飙出最高音。台湾、大陆音乐风格的清晰对比，也搞懂了什么是靠嗓子演唱的实力派，什么是靠动作辅助唱歌的偶像派，好在各种调性都悦耳，有这么多音乐可以选择，生活变得丰富而多彩。

20世纪80年代大陆歌曲的传播途径是影视和磁带，二者相互促进。热播电影和电视剧的主题歌、春节晚会上广受好评的新歌，一旦被大众认可，大街小巷商铺当天就会把热曲作为循环播放的背景音乐，以这首歌为主打的磁带迅速推出，带动了音乐合辑和歌手专辑的销售。于是，《西游记》热播时，大街小巷传唱《敢问路在何方》；《红楼梦》上映时，改唱《枉凝眉》；全民关注《八仙过海》那阵子，唱"人说天上好，神仙乐逍遥，成功的背后泪多少"；待到放映《上海滩》，则都换成"浪奔浪流，万里滔滔江水永不休"。中央电视台1983年创办春节联欢晚会，年年都唱火歌曲、捧红歌星。李谷一的《难忘今宵》，费翔的《冬天里的一把火》，陈红的《常回家看看》，刘德华的《恭喜发财》，哪一首歌不是一段满满的"过年"回忆呢？

20世纪80年代香港唱片工业高速发展，声势浩大的红馆（香港红磡体育馆）演唱会见证了一个又一个流行音乐巨星的万丈光芒，国语与粤语歌曲交相辉映，显露了一代又一代天才音乐人的创作锋芒。天籁之音谭咏麟《雨夜的浪漫》，个性张国荣《风继续吹》，百变梅艳芳《坏女孩》，磁性童安格《跟我来》，通过发行磁带、销售唱片的渠道慢慢传入大陆，所到之处，无不掀起模仿传唱的一轮又一轮狂潮。

20世纪90年代初中国高校一景是在食堂组织舞会和歌唱比赛，伴奏乐必有《含羞草》，"小小一株含羞草，自开自落自清高"，典型的中三配曲，让人感觉心旷神怡。过了N多年才知道，演唱者翁倩玉还是一位多才多艺的日籍华人，被尊为"东方第一艺术女神"。时光荏苒，真应了歌中所唱"不知道，不知道，青春会老"。校园和街头上都有供大众娱乐的卡拉OK，音响条件实在一般，那个年代的街头业余歌手，大部分都具备扯着嗓子吼的扎实功底。

与卡拉OK永远同步的新一批港台歌星出现了，那时年轻的王杰声线清亮，演绎《是否我真的一无所有》显得沧桑又悲凉；庾澄庆外表桀骜不驯，撕心裂肺地吼着《让我一次爱个够》；弹着吉他的齐秦眼神忧郁，轻语《原来的我》，解不开"为何相爱不能相守"的感情结；毕业时合唱吕方的《朋友别哭》、罗大佑的《光阴的故事》；送行有姜育恒的《再回首》、吴奇隆的《祝你一路顺风》；表达爱意选罗大佑的《恋曲》系列、娃娃的《漂洋过海来看你》；抒发感情用林忆莲的《至少还有你》、许茹芸的《泪海》；感慨世事唱赵传的《我是一只小小鸟》、李宗盛的《凡人歌》；励志歌曲是郑智化的《水手》、叶启田的《爱拼才会赢》。茫茫歌海，万千曲库，总有一款能适合。

"70后"见证了"四大天王"的辉煌岁月。张学友的唱功、郭富城的劲舞、刘德华的敬业、黎明的帅气是"天王"的卖点，"四大天王"将香港流行歌坛推向了娱乐时代的巅峰。边跳边舞的郭富城《对你爱不完》《动起来》，动感十足的旋律加上舞蹈底子，让歌迷耳目一新；黎明配上美女演绎《两个人的烟火》《相逢在雨中》，曲风和乐感都很搭，也收割无数痴情歌迷；勤劳敬业的刘德华凭着《忘情水》《一起走过的日子》《来生缘》，成功在歌坛打出了一片新天地；善用"气息"发声的张学友演唱投入，《吻别》《一路上有你》《忘记你我做不到》奠定了实力唱功的"歌神"地位。

20世纪90年代到21世纪初00年代是歌曲的黄金年代，自动播放设备、CD光盘、手机音乐的普及，使得歌曲传播速度更广，演而优则唱的偶像派、创作优则唱的实力派歌星层出不穷：周华健阳光柔情的《爱相随》、健康自然的《亲亲我的宝贝》、极富张力的《刀剑如梦》，时常给人以温暖和感动。陈奕迅《好久不见》《富士山下》风格平实质朴，不追求华丽与"浮夸"，他夸张搞怪、毫不做作，用"吟唱"技法演绎《十年》《K歌之王》，怀旧慢歌特别能打动人。任贤齐的经典歌曲有激情武侠的《沧海一声笑》《兄弟》，苦情浪漫的《春天花会开》《这样也好》，边弹边唱的温暖台风仿似邻家大哥亲切自然。周杰伦属于将国际风格融入传统中国文化的原创歌手，他大胆改进港台"情歌为上"的传统曲风，说唱手法顺势弥补了唱功的不足，节奏蓝调如《爱在西元前》《蒲公英的约定》，古典中国风如《东风破》《千里之外》，其演绎的美国乡村音乐《牛仔很忙》也颇有调性。

在音乐肆意飞翔的黄金时代，需要致敬的音乐人太多：飞碟五陈（陈志远，陈大力，陈秀男，陈乐融，陈耀川），黄霑，向雪怀，黄伟文，金培达，罗大佑，小虫，李宗盛，是他们努力让填词谱曲成为神圣职业，包装出一大批灿若繁星的乐坛名人；而许冠杰，Beyond，林子祥，迪克牛仔，叶倩文，林忆莲，陈慧娴，王菲，梁咏琪这些实力唱将给歌迷们带来更多难忘瞬间。大陆歌手阵容同样强大：优秀的音乐创作人金铁霖、阎肃、徐沛东、陈小奇、小柯；开创摇滚新纪元的崔健、黑豹、唐朝乐队；掀起歌坛民族通俗风的腾格尔、刘欢、那英；引领歌坛校园风的朴树、老狼、李健，当年也曾给"70后"们留下许多无比美好的记忆。

哪里是歌？分明都是一段又一段难以释怀的青春片段啊！一首老歌，一段青春的印记；一段记忆，一生美好的回首。每个人的青春岁月都是由一首首歌曲谱成，歌词所表达的也许就是那段时光的真实状态，刻骨铭心的记忆永远储存在难忘的旋律中。岁月如风，慢慢长大，有的人会渐渐明白，一首歌并不能唱透复杂多变的人生，行至拐角处，还要及时收拾心绪、再续新曲；有的人则被人生无常打了个措手不及，已不再相信当年亲手写过的词，唱过的歌；有的人渐渐读懂了经典的含义，继续用岁月分享着老歌给人生带来的愉悦和启迪。

昔日的"四大天王"郭富城和黎明已淡出歌坛许久，张学友和刘德华仍在转战演唱会，继续着不老传奇；王杰多年后复出歌坛，回忆起叱咤歌坛的黄金岁月，倾吐歌曲背后不为人知的黑色经历；哈林庾澄庆如今频频参与"综艺秀"，性格已变得随和而幽默；模仿大王"小哥"费玉清，结束了46年演艺生涯永久退出歌坛；另一位"小哥"齐秦当年的"不羁"了无痕迹，再唱老歌依旧自然清新。经历过辉煌和陌落的昔日歌星们都悟出了一个道理：青春可以释放，但不能挥霍，好的歌曲，只能用一生的时光去珍惜。

歌里歌外，皆为人生。文尾压轴的是原本歌唱基础并不很好，飙高音也会出现沙哑走音的刘德华。也许音乐收藏夹里华仔的经典歌不多，但这并没有妨碍他几十年如一日的持续努力，不断精进。他不仅改良演唱技法成功唱出了最高音，也用自己高情商打开了一片新天地。资质不是最好的，但一定是最敬业的，他研习爵士、嘻哈、伦巴、戏曲各种风格，可以演唱国语、日语、英语、马来西亚语歌曲，可以在普通话、粤语、闽南话、东北话中随意变换。持续的奋斗，才会有持续的收获。无论作为歌星、演员、导演、制片人还是企业家，无论经历多少质疑、磨折、误解、失败，他都能咬牙坚持，直至成功。我很欣赏刘德华的做人风格——尽管看到了世间存在复杂与阴暗，却从没有停止奋斗的步伐；尽管看清了生活的虚伪与谎言，但也从未改变真诚待人之心。

一首歌曲很短，一生路途很长。心中有歌，才会拥有年轻的世界。

"70后"的武侠

解读武侠，还是先从"70后"谈起。

20世纪70年代生人已成为当今时代的中坚。有种戏谑的说法是，"70一代"注定是为上一辈活，为下一代拼，戴着面具行侠仗义，为了面子奔波一生，心中装满了他人，却从未考虑过自己内心真实感受的特殊群体。先天强烈的英雄情结，后天培育的济世思想，渴望凭借努力成为改变世界的角色——"沧海横流，方显英雄本色。"有结论一致认为"70后"男人有担当、有豪情、能吃苦、能忍耐。"70后"男人是极富情怀的一代，他们有强烈的社会忧虑，心系国家命运前途，百折不回、决不妥协，且始终保持着年少时的淳朴与幻想，在追逐梦想的进程中，喜欢追求效率，不擅推诿扯皮，不达目标决不罢休。"70后"男人的性格缺陷同样鲜明：经历过短暂物质匮乏的岁月，脑海里存留着大运动末期的动荡记忆，在行为方式上总缺少一些源自骨子里的自信——"该爱就爱，该恨就恨，背起行囊，走遍天涯"——这般洒脱肯定艳羡过，但笃定难以做到。具体表现就是，外表坚强、内心柔软，浪漫主义情怀时常与残酷的现实交织碰撞，貌似雷厉风行的背后，也偶有内心情感纠葛、不能自拔的时刻。

任何性格特点的养成必由其历史背景造就：20世纪70年代人能吃苦，是因为当时经济条件不能与今同日而语，衣食住行，凑合就行，习惯了艰苦一点、节俭一点，这也是当时国家、社会和家庭所共同倡导的。20世纪70年代人能坚持，是因为体味到上一辈生活环境的艰辛，懂得体谅国家和社会的难处，也曾誓言为后代做好榜样，尽量让下一辈少吃点苦，那只能自我加压、少些抱怨、负重前行了。所以，长大的"70后"们，既可以西装革履出席名流聚会，品评红酒珍馐，指点江山；也可以卸去伪装，拖鞋背心居家"葛优躺"，津津有味地享受粗茶淡饭——能迅速适应环境做出改变，善于反思，敢于突破，这是"70后"不断进步的一大优势。"70后"敢于承担责任，百折不回，来自成长期相对封闭的环境——社会严肃、学校严格、家教严厉、规矩必须遵守、诚信笃定履行。想肆意妄为或是偷懒撒谎，除了被严肃警告，也许会被巴掌伺候——那时的男孩子普遍有"挨揍"的经历，经常闯祸、经常犯错、经常被教训。所以做错了，就大大方方承认吧，无所谓，反正稍微皮肉受点疼，何况父母也就做做样子，谁会舍得真打？等到踏上社会，这些经历则成了"70后"男人面对竞争的又一财富，遇到些挫折和困难，决不会轻言放弃，笃定一次又一次地抬起头来，坚持、坚持、再坚持，努力、努力、再努力——直至走向成功。看到媒体上报道某某"小皇帝"因为网恋之类想不开而跳楼、烧炭，"70后"们会大为诧异，不就这么点挫折吗，还不是什么正事，何苦如此？

当"70后"逐渐成长的时候，社会大环境由宽松代替了封闭，在既宽容又相对保守的氛围里长大，养成的就是貌似随和却又倔强无比的双重性格。而这种"两面性"的养成和不服输、讲道义的特质，拜武侠作品所赐——每一个"70后"男人的内心深处，都藏着一个武侠。

20世纪后期，武侠小说由香港、台湾、东南亚舶来大陆之时，良莠不齐，既有武侠四大家"梁羽生、金庸、古龙、温瑞安"，也有还珠楼主、卧龙生、司马翎、萧逸等名家作品，更有许多冒名、高仿的伪作，甚至粗制滥造、糟蹋经典的劣质文章。在那个没有网络阅读资源的年代，市面上冒出了数量庞大的武侠作品，自然让读者们兴奋不已。非常好玩的是，爱好者往往不是买书，而是租书来读——希望少花费多博览，避免买到盗版，也承袭了古人"书非借不能读也"的做法。为了多读书、早还书，阅读速度也相应提高了：四五本一部百余万字的作品，最多两三天读完，必要时一天可以速读一整部，"不求甚解"的阅读方式大大提高了阅读量。仔细回忆一下当年捧读过书籍的印刷质量，估计正版寥寥可数，至于假借梁羽生、金庸、古龙之名的赝品书，发行数量恐怕要超过正版几十倍。

言归正传，正式聊聊"70后"男人看过的武侠。

开风气者——梁羽生

"开武侠风气"的新派武侠小说第一人，是梁羽生先生。开风气者，就是当仁不让的新派武侠小说奠基人——1954年是梁先生而立之年，也是他在"武侠江湖"扬名立万之年。他受罗孚之邀，创作了首部武侠作品《龙虎斗京华》，这部作品将复杂的江湖恩怨与义和团运动结合在一起，人物鲜活，打斗惊险，恰好也迎合了澳门新花园"吴陈约架比武"的热点事件。在香港《新晚报》连载的梁氏武侠小说横空出世，真不啻平地一声惊雷，让香港沉闷的社会圈重新迸发出新的活力和热情。自此，新派武侠小说、武侠影视剧犹如雨后春笋，百家争鸣百花齐放，一时间风靡了港台和大陆。梁先生1984年封笔武侠小说，创作生涯算来整整30载。30岁出山创作，30年江湖耕耘，35部武侠作品，逾千万字。梁羽生的武侠作品描述了无数打斗场景和绝世武功，"武"字贯穿作品始终，但梁先生始终认为，武侠小说应该有"武"，更需有"侠"，"武"是一种手段，"侠"是终极目标，要通过武力手段达到道义江湖的目的，习"武"是为了行"侠"，绝不是简单的复仇嗜杀。所以，他的作品倡导"宁可无武，不可无侠"——一个人可以完全不懂武功，但决不可没有侠气。侠气也就是他所倡导的江湖之大义。开风气的梁氏作品中"侠气"和"仙气"十足——《云海玉弓缘》《萍踪侠影录》《冰魄寒光剑》《冰河洗剑录》，只需听听名字就让你浮想联翩。梁先生的武侠故事构思了许多奇缘，他认为，"偶然性的因素，往往会影响一个人的一生"。这个观点源于他亲身体验过的看似偶然却刻骨铭心的人生经历，进而影响了他的创作风格。梁先生的作品善于将小说主人公的经历融入民族矛盾激烈、江湖恩怨沸腾的宏大背景中，让主人公经历国破家亡的折磨，甚至个人的逆天冤屈，男主角（梁羽生武侠作品还没有女性是第一号人物）虽经千回百转地被看低、遭误解、碰壁、奇遇、学艺、蜕变，最后定会练就盖世神功，一鸣惊人，锻造成为救国家于危难，挽江湖狂澜于既倒的关键人物，让你在牵挂主人公命运、观览祖国大好河山的同时，梳理一回中国近代多民族团结奋斗的恢弘历史。

梁先生师承陈寅恪、金应熙，与这两位老师严谨细致的治学风格类似，梁先生的武侠作品依律考究、一招一式都采用了写实手法，招式均有出处，回文对仗工整，代表正义和邪恶的两派必定恩怨分明、针锋相对，盛大恢弘的决战场面总会令人热血沸腾、沉浸其中、不能自拔。华罗庚教授看完《云海玉弓缘》之后，觉得作品非常有趣，这位数学家用文艺的方式赞道："武侠小说是成年人的童话。"看得出，梁先生对华教授的评价是满意的，他把这句话收录到了《与武侠小说的不解缘》里。梁先生作品的主人公往往是中国传统理想人格的化身，身负国恨家仇的重大历史使命，遵规守道，不敢逾越雷池。因为出身、地位、立场、派别等诸多原因，最后的选择往往是悲怆的，为了国家利益只能舍弃小家，有情人不能成眷属，哀婉感人的爱情悲剧在作品中频频上演。杨云聪与纳兰明慧，爱情果实夭折于天山两麓的民族对立；练霓裳为了卓一航独闯武当，剑挑八大高手，有情人不成眷属却换来一夜白头。唯一让读者可以释怀的，就是作品的大结局相对完美，正义战胜邪恶，公理化解诋毁，主人公要么潇洒地云游江湖，要么择名山秀水，与爱人淡然归隐。

第一次接触梁先生的作品是《七剑下天山》。先是看了连环画版《七剑下天山》，之后才按图索骥拜读的小说。当年"武侠"的概念没大读懂，倒是理解了团队合作的重要性——"七剑合璧"，有团队、有组织才能"无往而不胜"。待到欣赏了辞藻精美的梁氏原著，对武侠小说的热爱则一发不可收拾。梁氏《七剑下天山》与英国女作家伏尼契的《牛虻》有异曲同工之处，被关在布达拉宫里的凌未风与帕克拉茨监狱的牛虻有着相似的情感经历，也都有在狱中与敌人斗争的桥段。而《七剑下天山》所体现中国文化诗词之美，则非《牛虻》所能触达。仅卷首《调寄八声甘州》和卷尾词《调寄浣溪沙》就足可令人掩卷长思——"笑江湖浪迹十年游，空负少年头。对铜驼巷陌，吟情渺渺，心事悠悠！酒冷诗残梦断，南国正清秋……"几代恩怨情仇始终未忘使命，七剑携手下天山何等豪迈——"已贯江湖作浪游，且将恩怨从头说，如潮爱恨总难休……"杨云聪的不甘，凌未风的苦痛，易兰珠的纠结，飞红巾的无奈，尽付诸笔端。梁先生文笔水平很高，精读古籍、精通象棋，平时写散文的底子、驾驭文字的水平一流，使得其作品文艺情怀浓重。我的案头时常放着梁先生的散文集——《生花妙笔侠影留》，从这部随笔可以窥探出梁先生的爱好：闲话怪联——对联名家；解读纳兰词——诗词大师；评述吴清源——亦是一位棋类大家。加之他对历史、地理、民族、宗教等领域研究非常之深，将爱好与擅长尽情付诸笔端。文章叙述中不时穿插诗词歌赋、天山美景、江南风光以及草原美食、京城贡品的描述，使得其作品既严谨、大气，又精致、唯美。

《七剑下天山》之后，又陆续拜读了梁先生许多作品，印象比较深的像《江湖三女侠》，作者用专业手法对神秘恐怖的大内高手和血滴子进行了解构，解读了江湖女侠刺杀雍正的宫廷事件；还有《萍踪侠影录》，将"土木堡之变"的历史真实融入武侠小说，从江湖的视角探究了于谦"谋逆"的行为动机，在史实结合方面，梁先生下的功夫很够。之后还有《云海玉弓缘》，从书中见识了恐怖的"天魔解体大法"，也理解了什么叫急功近利、害人反害己。

客观地说，梁先生恢弘大气的武侠小说完全可以作为国家统一、民族团结的励志书来推荐。而他的作品却屡屡被武侠迷吐槽，主要原因是梁氏小说结构和剧情相对程式化一些，某些故事情节稍显雷同，在他的许多作品里都能找到相似的桥段。实际上，这也许是个误解，毕竟创作量太大，读者读得太多，有些审美疲劳呗。就像梁先生每部作品里均有贴合意境、对仗工整的词赋，乍读惊为天人，读多了也就习以为常了。另外，梁氏作品对主人公的刻画往往太过完美，主人公高尚、大气、无私，反而让读者觉得距离太远，质疑现实生活中是否会真实地存在。当然，瑕不掩瑜，梁先生的武侠小说已登峰造极，乃货真价实的江湖泰斗，这些吹毛求疵的批评，并不会影响其文坛成就和社会声誉。梁先生是一位公认的治学严谨、厚爱同仁、尊重历史和文化，值得后人尊重的长者。

集大成者——金庸

"飞雪连天射白鹿，笑书神侠倚碧鸳"——

《飞狐外传》（1960年）、《雪山飞狐》（1959年）、《连城诀》（1963年）、《天龙八部》（1963年）、《射雕英雄传》（1957年）、《白马啸西风》（1961年）、《鹿鼎记》（1969年），《笑傲江湖》（1967年）、《书剑恩仇录》（1955年）、《神雕侠侣》（1959年）、《侠客行》（1965年）、《倚天屠龙记》（1961年）、《碧血剑》（1956年）、《鸳鸯刀》（1961年）。

两句对仗工整的藏头诗加上短篇小说《越女剑》（1970年），"金大侠"总共创造了15部武侠作品。与梁羽生先生类似，金庸先生也属涉猎广泛的"大家"，企业管理、新闻艺术、政治评论、社会活动，无一不通、无一不精。也许武侠小说只是他业余爱好之一，但基于爱好去做事，定会做得极好，他的才华、兴趣和心得，都能淋漓尽致地融入笔端，15部用心之作部部优异。作品不经意中所流露出的儒家文化、佛道思想，茶道、园艺、花事、民俗、方言、美食，诗词歌赋、医卜星象、奇门遁甲……可让读者充分阅读武侠、重习文化、丰富自我。一个人的作品风格与作者本人的经历息息相关，解读金庸先生的作品特点，一定要研究他的人生历程。

1955年，作为冉冉升起的文坛新人，金庸在梁羽生等同事的怂恿下，创作了第一部武侠小说《书剑恩仇录》（比梁羽生《龙虎斗京华》晚一年）。怀揣着满腔工作热情，年轻、气盛、阳光、正义的心态也自然地传递到作品中：《书剑恩仇录》锋芒毕露，《碧血剑》荡气回肠，《射雕英雄传》大气恢弘。红花会大当家陈家洛、"山宗"领袖袁承志、侠之大者郭靖，皆是一等一顶天立地的英雄人物，反清、灭明、抗元，是其天生之责任。代表江湖与江山的陈家洛与乾隆，代表复仇与挽救的袁承志与长平公主，代表草根逆袭和皇权二代的郭靖与托雷，本可成为很好的朋友或恋人，而不能承受的道义之重，让他们只能作为对手而尴尬地共存。而在"为国为民"的大侠名头下，陈家洛、袁承志、郭靖们必须体面而严肃地矗立江湖，对于儿女情长的纷扰与花絮，从他们被尊为"大侠"之后，便即刻休止。在金庸前期作品里，故事结局是严格遵照正邪善恶规律的：陈家洛要为红花会出头，袁承志要为父亲洗清冤屈，郭靖要为父亲郭啸天、为授业恩师江南七怪、为襄阳百姓复仇，"受尽曲折，冤仇得报"，故事的结局也符合了读者原本想象。

1959年，温文尔雅的金庸先生创刊《明报》，拥有报人和企业家双重身份的经历与阅历，让他更好地读懂社会，读懂人生，也令他的作品情节跌宕起伏，艺术形式多样，结局更加柳暗花明。《神雕侠侣》《雪山飞狐》《飞狐外传》《鸳鸯刀》《白马啸西风》《倚天屠龙记》这几部中期作品，江湖恩怨严峻复杂，"大侠"继续进行着大义担当，只是儿女情长纠葛之后的大结局，似乎出现了微妙变化：《雪山飞狐》里从憨厚农家孩子蜕变为一代英雄的胡斐，经历了多次情感抉择，最后选择的却是仇家的女儿；《神雕侠侣》里出身不佳却蜕变为"独孤大侠"的杨过，竟然选择了年龄大许多的师傅做老婆。而在现世纷争的背后，作品中多了佛与道的释然：在把女性作为一号人物的《白马啸西风》中，女主李文秀看透了世间冷暖，竟然会为爱舍弃、成人之美；《倚天屠龙记》张无忌遵从内心呼唤，宁可放弃近在咫尺做皇帝的机会，而选择归隐、淡出江湖。在充斥着贪婪、私欲的凡尘俗世里，这些故事人物依然保持着善良和宽容；在波诡云谲的江湖恩怨背后，最大限度地释放了人性的光芒。正如《鸳鸯刀》的结局，双刀合璧，合成四字为"仁者无敌"，这四个字也是作者费尽心思，最想清晰传达到每一位读者心中的。这一时期，金庸先生驾驭作品的能力进一步提升，《雪山飞狐》可以从胡一刀与胡斐两代人、两条故事主线同时开展描述，让读者在疑问与困惑中欲罢不能。而胡斐与苗人凤决斗时刻突然而止的悬念结局，也让金庸的作品魅力值直线飙升。

1963年之后，作为卓越企业家的金庸历经商海波谲，纵论时政风云，创作武侠作品更加驾轻就熟，挥洒自如。一部作品可以塑造多个关键人物，像《天龙八部》的萧峰、段誉、虚竹；可以把公认的坏蛋塑造成男一号，就像《鹿鼎记》中妓院出身的韦小宝。这个时期是金庸小说创作的巅峰期，从儒家到佛道，从江湖豪客到村野孤童，以江湖恩怨故事、大家族的无奈、小人物的蜕变来探究人性本源，其精心营造的"忘我"意境，使作品更加成熟惬意。《连城诀》对"善"与"恶"的深度剖析，大恶之人是否也会良心发现？大儒大侠也会苟且偷生——人在生死关头角色互换，比"难"更"困难"的局面一直在考验着狄云，考验其周围虚伪群体背后的真实人性——"平平淡淡才是福"，这是作者想要表达的人生真谛。《天龙八部》中快意江湖的萧峰大侠是许多精英们喜欢对号入座的人物，苦心经营的卓越贡献被所在组织（丐帮）无情嫌弃，纵横江湖的领导魅力却成双刃剑——"出身"能否决定一个大英雄关键时刻的结局？耐心说服却尽遭白眼，暴力杀戮又再添仇恨——解决危机的最好方式是什么？"近之易生情愫，远之易生怨恨"——金庸将许多社会现象和人物感情纠葛尽数融入作品，告诉"70后"该如何慎重处理工作和生活中的异性关系。《侠客行》文末梅芳姑主动离世，石破天的身世永远成谜，在小说突然而止的同时，也在考问着读者：无数江湖恩怨、博弈情仇，事业与家庭难道就不能兼得？《笑傲江湖》五岳剑派的内讧、争斗、猜忌、残杀，是在影射中国历史特有的政治斗争、商海博弈还是无休止的社会乱象？伪君子岳不群和真狂人东方不败，为了绝世武功和江湖虚名到了人鬼不分、自残自虐的境地，是否值得？《鹿鼎记》是金庸先生的武侠封笔之作，完成作品时年仅48岁，年近知天命的他有许多真实感受在里面。这部作品颠覆了所谓黑白两道、正邪善恶的评判标准，韦小宝逢迎拍马皇帝，无道德、无底线地升官娶老婆，通过不懈努力终于出人头地，而成功之后却选择了退出朝廷，混入他最熟悉的社会大舞台，因为韦小宝清楚该怎样表现才能确保自己安全无忧。《鹿鼎记》是我阅读的金庸武侠的最末一部作品，因为年轻时自己坚信"从一而终"的浪漫爱情，也感觉金庸老先生写了败笔，所以一直就没仔细翻看过。后来困惑于《鹿鼎记》在港台影视圈的超高影响力，遂找来原著通读一遍，顿时释然。对于无背景、无武功、无颜值的"三无生"韦小宝，竟然也有了诸多同情和理解。世间许多解释不清的道理，是需要年龄慢慢消化的。

欣赏金庸先生的作品，是一种很愉悦、很放松的体验。金氏武侠的主题都是扬善抑恶、颇有情怀与担当的，"70男"的择偶标准许多都依据了金庸作品的"标尺"，因为金庸小说描绘的爱情，是超级唯美的，无论哪个年龄段去读，一样会怦然心动。作品中的女生，无论乖张奇巧、喜欢争风吃醋的温青青，古怪精灵、滑头讨巧的黄蓉，智敏聪慧、出手辣毒的程灵素，还是豪放泼辣、凶悍冷酷的木婉清，只要邂逅到爱情，竟然都变得温柔可人、忠贞可靠。《天龙八部》里揭了面纱就要杀人的木婉清，被书生气十足的段誉所感染，女魔头"轻嗔薄怒，更增三分丽色"，寥寥数笔，把那种掩藏在冷酷背后的柔情一下子就刻画出来了；而段誉见了娉娉婷婷、缓步而来的神仙妹妹王语嫣，登时"眼前一黑，嘴里发苦，全身生热"，"不愿抬头去看王语嫣的神色，但终于忍不住又偷偷瞧了一眼"，少男少女之间被感情折磨得又辛苦又甜蜜的感觉，尽露字里行间。经金庸先生后期修订《天龙八部》的爱情结局更符合逻辑，为讨好王语嫣要死要活的段誉，竟然能从混沌爱情中幡然顿悟，最后娶木婉清而并非王语嫣，是许多年轻读者不能接受的，而在经历过爱情婚姻的长者眼里，那何尝不是一种理性正常的选择呢？金庸先生武侠作品人物的情感刻画动人且真实。

"大宋，临安郊外，牛家村，风雪之夜，惊天杀戮……"金庸的武侠巨著，每一部我都认真地拜读过，每一次重温，都能从作品内外收获许多，或是"为国为民，侠之大者"的道德价值观，或是诸子百家文化，或是其造诣颇深的专业领域知识。金庸先生的武侠小说，对作品人物性格复杂性的把握极其精准，对故事情节阐述周到完整，里面寄托着许多个人情愫。英雄人物跌宕起伏的故事传奇基于一种入世宽容的态度，让读者可以在阅读过程中体会到"侠之大者"对民族和社会的责任。

天马行空者——古龙

"仗剑江湖载酒行"——古龙是武侠小说名家中最具个性的一位。与梁、金两位先生不同，古龙写武侠，一非受人之托，二非码字情怀，三非温故纳新。他创作武侠小说的初衷就是赚钱——"为了等钱吃饭而写稿，虽然不是作家共同的悲哀，却是我的悲哀，我也相信有这种悲哀的不止我一个"。一边满腹抱怨，一边奋笔疾书，待到深谙创作技巧，畅销书赚得盆丰钵满、名利双收之后，古龙开始探索"文与人合一"：注重作品质量并怀旧抒情，将自己没有家庭温暖的未成年经历、早恋之后苦情、恋上杯中物的荒唐故事、周旋情场的复杂心境，一股脑艺术化地倾注笔端。因为创作动机单纯，这种随性而为、顺心而为的作品往往不循套路、天马行空，故事情节的发展和结局往往出乎读者原本想象，"出奇、出新、出彩"成为古龙的武侠作品标签。

古龙的作品文字风格简洁明快、重在意境，绝不拖泥带水。他没有把精力放到考据核实年代背景上，因此，作品呈现的历史感不甚厚重。古龙创作的首部武侠作品叫《苍穹神剑》，1960年出版之时港台武侠小说界已百花争艳、帮派云集，蜂拥而至的文坛新人们，想独辟蹊径确非易事。估计大多数读者对这部作品很难留下印象，究其因，还是因循了传统武侠小说套路，使用固定的形式和表达方式的作品推出后反响一般。与之类似，古龙的前期作品《月异星邪》《剑气书香》《剑毒梅香》（1960），《失魂引》（1961），《飘香剑雨》《剑客行》（1963）都是基于这种风格——略显俗气的作品名称，程式化的故事，实在称不上大雅。为了多多赚钱，古龙经常为卧龙生、诸葛青云的武侠作品创作续篇，而自己写得不耐烦时，未完工的作品也会找人代笔，所以作品质量极其不稳定。

当古龙终于自成一派、立足江湖，再也不需要用"写字"来谋生，已到20世纪60年代中期。他的创作手法也日臻丰富，《浣花洗剑录》（1964）、《大旗英雄传》（1965）、《武林外史》（1965）、《名剑风流》（1966）相继推出，与前期作品相比更显大气、稳重，既赢得了读者，也让自己享受到了写作和赚钱的乐趣。之后，他开始研究还珠楼主、王度庐的写作技巧，借鉴日本小说风格，逐渐引入了悬疑、侦缉等综合元素，创作水平迅速飙升，精心打造的武侠作品既神秘玄虚又飘忽空灵。再待到他把西方现代文学的笔法和意境嵌入故事情节，其武侠创作的巅峰终于来到了：《绝代双骄》（1967）、《楚留香》（1968—1970）、《萧十一郎》（1973）、《七种武器》（1974—1978）、《陆小凤》（1976）、《碧血洗银枪》（1977），1980年后古龙又创作了7篇作品，"求新、求变、求突破"，让古龙终成武侠小说大家。

古龙作品的男主人公既非官二代也非富二代，一定是一位个性独立，性格乖张，以剑、酒、美人行走江湖的游侠——"醉卧美人膝，醒握杀人剑"，这是贯穿作品始终的古龙"侠客"风。主要人物一般不急于亮相，小说一开篇先营造肃杀氛围，前面咋咋呼呼登场的"伪大侠"们排场很大，但这些"三脚猫"展示几招之后，往往刀光未现即已横尸现场。真正的高手，或行事低调、性格抑郁，像"小李飞刀"李寻欢；或潇洒逸然、行踪莫测，像"香帅"楚留香；或引而不发之后，突施罡气于无形，一招致命，像"四条眉毛"的陆小凤……总之，为了突出英雄人物的绝顶武功，需要用技艺已达巅峰的知名高手的失败来铺垫，需要借助悬崖峭壁上惊险刺激的单挑、本来绝无取胜希望的豪赌来实现。最终的结果，总是在众人均已失去信心的晦暗氛围下，通过经典的"豪门大战"，一招即分出输赢。古龙的中后期作品大量应用了电影蒙太奇手法，文字本身就极像电影剧本，个人感觉古龙作品改编成影视剧最为合适，情节惊险程度、人物性格特征、不落俗套的语言风格，所有这些均可从武侠小说中复刻，无须做任何改动。

我曾粗略做过统计，古龙的正版武侠小说应该在69部左右。其作品所刻画的谢晓峰、燕十三、小鱼儿、花无缺、萧十一郎等人物个性鲜明，"银枪、白马、红叶、青莲"的明星大侠效应也是原著屡屡改编成影视作品的原因：楚留香、陆小凤、李寻欢，或风流倜傥，或冷静睿智，或苦恋悲情，千人千面，绝不雷同。据说，在古龙的武侠作品中，男主人公有着他的精神寄托，而女主人公留下的往往有着他女朋友们的影子。古龙属于多情的种子，他曾经与许多女人有过热烈真挚的情感纠葛，这种随心率性的生活经历，极大程度地丰富了他的创作素材，使古龙作品里的人物有血有肉，特别丰满。

与梁先生和金先生相比，古龙先生的文字风格自成一派。其"率性而为"的特点，在武侠小说中体现得淋漓尽致：从不需要去构思章回体的文言对仗，正文的一句话或一行字，就可以独立构成一段。小说也不必费心地设计"奇遇"和研习功夫的过程，主人公似乎一夜之间就天赋神功、突飞猛进，在感情戏中也不需过多铺垫，很快就能进入状态，且绝对都是性情中人，敢爱敢恨、不拘小节。也许会有人因为这样的写作手法而质疑古龙的文学功底，其实古龙从小就热爱思考、喜欢创作，19岁就曾在纯文学杂志《晨光》发表过《从北国到南国》，写过散文、诗和小品的古龙是有扎实文字功底的，对人物特征采用白描手法，寥寥几笔，就传神地勾勒出人物特点："他双眉浓而长，充满粗犷的男性魅力，但那双清澈的眼睛，却又是那么秀逸，他鼻子挺直，象征着坚强、决断的铁石心肠，他那薄薄的、嘴角上翘的嘴，看来也有些冷酷"。古龙对遣词造句并不是很讲究，但这种表述，已经把人物面貌特征勾勒出来，清晰如刑侦画像，且人物性格特点也跃然纸上。作品中人物对话也隐含着逻辑学、博弈论的痕迹。

楚留香缓缓道："他既要别人认为此事结束，那么，此事就必定没有结束，在我说来，这件事还未正式开始哩！"

苏蓉蓉突然道："这件事，他是不愿意别人插手，是吗？"

李红袖道："那么，他何不……，又怎能插得下手？"

楚留香微微一笑道："这些人全是江湖中的知名之士，……他们若是突然一起失踪了，……不去追查明白吗？"

苏蓉蓉皱了皱眉，道："所以……"

　　的确，欣赏古龙的武侠作品，要逐渐适应他的文字风格。其作品中许多对话极富哲理，需要通读几遍，方能切实体会。他也算是一个读懂了人生，却又在消遣人生的人。一旦进入古龙世界，就会看到一个幻影魔力的未知世界。就像沈浪直面萧十一郎，陆小凤与西门吹雪决战紫禁城之巅，胜负高下，只在"当事人"的一念之间……

　　这是2010世界杯决赛前，我致敬古龙先生的仿作：

酷夏。

绿叶狰狞，夕阳满天。

繁枝落叶旁，一个刀客，一个僧侣，仿佛已与这大地和夜色融为一体。

他们不平静。

不是因为天太热。

因为周围观者太多。

为了取胜，他们把狂躁压在了心底。

一种已深入骨髓的冷漠与疲倦。

冷漠得不想多说一句话。

却又偏偏带着种逼人的杀气。

疲倦，也许只因为他们都已战胜过很多对手，有些甚至是圈内一辈子都景仰无比的旷代高手。

他们要取胜，只因为他们从无选择的余地。

他们渴望着PK对手后得到一样东西。

一个长柄、顶端带雕塑的黄金圆球。上面刻着许多参读不透的文字——

江湖人称"大力神杯"。

捧得大力神杯，首先需要自信，其次是幸运，最后才是实力。

8年之前，"大力神杯"被一剑封喉的武林至尊巴西捧走；

4年之前，"大力神杯"归属"无招胜有招"，以"混凝大法"见长的意大利；

今夜……

百家争鸣者——温瑞安及其他

当自己熟悉了武侠小说的创作套路，计划正式告别文字江湖时，少侠温瑞安出现了。此时的梁羽生、金庸先生在香港的武侠小说界俨然少林、武当派掌门人，古龙在台湾武侠小说排名已独占鳌头，而马来西亚华裔温瑞安的横空出世，让看惯了梁、金、古"三侠"的读者们有了新的选择。相比起来，温瑞安更年轻，新派作品也颇具实力，于是乎，有人就把温瑞安加入其中，组成了当代武侠小说的"四大天王"。

本人对温瑞安先生的天然好感，源于温少侠的写作之路从5岁创作连环画故事便开始了。1963年，在武侠风靡东南亚的黄金岁月里，他推出了自绘插画版小说《龙虎风云录》，怎么有点高仿梁羽生先生的意味呢？没关系，别太苛求，因为当时创作者只有9岁。

　　带着神童称号的温瑞安开办诗社，义无反顾地推进文学风气改革，忙得不亦乐乎，据说是为了筹办《天狼星诗刊》，顺便就创作了《四大名捕会京师》，这也是大陆读者对温瑞安最有印象的武侠作品。传说颇具天才的温瑞安"每天创作一部电影，一周要读45份报纸杂志，同时开7个专栏，每天写字不少于6千，一小时至少写4千字"！

　　聪明绝顶的温瑞安人生却不如看上去稍显木讷的金庸、梁羽生那么顺利，据说激情四射的他曾被台湾当局以"涉嫌叛乱"治罪，含冤入狱，并经历了好一段颠沛流离的岁月，直至20世纪80年代《四大名捕》和《神相李布衣》被改编成电影，作品在大陆广为传播，温瑞安才开始在武侠江湖扬名立万。温瑞安的武侠创作生涯从1970年开始，到1989年结束，陆续推出了数十部作品，可惜只是先期拜读了《四大名捕》，其他作品陆续传到大陆时，自己已收官不再品读武侠了。后来听说温瑞安在完成系列小说《说英雄？谁是英雄》后封笔，像功成名就的大侠一样退出了江湖。

　　我不想将温瑞安与前三位名家对比，原因是温瑞安作品开始飘红时，"老三侠"已没有新作品发表，无法放在同一时期做对比。出人意料的是，温大侠归隐12年之后，又神秘且高调地重出江湖，并将他的武侠作品授权并投入到声、光、影兼备的网络影视世界中。此时正是香港影视娱乐业高度发达时期，改编为电影及手游的温瑞安作品，一经投放大获成功，以影视业反哺武侠小说，使得温瑞安再入江湖论剑成功。据说温瑞安先生已授权《四大名捕》全方位进军网络电影和游戏市场，作品被精心包装成31个故事，18部网络电影，单部投资体量都在千万元以上，借助优质的移动互联网传播渠道，加上信得过的武侠精品故事支撑，不想"爆红"都难。传统的武侠小说改头换面成为新IP，迎合了新生代的口味与需求，有老粉丝，又有新收益，温老板也成了货真价实的武林实业家。

温老板的传奇就写到这里，文章的最后要隆重致敬一大批新派武侠小说家，像台湾的司马翎、卧龙生、上官鼎、诸葛青云、伴霞楼主、慕容美、孙玉鑫、柳残阳、孤独红、孙晓；香港的啼风、黄鹰、倪匡、马云、风雨楼主。从人数看，台湾优于香港，而从影响力上讲，香港胜过台湾，因为名单里没有列入梁羽生和金庸。20世纪中后期，海峡两岸暨香港以武侠小说为媒介，百家争鸣、百花齐放，先后创作了多少武侠传奇，推出了多少武侠人物，又留下了多少经典的回忆呢？

"怅望卅秋一洒泪，萧条异代不同时"，心若在，梦就在，喜欢怀旧的"70后"男人，看武侠是为了心中那抹不去的情怀，寻找散发翰墨清香纸质佳作的初心。随着互联网时代的到来，武侠小说也成了网络快销品，武侠作品的江湖，已不再是过去那个江湖，因为江湖里，早已没有了大侠。

每个"70后"男人的内心深处都私藏着一个武侠，那是属于他自己的家国情怀。

"70后"的影视

大电影

体会"万人空巷"的感觉，始于20世纪80年代故乡露天放映"大电影"的时候。露天电影属于计划经济时代的红利，是机关、单位、学校在大街或操场空闲场地组织的公益活动。观影之日不啻过大年，热情高涨的观众们早已按捺不住激动心情，提前几小时就搬着凳子去抢占位置，天还未擦黑，原本空旷的场地已呈摩肩接踵的爆棚状。开演之前，在观众们热切眼神聚焦之下，放映员身手矫健地飞上台去，扯起四个角挂上银幕，边调整位置边大声回答大人小孩的各种提问，之后麻利地架好拷贝，神气地端坐放映机一侧，透过蓝幽幽的光线望去，放映员笔挺高大，神采飞扬，在许多孩子羡慕的眼神里，透露着这就是自己长大后的职业首选。

看电影就像参与一场极具仪式感的大party。长长的放映光束经常投射在不守规矩、频繁走动的观众身上，于是，屏幕画面就会被一个大大的黑影所遮盖，此刻后方必定会响起提示尽快落座的喊声，瞬间被惊吓的小娃娃哭将起来，大人竭力去哄也制止不住，开始发火呵斥，大妈们从人堆外围叫卖瓜子、麦芽糖的声音顺势混杂进来，人头攒动众音荟萃，场面滑稽热闹且温馨。碰上明星主演的大片（那年代评价明星的标准，就是登上《大众电影》封面），密密匝匝的观影人群让人喘不过气来，场地实在容纳不了，聪明的影迷就三三两两地移师到大屏幕之后。在银幕后面反方向看电影，这奇特的观赏效果，估计很多人没机会享受。露天大场地放映的影片，有的印象很深刻，有的直接忘记了名字，观众们似乎更在乎观影过程家长里短的亲热交流。印象里基本都是战争、民族、歌舞题材的老旧影片，后来补课才发现，许多旋律优美、脍炙人口的电影主题歌，竟然都藏在当年老片子里：歌曲《花儿为什么这样红》出自电影《冰山上的来客》；《敖包相会》和《草原之夜》出自《草原上的人们》；《我的祖国》出自《上甘岭》；《人说山西风光好》出自《我们村的年轻人》；《驼铃》出自《戴手铐的旅客》；被小岳岳改编成《五环之歌》的旋律来自《牡丹之歌》，出自电影《红牡丹》。

当年的欣赏偏好是战火硝烟的战争题材——穿灰色土布军装的八路军，穿黄呢子大衣的国民党军，戴钢盔持东洋刀的日本军队两两捉对厮杀。许多场景是高频出现的：炮火硝烟中机关枪突突不停，拖着炸药包匍匐着去炸坦克，站在山坡潇洒掐腰吹响冲锋号，从斜背大匣子甩出盒子枪吆喝着冲下山顶，那是童年感觉最棒的场景——就像现在孩子迷恋网络游戏，太过瘾了。对《上甘岭》印象深刻，极度缺水的志愿军战士围坐在粉尘弥漫的山洞深处，大家默默地传递着所剩无几的军用水壶，无论水壶传到哪里，谁都不舍得喝一滴水，解决不了口渴的状况，只能边相互谦让、边舔着干裂的嘴唇，身边时刻面临死亡威胁，却又散发着舍己为人的人性光芒，每次想起都感动不已。

除了战争片，印象颇深的还有"恐怖影片"（类似于现在的惊悚电影），当时林正英的"鬼片"和"僵尸"系列还没正式传入，能够观赏到的这类大陆电影题材有侦探系列，也有鬼怪电影。侦探片以《405谋杀案》（1980）、《神女峰的迷雾》（1980）、《第三个被谋杀者》（1983）、《血案疑踪》（1986）为代表，作品借鉴好莱坞表现技法，惊险的破案故事一般都设置一个恐怖开场，狂风暴雨交加，知情人被穿雨衣、蒙面具（也可能打着伞，目的就是不被认出）的杀手袭击，被害人恐惧夸张的表情被放大并定格！瞬间窗外电闪雷鸣，之后尖锐的警报响起，载着白衣红领章公安的偏斗摩托车疾驰而过，急促零碎的奔跑、咔嚓咔嚓拍照声响起的特写画面，然后镜头切换到案情分析现场，大家各抒己见、几番讨论未果，刑警队长点烟陷入沉思。在众人疑惑的眼神注视下，他说出了一番意味深长的话……影片通常以抓获作案人为大结局，破案结果必定超乎所有人想象，犯罪人总是隐藏特深、貌似好人，是最不容易被怀疑的对象，观众一直绷着的心直到剧终才放下——"噢，竟然如此！"

记得还看过一部国产鬼怪电影《画皮》（1980），就是被网上传说比贞子恐怖100倍、曾吓死过观众的那部作品。彼时的电影拍摄技术难称完美，影片特效一般，但与"摄影棚"出品的港台鬼片相比，这部电影的场景、道具、美工都很考究，作品效果更显真实。尽管围坐身边的都是熟悉面孔，但放映之时露天片场黑乎乎的天空，风一吹过杨树，叶子沙沙作响，加上大人们的提前渲染，心中本就暗自忐忑，待放映到恶鬼露出凶残面孔，要掏出书生心肝的瘆人情节，大人一声令下——"捂上眼睛"，孩子们集体大呼小叫地扑到家长怀里。这种片场露怯若让见多识广的新生代瞧见，肯定会哂笑不已。被"捂上眼睛"的情形还有一种，刚刚改革开放的20世纪80年代播出了《庐山恋》（1980）等所谓新潮电影，影片里刻画男女恋人情之所至的亲热镜头，充其量就是拥抱和亲吻，只要屏幕上一出现，普遍晚熟的孩子们可能还没注意到，但已被大人严严实实地捂上了眼睛。

20世纪80年代大陆影坛惊现武打片。开山之作是北京电影制片厂张华勋执导的《神秘的大佛》（1980），讲述国内有识之士与归国华侨共同保护金佛的故事。葛存壮（葛优的父亲）饰演了大反派沙舵爷，正青春的刘晓庆在影片中飞檐走壁、文武双全。印象颇深的场景是怪面人（据说怪面灵感源于川剧"变脸"）被意外揭开面纱的恐怖表情，还有决战时刻梦婕（刘晓庆饰）挥舞着长软鞭与大铁蛋对手厮杀混战场面，兵器碰撞、中刀惨叫、倒地求救，鲜血汩汩，惊险刺激的剧情让人透不过气来。正义最终战胜邪恶，童年心底也播种下了功夫正能量的种子。

习惯了在露天场地看电影的自己，盼来的福音是1982年《少林寺》的上映。"少林，少林，有多少英雄豪杰都来把你敬仰……"一部扣人心弦的武打电影，加速了美好少年"刚与强"性格的塑造，更为欣喜的是，从这部影片开始，观影地已从室外移师新落成的电影院，虽然没有如今的巨幕、设备集成、环绕立体声系统，但毕竟可以风雨无阻地在室内欣赏了。《少林寺》既有13武僧救唐王的历史元素（史海钩沉是男孩的最爱）；也有小和尚偷吃狗肉的闯祸桥段（容易引起懵懂期男孩的共鸣）；有轻描淡写的朦胧爱情故事（当年最流行情窦初开、欲说还休的爱的表达方式）；还有影片结尾浪漫爱情与骨感现实的难以抉择（清晰地记得觉远和尚双手合十，住持问到"汝今能持否"？回答"能持"时难以抉择和割舍的神态）。一部一毛钱一张票的《少林寺》，竟创造了1.6亿元影院票房，也影响了很多人一生历程——包括觉远和尚扮演者李连杰，他以主演《少林寺》系列电影为起点，成功撬开香港武打片市场，之后又拍摄了大侠《黄飞鸿》《方世玉》系列，自导自演了《中华英雄》，若干年后又主演了张氏武侠片《英雄》，从影经历始终贯穿武打元素、英雄情节和佛学思想，电影《少林寺》中"觉远"的性格演化，也许就印证了饰演者后来一系列的人生境遇。

《自古英雄出少年》（1983）给我留下印象也很深，是描述四川天地会少年与清廷大内高手斗智斗勇的故事。情节惊险且幽默，印象最深的是清廷高手司马力生吃活鱼的狰狞瞬间，还有冰天雪地少年们被地穴钻出的敌人突袭，雪花纷飞、刀光人影交错在一起的肉搏场面。被捕的孩子们刚被解救，紧张心情还未平复，又被"大丈夫"大拇指一伸，自负地喊道"她不是我娘，她是我媳妇"的滑稽场景给逗乐了……在娱乐资源极度匮乏的年月，武打片给我们的少年时光带来了无数欢笑和谈资，模仿着银幕闪过的三招两式，腿上绑着沙袋苦练，渴望能修成飞檐走壁的神功；总盼望野外荒地能发现点什么，最好是全本武林秘籍；偶尔碰到和尚道长打扮的必定多留意一下，暗自嘀咕"莫非是一位身怀绝技的武林高手？"。

之后功课渐多，去电影院机会渐少，只能期盼着学校的统一组织，也陆续和同学们共赏过一些"校推片"，涉及战争题材最多，像描写国内革命战争的《风雨下钟山》（1982）、《四渡赤水》（1983），很是崇拜影片中老戏骨古月、孙飞虎、王铁成的精湛演技。也看过中越局部战争题材的《高山下的花环》（1985），记得影片中梁三喜、靳开来与赵蒙生围绕上战场发生了激烈冲突，扮演性格孤傲的高干子弟赵蒙生的，便是后来以塑造领袖人物见长的唐国强，当年还是一副奶油小生模样。学校也组织看过现实题材的轻喜剧《咱们的牛百岁》（1982），菊花（王馥荔饰演）和懒汉田福（陈裕德饰演）的对手戏颇为"冷幽默"。中港合拍的清宫戏《垂帘听政》（1983），梁家辉因李翰祥提携出演男一号咸丰皇帝，青涩却本色的表演竟收获了金像奖"影帝"。《少年犯》（1985）只记得大概剧情，却对电影主题曲《心声》印象深刻。这首被迟志强演绎的快歌在街头巷尾热播，犯错的前知名演员再成一代忏悔歌星。《二子开店》（1987）有陈强、陈佩斯父子的默契表演，上映之时电影院场场爆满，也验证了20世纪80年代春晚"造星"并拉动电影票房的定律。武打片通常不在"校推片"之列，出于偏爱也零碎偷看了《武当》（1983）、《南拳王》（1984）、《南北少林》（1986）、《八卦连环掌》（1987），打斗场面越来越热闹，却再也找不到观赏《少林寺》时的激动，不知是审美标准提高了还是影片情节太过雷同，看来相互模仿、一哄而上的浮躁社会风气那时已经形成。从饥不择食地抢看电影，到根据影片类型、出演明星、个人喜好去有针对性选择欣赏，国产影片也在经历着市场蜕变。在此期间，陈凯歌在《黄土地》（1984）指导着王学圻唱起信天游，而张艺谋则跑到高密和莫言切磋咋种高粱，期待着姜文、巩俐搭档的《红高粱》（1988）能够接地气生长。20世纪80年代末是国产电影良莠不齐、纷繁芜杂的时段，有人在尘世浮华中随波逐流，自此一蹶不振。而埋头苦干坚持下来的那批拓荒者，后来也都陆续获得了成功，国产电影也拉开了知名导演和话题明星驱动票房成长的序幕。而同一时段，制作精美、情节紧凑的港台片大行其道。那时港台经济文化水平高，明星包装到位、媒体又善于制造话题，一大批有知名度、有故事的超级明星，带火了20世纪八九十年代影坛：小马哥戴墨镜、衔牙签扬眉吐气的形象出现在《英雄本色》，周润发全身心投入的表演"拿回了自己的东西"；热血警探陈家驹匡扶正义的《警察故事》，成龙真刀真枪玩命上阵；周星驰携手吴孟达《逃学威龙》中鬼马精灵，见证了张敏的最美时刻；宁采臣与聂小倩爱恨纠结《倩女幽魂》，王祖贤演技惊为天人；《福星高照》《最佳拍档》《赌神》《古惑仔》系列套餐作品持续刷新着票房纪录，涌现了洪金宝、许冠杰、刘德华、郑伊健、曾志伟、任达华、胡慧中一干叫座又叫好的明星，影片可谓部部经典。难忘1991年为了给大陆洪灾募捐，香港演艺圈汇集200多位明星共同出演《豪门夜宴》，令影迷们叹为观止。此时大陆尚处于影迷等候大众电影院排片阶段，短缺的资源难以满足日益增长的赏片需求，于是盗版影片的录像带、光盘从各种渠道蜂拥而入，录像厅遍布街头巷尾，加速了大众电影院的倒闭，怪诞离奇的港片彻底颠覆了大陆影迷的思维模式：大漠风沙掩盖着《新龙门客栈》（1992）的秘密，沙丁鱼罐头似的《重庆森林》（1994）爱情故事，一万年也等不来选择机会的《大话西游》（1995），或是夸张，或是玄妙，或是无厘头的表达手法，不一而足。让大陆观众从不屑、愕然、困惑再到逐渐适应，久而久之，也就习惯性接受了这些炫酷的表达技法。

高校校园是电影爱好者重拾记忆的温室。20世纪90年代校园影院必备片源充足且影龄足够老的外语片，闲暇时光邀约同学好友一起分享经典，既文艺又实用。"淘金"能觅到些许佳片：检验身份与爱情执重的印度歌舞片《流浪者》，选择理智坚守还是旧情萌动的《卡萨布兰卡》，考问生存陷阱与坚贞爱情的米高梅作品《魂断蓝桥》……不分国籍、无论情节还是艺术风格，统统拿来主义。共同的观影爱好也让男女同学暗生情愫，通常男生看电影喜欢探讨影片历史背景，关心片中人物、道具、语言的真实程度，而心不在焉的女同学早把自己幻化为剧中角色，沉浸在虚幻的爱情片场不能自拔。客观讲，我比较喜欢战争与轻喜剧融合作品，像法国二战片《虎口脱险》，既有土耳其浴场哼着歌接头的另类惊险，也有滑翔机最后一秒起飞的笨拙脱身，更有搬南瓜砸敌人摩托的冷幽默，很佩服法国人能用云淡风轻的方式来演绎血淋淋的战争。爱情题材的影片浸入寥寥、不敢妄评，印象中曾被格里高利·派克和奥黛丽·赫本主演的《罗马假日》感动过。记者为了一日恋情放弃到手的商业利益，公主则选择回归责任而留下黯然心伤，也算填补了二人偶尔放肆的代价。看着影片最后采访过程中记者与公主心照不宣的对视，第一次意识到人生面临关键选择时刻，竟然会如此艰难与无奈！男女主角因这部优秀的黑白影片结下终生友谊，在奥黛丽·赫本葬礼上，格里高利·派克哽咽轻语："能在那个美丽的罗马之夏，作为赫本的第一个荧幕情侣握着她的手翩翩起舞，是我无比的幸运。"再美的经典终究也要落幕，即使最完美的罗马街头爱情，现实与浪漫也很难兼得，即使是用电影艺术来演绎人世间的优雅童话。

20世纪末中国电影市场不甚景气时，我在《大众电影》写过看好中国电影未来的影评，也呼吁实行分级制，推进中影与国际接轨。电影是直面人生和人性的现实考问，每个观影者都能从中找到属于自己的"肖申克救赎"。电影欣赏属于一项高雅的文化社交活动，新成长的消费者（并不一定是爱好者），他们并不会太计较电影品质，属于社交驱动型的随机选择——比如大学同学和热恋中的男女；也存在刚性市场需求，比如年轻时迷恋电影，却没有很好的影院设施的资深拥趸，当他们成长为社会中坚，无论票价高与低、只要感觉对路，他们会带动全家去影院找回当年的感觉、扩容影迷基数。千禧年之后，伴随中国经济快速发展，电影在屡受网络新生态冲击的情况下涅槃重生，迎来了其蓬勃发展期。

上文所述两类观众，我大概属于后者，对电影有情结、有热爱，喜欢与影视圈从业的朋友们交流，加上夫人也喜欢电影艺术，观影就成了不可或缺的生活方式，闲暇时选择欣赏一些知名导演和演员的作品，有些新片还是熬夜看的首映。"贺岁片"是从香港传到的大陆，冯小刚执导的《甲方乙方》（1998）瞎搞式地戏谑了社会不良习气和作风，周星驰的《喜剧之王》（1999）则用搞笑的手法表现大时代小人物打拼的艰难心酸。两部略显浮夸的影片决定了其艺术性难以完美，但却满满地收割了巨额影迷流量，赢得了商业贺岁片的高票房，并驱动着电影制造市场的持续繁荣。待到日后冯导推出《一声叹息》（2000）、《芳华》（2016），周导的《功夫》（2004）、《功夫3D》（2015）上映，两位导演也完成了对自己人生的反思和对岁月韶华的致敬。张艺谋的农村写实题材在国际影坛频频获奖，用心锻造的精品含金量颇高，即使转型的商业片《英雄》（2002）、《满城尽带黄金甲》（2006），大牌领衔、气势恢宏，艺术水准和票房也有保障，但明星荟萃的《三枪拍案惊奇》（2009）却"笑没笑好、苦没哭成"，观众一边倒吐槽，直接把张导推下神坛。个人感觉就像在影院逛了个花里胡哨的克隆公园，自此，选择赏鉴老谋子的新作就变成一件很慎重的事情。陈凯歌导演善于用最适合的演员搭配来锻造经典影片，即使已被大众熟知的《赵氏孤儿》（2010）故事，硬是靠葛优、王学圻沉淀的扎实演技获得了加分。而被誉为史诗片的《无极》（2005），却被"一块馒头引发了血案"，广受差评的原因除了3D制作的硬伤，还有被恶意的妖魔化传播。《无极》不是输给了挑剔观众，而是输给了网络时代。

时光穿梭机转得好快，自己的儿子慢慢长大，也爱屋及乌地分享了他的最爱"漫威系列"：《X战警》《钢铁侠》《复仇者联盟》《美国队长》《蜘蛛侠》……，熟悉了诸如金刚狼、绿巨人、鹰眼、神盾局局长等一系列美式英雄人物、剧情故事逻辑也就慢慢搞清楚了。陪孩子享受闲暇也对美国大片有了进一步了解。小罗伯特·唐尼、克里斯·埃文斯、马克·鲁法诺、杰瑞米·雷纳、塞缪尔·杰克逊，都有鲜明个性的塑造：拿严肃的上级开涮、随意幽默搞笑、同伴尽情调侃，所有这些生活上的不拘小节，都是为了衬托英雄人物关键时刻的挺身而出、忠于职责、热爱家庭、信奉信仰，进而灌输美国"拯救地球"的"终极"使命，这也是美国大片的"例行套路"。

一家子经常去看电影，在没有分级制的影院里看得最多的是动画片，《海底总动员》（2003）、《机器人总动员》（2008）、《疯狂原始人》（2013）、《疯狂动物城》（2016）、《功夫熊猫》（2016），电影动画片的特点是由于影片里没有真人明星，就会更注重剧情创作，故事情节普遍曲折、生动、逼真、幽默，观众代入感强。动物的世界也很现实、挺复杂，主人公往往要克服种种困难，才能脱颖而出，风雨之后结局必定大团圆。影片对家庭和亲情的刻画往往最打动人，观众心甘情愿地被动画虚拟人物感动得一塌糊涂。科幻片则推荐一部《星际穿越》（2014），讲述了针对虫洞的意外发现，本已回归家庭的宇航员库珀在未知星际航行，去寻找延续人类生命的机会，最后库珀必须在与自己儿女相逢和拯救人类未来之间作出艰难选择。影片更多反映了家庭、亲情和人生感悟，探究着超越时空、人类之"爱"的五维空间，比《阿凡达》之类的卖座神片要深刻得多。看完这部影片几个月后恰逢自己过生日，儿子送我一个原创的《星际穿越》海报，让我对这部电影记忆尤为深刻。

"无可奈何花落去，似曾相识燕归来。"21世纪的大陆电影厚积薄发，老影迷们选择回归环境设施上乘的国际影城，现场体验和享受新电影艺术，却发现已难觅旧友香港电影。"三十年河东"之时港片数量超过所有欧洲国家，被誉为电影史上最成功的故事。30年之后，实战练就本领的港片资深导演还在坚守一线，但草根文化的创作基础已荡然无存；出身香港无线训练班的老戏骨们苦苦支撑场面，尚能摸爬滚打、吃苦受累的艺人则越来越少；传统香港风的原创作品动辄大投入、大制作，总叫好不叫座，虽偶有闪光，却难续辉煌。人才凋敝造成电影创作力、创新力下降，昔日耀眼荣誉竟成故步自封的瓶颈，丧失进取精神导致剧本乏善可陈，面对市场持续低迷心有不甘、急于翻牌，却难出爆款，造成进退维谷。反观"三十年河西"的大陆影坛，靠电影人才储备、资金投入和资源整合能力，刷新着商业片票房的新纪录；杜琪峰、徐克、陈可辛、徐鞍华等大批香港导演"北上"，带动了国产影片质量持续提升；大工业技术支撑的电影拍摄技术精进，快速迭代着电影新品类。大陆影片终于克服了思维无意识摇摆的顽疾，从曾经的集体迷失中大步走了出来。

电影是被镜头切换而加快的人生，银屏呈现的所有时光影像，与我们生命历程如影随形。在这漫长的"人生电影"中，无论是挫折与失败的黑白影调，还是成功与辉煌的绚烂色彩，都是成长的记忆胶片，需要用持续的奋斗去记载。不要让所有美好都变成影片档案，再去感慨曾经虚度的光阴，想好了，放手去做，千万别空留遗憾。奋斗无关乎年龄，而在于心态，因为未来时代无限可能，就像剧终的电影还能再续新章。记得曾与香港"北上再创业"的影视达人们交流，一位依旧活跃于大陆娱乐一线的大佬畅谈感受："我本就出身孤寒，做艺人也非我所愿，但生存就是命运，所以我从不问前路，就是一心一意做嘢。每次杀青我便不再回头，只是在想，下次我又是谁？"这位昔日的港片天皇如今已很少被粉丝追捧，当年拍摄的华彩影像大多已成尘封记忆，但他仍然很享受转型新领域的新收获。顺境也好、逆境也好，尝尽酸甜苦辣，还记得过往，相信世间美好，这种从不失落的奋斗状态，大大延展了他的职业生涯期。

电影艺术因传承而永续：葛存壮、葛优，陈强、陈佩斯，谢贤、谢霆锋，这些父子档们就是中国电影发展最好的见证。谢晋、凌子风、谢铁骊、黄建中、吴天明、陈凯歌、张艺谋等一代代优秀导演，用他们的创造书写着中国电影曾经的辉煌。而当年看露天电影长大的"70后"，正在用奋斗致敬着这些中国电影的拓荒者。徐峥从《人在囧途》（2010）开始了囧系列电影故事的探索；路川执导拍摄了《寻枪》（2002）、《可可西里》（2004）、《南京！南京！》（2009）这类源于历史和生活的写实作品；陈思成自编自导了《北京爱情故事》（2014）、《唐人街探案》（2015~2019）系列轻喜剧电影；吴京则在《战狼》（2015）、《战狼Ⅱ》（2017）、《流浪地球》（2019）演绎着铁汉柔情；孙红雷、黄渤、苏有朋、吴奇隆、林志颖……这一大批由当年影迷成为当红影星的"70后"们，也在用他们所扮演的角色，致敬曾经的观影岁月。经历了世间纷扰、成功失落，他们依旧相信电影人生的"真、善、美"。也曾有过青涩岁月的"70后"们也在用自觉的行动，兑现着年少时面对远山落日许下的一个又一个心愿。

小电视

20世纪80年代初，电视刚刚走入中国寻常百姓家时，那是相当"小"——仅有9英寸、12英寸，一家子围坐一起共赏。"小电视"要配备一个高高大大的天线，天线要定期地旋转位置，到处寻找信号；电视机还要经常调换频道，否则就雪花一片，只闻其声，不见其人。尽管如此，由于当时文化资源极度稀缺，电视机的可视性、瞬时性又远超收音机、录音机，"小电视"受欢迎程度空前，"挤堆看电视"成为那个年代的全民风尚。

"昏睡百年，国人渐已醒"，当国人操着蹩脚的粤语，学唱着同一首电视剧主题歌，电视媒体传播的黄金时代到来了。这首歌叫《万里长城永不倒》，万人空巷争看的电视连续剧是香港丽的电视出品20集的《大侠霍元甲》（1981），引进大陆上映更名《霍元甲》（1983），主题曲改由徐小明演唱，徐小明集编剧、导演、监制和主唱于一身，用这部佳作创造了当年中国电视剧发行量的最高纪录。《霍元甲》刻画了积贫积弱的旧中国内斗不断，又饱受外来欺凌，出身保守武术世家的霍元甲师徒以民族大义为己任，摒弃门户之见，博采众家之长，创建精武会，带动国人强健体魄，反鸦片、斗洋人、打擂台，直至献出热血生命的感人故事。影片最大的贡献，并非是搭乘电视入户红利赢得超高收视率，而在于共同观赏的海内外华人，重拾了久违的民族自信心和爱国豪情。

电视剧中大侠霍元甲由黄元申扮演，其徒弟陈真则由梁小龙扮演。黄元申饰演的霍大侠彻底颠覆了以往武侠片"只打斗、无灵魂"的角色短板，人物性格刻画颇为传神：心中有理想，情感有所属，却要竭力维护父辈尊严、婚姻完整、徒弟安全，故而在抉择时刻很是纠结和无奈，甚至稍显懦弱，实际这种状态就是屡遭凌辱的旧中国常态，国之不国，哪还有尊严可言？在那个时代大背景下，霍元甲明知不可为，也不想为，却要竭力作为的复杂内心，被黄元申演绎得非常到位。饰演霍元甲之前，他已成功塑造了西门吹雪、江小鱼、黄飞鸿这些经典武侠人物，出演霍元甲自然水到渠成。功夫明星梁小龙饰演陈真，在片中他喜欢炫耀武艺，总是与霍师傅过不去，刚直的性格表现颇有些本色演出的味道。《霍元甲》拍完后大家都感觉不过瘾，又以梁小龙为主角拍摄了《陈真》，将他的打斗进行到底。客观地讲，梁小龙的武戏胜过文戏，特别是刻画男女之间的细腻情感，明显不如黄元申，但他的执着和勇气无人能敌，片中屡屡上演连环腿飞踢"东亚病夫"牌匾的镜头，实在令人难忘。当然，影片中霍恩第的扮演者董骠，龙绍基的扮演者司马华龙都是驰骋影坛的老戏骨，一批伟大的演员创造了伟大的电视剧，使其不仅有难以企及的收视和传播效果，也让"70后"男孩领悟了"精武精神"——连续剧还没播放完，许多孩子已手缠护腕、脚裹沙袋，效仿镜头切磋较量，找寻"男儿当自强"的感觉了。《霍元甲》《陈真》之后，又上映了《霍东阁》，主要描述霍元甲遗腹子霍东阁重振精武会的故事，凑成完整的霍氏三部曲。也许是连续收看审美疲劳的缘故，该部电视剧的故事细节就相对模糊一些了。

香港电视剧的引进助力了大陆电视事业发展，之后春节联欢晚会横空出世，奥运会现场直播再度圈粉，电视媒体进入持续发展期。火热的荧幕上又冒出了《射雕英雄传》《一剪梅》《上海滩》《西游记》《便衣警察》等内容和风格各异的热播连续剧，此时的自己忙于课业，最多看看《新闻联播》，完整欣赏娱乐类节目则成了奢望。热播剧也只是了解大意、浅尝辄止。记得有部新加坡连续剧叫《人在旅途》，片中经常会出现戴着英式装备的法官，站着来上一段"当事人要对呈堂证供负责"的长白，此刻定会有隐约传入耳畔的歌声，"从来不怨，命运之错，不怕旅途多坎坷，向着那梦中的地方去，错了我也不悔过"。的确，电视剧的播放是循环连续的，人也在怀揣梦想、历经坎坷中慢慢长大。

因为没有大段的空余时间，加上岁月累积习惯养成，看电视基本选择时事新闻类、历史文化类、体育休闲类专栏内容，耗时较多的电视连续剧很难完整欣赏。也许是先入为主的原因，《霍元甲》系列固化了我的欣赏习惯，喜欢《水浒传》（1983）、《康熙王朝》（2001）这种偏硬朗的叙事题材，偏好儿女私情深藏心底不轻易表白的风格。所以热播一时的琼氏作品、韩剧、肥皂剧基本上没大看过，总感觉拖沓冗长、空耗感情、浪费时间。繁忙的工作之余，我宁愿看看《编辑部的故事》（1992）、《武林外传》（2006）这类相对夸张的搞笑与讽刺，令人心情迅速愉悦……

推荐一部国产电视连续剧《刑警本色》（1999）。剧情非常简单，就是黑白道之间的博弈，但剧中的人物刻画并不机械刻板，性格塑造入木三分，对人物性格拿捏到位。王志文一改其文艺形象，饰演把生命与事业捆绑在一起的刑警队长萧文。盘点一下当年《刑警本色》的演职人员，可谓大牌云集：江州市公安局冯局长是后来出演过《誓言无声》《绝对权力》的高明；亦正亦邪的潘荣副局长，是出演《权利游戏》等上百部作品的老戏骨王奎荣；黑社会老大周诗万，那是《亮剑》的李云龙扮演者李幼斌；两个配角，一个是周诗万的杀手罗阳，扮演者是以后出演《我的团长我的团》的段奕宏，另一个是萧文妻弟梅英扮演者李晨，就是后来出演过《集结号》的跑男大黑牛。随着时间流逝，逐渐成熟的人物将会从边缘角色走进故事核心，这是电视连续剧给我们的启迪，也是人生发展递进的必然规律。

　　成年之后与电视媒体人打交道很多，算是补齐了当年没能尽享电视剧文化恩泽的遗憾。与相对浓缩的电影略有不同，电视剧是连续上演的，为了吸引观众眼球，每个人物的性格和命运，也始终充满不确定性，一集有一集的故事，绝不会平铺直叙。就像电视本身，曾经独占媒体半壁江山，风光无限，但如今受网络新媒体的冲击，电视媒体人的日子过得不太尽如人意，未来在哪里，虽不得而知，但电视媒体曾给国人带来的幸福和愉悦，会留下深深的记忆，永远不会抹去。一样连续的还有电视剧的人物后传：饰演《霍元甲》的黄元申塑造荧屏经典人物无数，正当事业如日中天之时，他却突然宣布遁入空门。有说是他参透了世事，一心皈依佛教研究佛法；也有说他为情所迫，与片中赵倩男一样的知己产生了感情，故受到媒体的激烈抨击。事实上，黄元申应属处事非常有原则的性格，就像当年宁愿辞演霍元甲也不愿剃掉自己喜爱的长发。我更相信他是受了霍大侠做事风格的影响，选择出家是舍弃自己，保护其他人不受伤害。又过了一段时间，听说黄元申修行十数年后，已还俗尘回到家人身边，这段传奇故事算是画上了句号。而性格耿直的梁小龙，曾因快言快语得罪台湾当局被封杀，错过了其演艺生涯的黄金期，而解禁重新出山的他又以"火云邪神"形象辗转腾挪、大秀武功。如今，年过七旬的梁小龙依旧活跃在影视一线，续写他"真功夫"的影视传奇。

文尾也蹭蹭流量，说说我的"群演"一刻吧。

那年夏天，在高考结束等待分数的寂寞日子里，一个人骑着单车在海边闲逛，人群中，一个大胡子的长者叫住了我："喜欢拍电视吗，小伙子？"一口标准的京普。百无聊赖的我马上应允。那时自己对此其实并不"感冒"，只不过想有一个在同学中炫耀的话题罢了。

简单的讲解，使我明白了我的任务。影片是反映某边防工作站的故事，拍摄的这段是边防站站长执行工作中被误解，群众集体找站长讨说法的场景。不明是非的带头家属小弟，类似于周星驰"金兵乙"的这种一闪而过的"群演"，便是我要饰演的角色（也许是因为当时的我瘦瘦高高，疑似营养不良）。

我还是很珍惜这个上镜机会，也体现了一名群众演员的职业精神：一共两句半台词，翻来覆去又练又拍，用了好长一段时间。站在我前面做劝解工作的就是酷酷的站长，穿着制服，身体笔直，他的台词很多，不停地向刁难者们解释，不断做着手势。我只需要露出不屑的表情，把几句简单的台词说完就ok了（用现在的时髦话，那也算"对手戏"呀）。

终于结束了，大胡子和站长大哥都走过来，还和我握手，连声谢谢！哎，谢什么，我也没白忙活，拍片比较累，还吃了剧组的盒饭，真是不好意思……

日子很快过去，自然也忘了曾经做过群众演员的事情。不过后来有的同学真看到了我拙劣的表演。当然，他们不是关注我，而是关注和我演"对手戏"的"站长"，20世纪90年代初，那位是他们的影视偶像。

　　我跑龙套的那部电视剧似乎叫《大海不会沉默》，饰演站长的那位演员当年曾"红遍了神州大地"，属于硬朗型影星，他叫张丰毅。

"70后"的三国

缘分三国

《三国演义》是小学三年级时捣鼓父亲书橱的重大发现。幼年的我，守着一大箱子图画小人书和翻得掉页的《少年文艺》，感觉极不解渴，于是就瞄准了这古色古香、纸质有些泛黄的大部头——封面是龙飞凤舞的"三國演義"四个字，"国"和"义"的繁体就从那一刻认识的。看着被翻得有些凌乱的现场，爱好文学的父亲非但没有责怪，还饶有兴致地给我讲了几则三国逸事，自己的求知欲愈发盎然了。其实，整天和小伙伴聊古代英雄，《三国演义》的故事情节也大致了解，但真要捧起内页微黄的"古书"细读，很多章节依旧看不懂，尤其是密密匝匝的繁体字占据大半段落，只能揣摩其大概意思，联系上下文慢慢去理解。读《三国演义》起初感觉是"含混晦涩"，之后稍有些"混沌初开"，然后就长时间"停滞不前"了，总算在父亲帮助下把"古书"磕磕绊绊地通读一遍，将前后情节串联起来，这才找到了"渐入佳境"的感觉，瞬间体验到世界变得好大！作为中国文学史上第一部章回体历史演义小说，罗贯中先生没有借助任何声音、画面和动感特效，仅凭半文半白的文字渲染，就能把恢弘的历史场景叙述出来，也实属不易了。

少时对旧版《三国演义》的"人物表"印象深刻，按照姓氏笔画排序，竟然还查到了与自己"同名同姓"的三国人物！想继续了解此人哪章哪节出现过，没能如愿，看来名头不够响亮，被罗贯中先生一掠而过了。之后慢慢品读三国，发现《三国演义》人物的"姓"与"名"很值得研究。三国时逢乱世，有枭雄、有豪杰、有流寇、有平民，身份各异，姓名便也生出很多"讲究"：作品里的大人物往往是姓、名、字俱全，体现其正统性。像蜀汉皇帝刘备，姓刘，名备，字玄德；汉寿亭侯关羽，姓关，名羽，字云长；东吴大帝孙权，姓孙，名权，字仲谋。作者比较喜欢的人物往往附赠"号"，像燕人张翼德、卧龙诸葛亮、凤雏庞统，以雅号衬托角色性格特征；而不太受作者待见的人物，"小名"（乳名）都会被时不时地搬弄出来，像一代枭雄曹操，被曝小名"阿瞒"，昏庸刘禅叫无用"阿斗"。《三国演义》涉及各色人等400多位，不可能面面俱到，也就出现了"有名无姓、有姓无名"的情况。"有名无姓"的如王允义女貂蝉，董承小妾云英，镇国寺住持大师普净；"有姓无名"的更多，像曹操之妻丁夫人和卞夫人、孙坚之妻吴国太、刘备之妻糜夫人（其他两位夫人有名字，分别是甘梅和孙尚香）、张飞之女（后主妻）、乔国老、袁术之子、郭常之子等。"有姓无名"的大多为女子，这和中国古代女子地位不高有关；"无姓无名"的也有，像张飞鞭打的督邮，挨了顿暴揍也没能留下姓名。徐庶为了尽孝，母亲进了曹营，其母亲姓甚名谁，作者同样没有交代。小霸王孙策打猎时被前吴郡太守的三位门客偷袭所杀，作者认为这些胜之不武的小人物，自然无须留下姓名。

之后没过多长时间，便读到了简化字版的《三国演义》，不久语文课开始学习文言文，再读《三国演义》便流畅多了。陆陆续续看过缩写版、精装版、商业解读版的《三国演义》，以及《三国前传》《反三国演义》等各类三国文学衍生作品，欣赏过好多《三国演义》改编的影视作品，也见证了以三国场景、人物为主题的动漫、网游、卡牌等新业态的成长,《三国演义》俨然成了取之不尽、用之不竭的跨时代"资源储备库"。曾使用"对白"等艺术处理方式全新演绎《三国演义》的日本作家吉川英治盛赞,"结构之宏伟与人物活动地域舞台之广大,世界古典小说均无与伦比"。对该书的评价相当中肯。名著之所以称之为名著,一定是基于文学而高于文学的,《三国演义》内容涉及政治、军事、外交、国防、经济、文化、民生等各个方面,堪称一部跨时代的大百科全书。时至今日,国内外政坛、军队、商界,以及许多组织机构都把《三国演义》奉为政治攻略、军事谋略、商战秘籍和励志样板,从中学习组织学、领导力、战略论、成功法则等各类管理技能。台湾柏杨先生以《品三国》全面解读了三国的政治运作和权力游戏,他更多地想通过白话重写历史,引导世人培养多多浏览古籍的习惯,切莫浮躁。现代人普遍喜欢用三国"草根们"称王拜将的故事来激励创业,用刚愎自用、目中无人的失败战例来警示权力切勿滥用,用青梅煮酒、舌战群儒的三国故事来证明有效沟通的重要……《三国演义》还真是老少通吃。

谁是正统?

罗贯中先生的《三国演义》坚持"褒刘贬曹"的立场。作品从白手起家的"桃园三结义"说起,叙述了刘备一路颠沛流离,先后寄居曹操、吕布、袁绍、刘表帐下,直至凭借"三顾茅庐""赤壁之战""争夺汉中"完美逆袭、建立蜀国、三分天下的"创业史"。《三国演义》赋予刘备根红苗正的刘氏皇家血统,故需"上报国家、下安黎庶",能带10万军民共迁江陵，说明其"仁道"；三顾茅庐访孔明，说明其"惜才"；为兄弟报仇讨伐东吴，说明其"义气"。当然，白门楼上吕布向其乞救，刘备却提示曹操杀之除患；本受同族刘璋邀约客赴益州，反而顺势强夺地盘；为了笼络手下兄弟，大言"妻子如衣服，衣服破，尚可缝；手足断，安可续?"……这些算不上很"阳光"的厚黑行径，都会被作者巧妙地找到托辞。

于是乎，当《三国演义》的关键人物被贴上"身份属性"的标签，即使曹操有刺杀奸雄董卓之义举、解救汉室皇族后裔之大功，其"挟天子以令诸侯"的罪状亦难洗清。即使曹操"心太软"，放过已有反叛野心的属下刘备，作家也会归功是刘皇叔机智应变、善于斗争。而逃跑途中误杀吕伯奢一家，让曹孟德永远背上了"宁可我负天下人，不让天下人负我"的"奸雄"名声。至于宛城曹操接纳张济遗孀邹夫人，被张绣偷袭得手，痛失长子曹昂和猛将典韦的窝囊战斗，更被作品无限放大、尽情渲染。

"褒曹"的代表人物首推"新文化斗士"鲁迅和《百家讲坛》名人易中天。他俩品读《三国演义》，以文人视角讲解三国，以历史事实为依据，多次为魏武帝"翻案正名"。

按照"胜者为王"的角度分析，曹魏能够扫荡各路地方割据势力，统一北方，辅佐汉室，让因战乱而失所的流民百姓休养生息，顺应了当时的政治经济和社会需求。尽管世人评说曹操如何"犯上争权"，但当年把穷困落魄的汉帝从残败的洛阳城迎到许都厚待，其维系汉室的初衷是无法抹杀的。曹操在世期间终未取汉室而代之，也是不争的历史事实。《三国演义》大篇幅描述"六出祁山，九伐中原"的魏蜀系列战争，挑起事端的并非相对强盛的魏国，却是经济基础和人才储备都不足的蜀国。客观地讲，曹操"奸雄"的品牌标签难摘，但其敢于承担责任，身先士卒，不怕困难挑战的处事作风也很值得学习：他发布"求贤令"网罗人才，发布"求言令"积极纳谏，不拘一格地选拔任用有识之士；他体恤平民、改革钱法，创新"租调制"代替"租赋制"，打击豪强、实行"屯田制"，改变中原长期战乱饿殍遍野、千里无人烟的状况；他伐张绣，斩吕布，败袁绍，灭袁术，打起仗来丝毫不含糊；他善乐律，好书法，延揽建安七子，铜雀台上诗词应和，洋洋洒洒写下《龟虽寿》，作为一个极富情怀的武将文人，曹孟德在文学艺术上的造诣也是可圈可点。

那究竟谁是"正统"？乱世鼎立的三国，激烈博弈的对局，孙刘联军赤壁大败曹操，东吴偷袭荆州关羽得手，魏将张辽痛击吴军于逍遥津，魏蜀吴之战各有胜负，"三国杀"就是"连环套"。

三国鼎足而立，皆为"正统"；而谁都没能一统天下，也就无所谓"正统"。即使是被罗贯中先生界定为"偏安一隅"、时常被忽略的东吴孙氏家族，也有其独到"可葆"之处：缔造吴国的孙坚（父）、孙策（兄）、孙权（弟）或以武力持优，或以稳重为长，一家人既没有魏武的鸿鹄志和影响力，也没有"刘、关、张+诸葛"黄金组合的超高人气，吴国领导们的个人素质算不上一等一优秀，自然资源贫乏，军力储备同样不足。

按照三国时期的武功排名，吴国武功最好的孙策、太史慈离世过早，未能参与三国争霸大战。后来的程普、甘宁、周泰竭尽全力也难入一流，更多地出现在应急护驾行列。难怪品评三国的排序总是以"魏、蜀、吴"约定俗成。由于文臣武将皆综合素质欠缺，难成大器，故只能偏安一隅，以长江为天堑再图发展了。但吴国后来的结局却出乎了很多人的预料……

首先是赤壁之战。赤壁之战乃形成三足鼎立局面的关键战役。在《三国演义》的描述中，启动赤壁之战者乃神机妙算的诸葛亮，是他亲赴江东、舌战群儒才促成了孙刘联合。仔细琢磨并非如此，刘皇叔一行一路狂奔，从陶谦到公孙策到曹操到袁绍到刘表，到谁那里避难，谁就跟着"倒霉"，吴国能够大胆与这些习惯性"残兵败将"合作，是需要很大勇气的。至于"舌战群儒"，那只是一场文官儒士辩论会而已，毕竟一把手刘备还没有出场，诸葛亮这位决策层面"准二把手"，只是充分利用了其擅长的谈判技巧，辩论会上秀口才而已。至于会议决议的敲定者，那是年轻且并没有多少从政经验的孙权，以东吴的存亡为代价，拼死一搏，那需要很多的勇气。如果说此时如日中天的曹孟德对孙仲谋还不甚了解，待到几年之后曹操与孙权持续月余的濡须之战，真正体会到了东吴的水军实力和孙权英武之风，曹孟德也发自肺腑地称赞——"生子当如孙仲谋"！

《三国演义》中的周瑜是"心胸狭窄"的代名词，真实情况并非如此。史书记载周瑜雅量高致、气度不凡。陈寿说他"性度恢廓，大率为得人"。由吴国主导的赤壁之战中，"蒋干盗书、连环计、苦肉计"等所有决策实施，无一不是周郎幕后操盘的大作。苏轼《赤壁怀古》里描述"雄姿英发，羽扇纶巾，谈笑间，樯橹灰飞烟灭"，刚读这首词，以为描述的是诸葛亮，因为孔明先生端坐四轮车、手持羽毛扇的形象早在心中划痕。其实，词中描述的是摇扇沉思的周瑜，他文武全才，尤其精通音律，故江东有"曲有误、周郎故"一说。帅哥周瑜与美女小乔男才女貌，难怪后人杜牧也会有"东风不与周郎便，铜雀春深锁二乔"之感慨了。在这里，还真是要为周瑜先生正名，为这位潇洒自如、既得天下又拥美人的大英雄叫好。至于诸葛先生的"草船借箭、借东风"的确很神，他运用天文、地理知识，加上对曹操心理的研究，在几个示范战例中起到了调动情绪、提振士气的关键作用，但在大决战时期并未作为最高统帅来指挥整个战局，充其量发挥了合格"参谋长"的作用。

其次是荆州之战和夷陵之战，也是吴国以弱胜强的两个经典战役。要知道，关羽"水淹七军、擒于禁、斩庞德"，面对曹孟德的精锐部队无所畏惧，关老爷已成一代战神；而刘备倾蜀国几十万精锐，为关张二弟复仇血洗江东，人才凋零的小小吴国胆敢与之较量，不仅需要勇气，而且需要智慧。战争的结局让人难以置信，吕蒙、陆逊等二流战将们用谋略战胜了刚愎自用的关羽、刘备。两战失利之后，蜀国失去右翼，无法两翼齐飞直接威胁中原和江南，三足鼎立的局面难再改变。

其三要谈到的是吴国对中国历史文化所做巨大贡献，那就是对台湾（那时称夷洲）的经营和管理。吴国立国江南，放眼海外，曾派卫温率甲士万人，渡海到达并占领夷洲。这是大陆朝廷开拓海上边疆的一个重大历史事件，吴国丹阳太守沈莹编写的《临海水土志》，也对夷洲的风土人情做过详尽的记载。当魏国和蜀国为了领土征战得不可开交之时，吴国却在悄悄休养生息，避免了生灵涂炭、百姓流离。实力最不占优的吴国反倒是"三国"里最后消失的国家，其深层次的原因，史学家真应该好好研究一下了。

谁武功高？

"谁武功高"？这是读纸质书长大的"70后"非常关心的话题。《三国演义》原著人物武功排行非常有讲究，次序不能随意更改；而《三国》游戏人物，可以通过配置武器装备来加持，如此操作武功水准就不好衡量了。经典版的《三国演义》武功前六名分别是，"一吕（吕布）、二赵（赵云）、三典韦、四关（关羽）、五马（马超）、六张飞"。此种排名方式也沿袭了"褒刘贬曹"的一贯风格，前六名曹魏只有一人，且早早壮烈成仁（典韦）。后人狗尾续貂将武功排行扩充到了前24名。七名之后为，"黄（黄忠）、许（许诸）、孙（孙策）、太（太史慈）、两夏侯（夏侯惇和夏侯渊）、二张（张辽和张郃）、徐（徐晃）、庞（庞德）、甘（甘宁）、周（周泰）、魏（魏延）。神枪张绣与文（文丑）颜（颜良），虽勇无奈命太悲，三国二十四名将，最末邓艾与姜维"。24位名将中，"个体户"吕布独成体系，颜良、文丑属袁绍集团，其余21名将中，魏国独占10席（张绣怨怼曹操，最后也降了魏），验证了其国力强盛，军事人才分布均匀的状况；24强前7强中，蜀国占据5个名额（均为五虎上将），说明其建国初期军事拔尖、人才突出，而当蜀国"五虎上将"老去之时，只靠排名最末的姜维为主帅，加上一个激进主义兼牢骚满腹的魏延做大将，北伐平定中原便成为小概率事件。吴国在24强席位中只占4席，缺乏冒尖人才，只能依靠团队稳固政权，依靠天堑做好防御。凭借智谋合纵连横，以守为攻，便成为其不二选择。

《三国演义》武功最高者乃吕布，吕奉先是也！人中吕布，马中赤兔，吕布如战神般存在：虎牢关前"三英战吕布"，刘、关、张兄弟联手与吕布群殴，三人未占到任何优势；濮阳城外，魏国典韦、许诸、夏侯惇、夏侯渊、乐进、李典4位24强选手加2名悍将"并肩子上"，吕布尚能从容而退，武功实力着实恐怖。能够战胜吕布的只有他自己，而刚愎自用、言而无信、反复无常的性格，让他的绝世武功大打折扣：原为丁原部署，被董卓招降后，杀丁原投降董卓，认董卓为义父，因貂蝉美色而联盟王允再杀董卓，被董卓旧部击败，投降袁术不被接纳，而后依附袁绍攻击张燕，被猜疑后，又与张杨、刘备、袁术一干人等反反复复，打打降降。很有意思的是，最终打败吕布的，是被吕布屡次痛击溃不成军的曹操；而关键时候一句话把他送到断头台的，却是他认为的"仁义朋友"——刘备。吕布是战神却未能封神，就是因为他屡被诟病的"多姓家奴"的差评品性使然。作为武将，他个性单纯容易被利用，董卓、王允、刘备都抓住了他这个弱点。而优柔寡断的性格则让他的战斗部署拖泥带水，与董卓残部较量、与曹操军队决战，几次很好的翻盘机会都没抓住，这种当断不断的性格缺陷让他彻底走上了失败道路。

关羽属于三国武将中的"无冕之王"。英雄莫问出处，虽非官二代出身，关云长从弃商参军开始，就表现出了不一般的风骨，可以说是"骄傲自负"，也可以说是"超级自信"。单从《三国演义》武功排行榜，关羽排名第4，不是绝顶高手，但因为被曹操、刘备、孙权三方公认文武双全，大仁大德，舍生取义，而誉为"关公"。广大民间尊称"武圣""武神""关老爷"，更被奉为"文衡圣帝""协天大帝""关圣帝君"，这神话般人物在现实社会很难出现：淡泊功名利禄，曹操赐予的金银、印信，统统予以封存，送来的小妾转赠嫂夫人做丫鬟；虽与义兄失联情谊不改，一早一晚问候两位嫂夫人，不越雷池一步；义薄云天，一旦得知兄长音讯，毅然放弃功名利禄，灞桥挑袍别曹操，过五关斩六将只顾寻兄；颜良、文丑均为三国武功24强的上榜英雄，被关云长一"诛"一"斩"，直接K.O❶，

---

❶ Knock Out的英文简称。拳击用语，拳击赛时将对手击昏或击倒，引申为胜利之义。

也看出了关羽超群武功背后的谋略；谈笑风生地刮骨疗毒，水淹七军大败于禁、庞德，关老爷屡战屡胜的战绩，确实担得起"武圣"称号。

至于关羽被尊为"武财神"，也颇有渊源，关羽籍贯山西，曾贩卖过枣子，统计收支时应拨弄过算盘。许都（今许昌）春秋楼是关羽秉烛达旦夜读《春秋》之所，据说关公封印离开许都时，除了"封金挂印"，还留下了一个未清零的算盘，其算盘珠停留在"99980001"上，最后的"1"代表关羽自己，意味着其与长兄刘备有3个0的距离，如若将"1"珠回位清零，再将"1"珠拨入"8"珠之下，"8"变"9"，则变成9999，寓意四季长久。关公是位经济学家，也是传说的算盘发明人，被尊称"财神"实至名归。

一部三方割据的经典《三国演义》，一批英雄豪杰"战争与和平"的历史故事，还有一张广为流传的三国武功"排名榜"。同样一个故事事件，在人的不同年龄段，会有截然不同的理解和认识，这也许就是《三国演义》情景刻画成功之处。

梦与远方

每个人的童年时光，定会有许许多多的筑梦空间：孩提时居住的旧城小镇，青砖灰房，石桥泥径，一草一木，在你清澈的眼里是那么亲切熟悉，那么有吸引力。家乡都这么大，这么美，外面的世界会有多么辽阔？真想走出家乡看一看，却又不敢轻易尝试。

"请到天涯海角来，这里四季春常在，海南岛上春风暖，好花叫你喜心怀。"这是歌唱家沈小岑的代表作，"70后"耳熟能详的《请到天涯海角来》。从欢乐的旋律中想象到的四季艳阳、温暖如春和瓜果遍地，对于看惯了冰凌霜花的北方"雪窝"人来说，诱惑力还是蛮大的。故而孩提时稚嫩的心灵，充盈了对"天涯海角"的无限好感。听说海南岛上不仅有阳光、沙滩、椰子树，也有五指山、鹦哥岭、万泉河、鹿回头，美丽海岛与广袤大陆中间还隔着一个琼州海峡，那种"漂洋过海"去海岛享受温暖春光的驱动就愈发强烈了，虽然始终未能成行，但如诗如幻的追梦画面，始终萦绕在成长的多彩记忆里。

慢慢地长大，童年的梦想渐次褪去了颜色，长大了离开了家乡去到陌生的城市求学，然后换另一个城市工作，再调任一个又一个新的城市，人生开始像陀螺似的疯狂旋转，忙忙碌碌的岁月更迭，反反复复地打拼前行，历经艰辛地成长和成熟，童年认为很是神秘的大千世界，被现实一点点揭起面纱，走的路多了，吃的苦多了，也在慢慢地品味社会和人生的真谛。外面的世界，外面的景色，大抵不过如此，而再回头去观察童年居住的家乡，怎么感觉曾经偌大的故土，如今变"小"了许多？终于明白了——童年时在家乡，是丈量不出外面的路究竟有多长的。家乡还是那个家乡，你却长大了，心里能够容纳的空间多了起来，家乡的变小，也就情有可原了。

"曾以为走不出的日子，现在都回不去了"。还没有完全理解村上春树《且听风吟》的意境，但离开故土多年之后，自己也不再轻易把故乡挂在嘴上，故乡依旧，心里永远割舍不了，但在外面待久了，原本的"外乡"也就变成了第二故土；现实中的故乡，却早已不是童年记忆的模样。

寄托着故乡和少时梦想的"天涯海角"，你又究竟会是什么模样？搭乘中国飞速发展的快车，风光旖旎的海南被幸运地选为中国唯一的海岛特区，也幸运成为中国陆地面积最小，而算上海域面积最大的省份。粤海铁路轮渡跨越琼州海峡，海岛与大陆已变通途，一直关注着海南岛发展变化的自己，似乎与梦想的距离又拉近了许多……

机会说来就来。一次外出集体学习的机会，我赫然在名单之列，系统内的外地同事也纷纷邀约同行。审批出奇地顺利，也预订好了去海口的航班，梦想与远方近在咫尺，年轻的心，就愈发汹涌澎湃了。

可惜还是无奈地错过。一个紧急工作任务，必须留下来。当外地的同事们都来找我会合，我却只能请大家一聚，奉献上海南攻略，遗憾地宣布不能同行。大家都替我惋惜不已，实现梦想的机会近在咫尺却放弃掉，自己同样感觉有些失落，但也平静地接受了。

同事们的海南岛之行颇为开心，会议开得很好，学有所得。闲暇时大家一起相约逛逛海岛、沙滩、椰树林，玩得很是惬意。之后再见面时候，大家总会聊到那年的海南之旅，说我没能成行甚是遗憾，如果那次大家凑齐了，一定会更热闹、更舒心。

没有去海南的日子更加忙碌，需要处理的紧急任务非常棘手，协调工作稍有闲暇，天涯海角的美图总会一次次跳将出来，让我不得安心。幸好，数天之后，我的业务上级、集团公司木强经理过来组织开会，于是自己迅速地把梦想暂放一边，全神贯注到新的工作任务中去了。记得那次全国范围的会议开得非常成功，作为东道主，自己除了协助组织做好会务，还在大会上做了典型经验发言，尤其值得珍惜的是，能与亦师亦友的木强经理面对面讨教，感觉格外有收获。更没料到的是，闲谈中木强经理看似不经意的点拨，让我豁然开朗，一下子找出了处理紧急工作任务的最佳办法，并捎带着把不知哪个年头形成的历史遗留问题一并解决了。确实，在木强低调沉稳、从容不迫的性格影响下，自己做起事来也特别有底气，工作效率提升很快，心态没有因梦想未实现而受到影响。会议间隙大家交流起来才知道，木强经理本也在海南之行的名单行列，而因为工作错过旅程，对他来说已不知有多少次了。

去海南的机会一等就是10年。这期间海南岛的发展变化更大了：《私人定制》《杀破狼》等海南岛取景的大片带火了海岛旅游业，浙江某地的购房团队不断刺激海南房地产，原本默默无闻的渔村博鳌连续承办着国际高端论坛。当然，纷至沓来的海南消息也有负面的：神秘奢侈的明星盛宴，一夜暴富的房产大佬，更有房地产泡沫退却后的烂尾传言……

和10年前曾为工作放弃远行一样，这10年，自己放弃了很多机会，也获得了很多惊喜。事业相对稳定了，心态也日渐成熟，迟到的海南之行成为自然而然的圆梦之旅。我终于来了！——当飞机稳稳地降落在椰子树畔的美兰机场，心情颇为复杂："该是你的，也许就是你的"，只不过是时间有所推迟。年龄渐增，看到相似的景色，心境和感悟却和以前大不相同了。圆梦时节，海阔天空，终于体会到了，梦想是不分年龄的，她始终与你的情怀如影随形，时刻驻留在身边。而圆梦却是有时间要求的，虽说谁都希望"每个小小梦想，能够慢慢地实现"，但残酷的事实却是，"美景依旧，但有些人已不能再来"。10年之后，我如愿前往海南岛，木强经理却永远不能成行了。这次我来海南圆梦，也是来替木强大哥圆梦……

南国风格的国际机场，高高大大的椰子树，沿途道路两侧简洁通透的热带滨海现代建筑群，湿润清新的空气，一草一木都带着别样的新鲜感。看着海岸刻意修剪的木麻黄林带，忽然意识到，自己真的已从黄海之滨飞赴"天涯海岛"，从黄土地来到了红土地。在干净的塑胶道路上慢跑，随意驻足就可将山海天一体的美景摄入镜头，随手捡起掉落草坪的椰壳，瞬间便有了尝尝新鲜椰汁的冲动。沙滩上有很多售卖椰汁的商铺，大个青皮椰子被随意放置在铁笼子里任客人自选，老板娘很熟练地用刀"咔嚓"砍开，并递上一个大大的吸管，椰汁颜色并不是想象的浓白，而是接近透明，舒适体验自不必说，没有添加的原汁原味，口感甚佳！

海南最美的去处就在广袤大海边，沿海一线有造型各异的酒店宾馆群。晴好的天气，从任何视角都可以清晰看到远处波涛汹涌的大海，以及云卷云舒的天际线。造型考究、价格不菲的海边别墅，被茂密的植被遮掩，甚是吸睛。海南经济发展日新月异，但由于底子相对薄些，城乡接合部高楼之后隐藏着许多低矮建筑，闹市街道鸣喇叭也很普遍，特别是夜幕降临的瞬间，突然从身后蹿出的摩托车和电动车，在受惊的行人身边疾驰而过，也隐隐看到这个城市发展中的仓促。

入住市郊一个刚刚开业的酒店，一大早透过房间窗户向外望去，阳光、沙滩、椰子林就在眼前，远远的是琼州海峡的潮起潮落。年少时魂牵梦绕的海南岛风光果然名不虚传！禁不住深吸一口海岛的新鲜空气，也接通了多年老友的电话。

"我终于来到海南了，还记得那年的海南会议吧？"

朋友果然没有忘记："对啊，当时大家都在等你。唉，时间过得真快啊，说起来，木强经理都离开我们8年了！"

人生中有许多事情，即使写到丝绒本子上，存在电脑文档中，也总记不到脑海里。而有些事情，无论怎么格式化却始终删不去。尽管过去了许多年，但只要一提及与木强经理有关的往事，许多记忆就会像潮水一样奔涌而来，异常清晰。

人生一世，除了亲情和爱情，还应该有一份真挚的友情。人海茫茫，形形色色的朋友，或幻化酒肉间，或恍如云烟去，始终如一、坦诚深交、知无不言、言无不尽的好友也许会有，但真正洞悉你内心深处的想法，时时处处为你着想却从不表白，默默给你支持和帮助的畏友和净友为数并不多，遇见了，必属人生的福分。

不愿太多地回想往事，一切回忆都是那么熟悉，却又是那么地伤感，美好的时光永远留在心间。物是人未非，亦师亦友的木强大哥是大家公认的好领导、好父亲、好丈夫、好大哥、好朋友。大家本来应该可以在海南相聚，您却孤单一人永远地离开我们，到另一个世界去了。大哥，大哥，您为人谦虚低调，思维缜密而理智，办事从容若定；你正直、正派、有事业心和责任心，考虑问题周全；您会把周围每一个人都照顾得安安稳稳，把每一项工作都调度得妥妥帖帖；您是家里的顶梁柱，您是单位的顶梁柱，您是同事和朋友束手无策时的唯一依靠，一个有口皆碑的好人，为什么命运会夺去您的生命？好人难道也不长寿吗？

大哥，您在那个世界还好吗？大家都太想念您了。从在济南相识，到日照、泰安、黄岛、烟台，还有没有成行的海南之旅，一次次地相聚、学习、交流，都是因为您的个人魅力大家才自发地凑在一起。您是大家公认的学习和努力的标杆，耳濡目染中，我们渐渐少了些许浮躁，学着低调、平稳和坚忍，一点点成熟和成长起来。

离开我们时，您只有41岁，还处在事业上的巅峰期。不知道如果时光能倒流，重新选择人生道路，您是依旧选择轰轰烈烈还只是平平淡淡地过一生。也许，若不是事业成功，您就不会到外地高就。也许，您不去晋地任职，就不会遇到那可怕的车祸。也许，您调离山东之时，上百人自发从千里之外赶去相送，"今夜无眠"的场面太大了？也许，那只是也许……一切随风而去，逝者长已矣。

仿佛冥冥中注定，出事的前一天，您给最要好的几个朋友都发了信息，"有一把伞撑了很久……要把青丝变白头"。那是当时比较流行的一则短信内容，可我们都没有理解您的深意，莫非您早有感应，累了、倦了、要和大家道别了？一语成谶，第二天噩耗传来，手机摔落，胸口一阵剧痛，世界仿佛瞬间停止，我并不相信并以最快的速度赶到了济南。当眼前的遗像逐渐清晰，嫂子失声地哀号，侄女傻傻地呆站，我脑子里一片空白……

人生如梦，不知梦醒何处。很长时间里，我一直不敢相信这个现实，是不是车祸现场搞错了？或许，是大哥看透了尘世，上五台山修行了？大哥，您可曾知道，离开了您之后，有一年多时间，我都失去了结交朋友的兴趣。工作上有压力，我无法倾诉，有了烦恼和忧愁，唯有深深埋在心底。真正能从骨子里理解我，发自内心地关心和支持我的大哥永远地离开了，人生苦短，所有打拼的疑惑，沉积的郁闷，压抑的不安，今后又有谁会理解，又能向谁去诉说……

离开海南的那个夜晚，我独自走在海岛绵绵软软的沙滩上，看着天上那皎白的月光和黑暗无边际的夜空，一下子又想起了大哥。您是走了，可仿佛始终和我们在一起，一直在关注着我们追梦的步伐，活着的人更要好好做好自己。放心吧，大哥！您的家人很好，孩子茁壮成长，您尽可放心，不必挂念。活着的我们加倍珍惜吧，珍惜生命中每一个瞬间；感恩吧，感谢曾经拥有的美好岁月；想好了，抓紧去做，错过的可能永远不会再来……希冀有梦时心绪常在远方，可难忘怀的，却是这刻骨铭心的现实记忆！突然间，我傻傻地笑了，用手一抹，脸湿湿的，到处是不知何时冒出的遏制不住的泪水……蓦地转头，涛声阵阵的天涯海角尽头，似乎映着大哥熟悉的身影。长歌当哭，也只能把无限的思念化作前行的动力吧！合着白沙、月色、潮声，隐约传来的曲调清晰入耳，那是姜育恒的《跟往事干杯》：

经过了许多事　　　　　也许那伤口还流着血

你是不是觉得累　　　　也许那眼角还有泪

这样的心情　　　　　　现在的你让我陪你

我曾有过几回　　　　　喝一杯

也许是被人伤了心　　　干杯，朋友

也许是无人可了解　　　就让那一切成流水

现在的你我想一定　　　把那往事

很疲惫　　　　　　　　把那往事当作一场宿醉

人生际遇就像酒　　　　明日的酒杯莫再要装着昨天的伤悲

有的苦有的烈　　　　　请与我举起杯

这样的滋味　　　　　　跟往事干杯！

你我早晚要体会

侃侃阎阎

——晓畅世事

岁月沉积，留下尘封旧事、暗香疏影。有政商江湖，有人生阅历，有家国情怀。时光琥珀刻下了深深的岁月掌痕。"岁月把脸庞慢慢吹皱，我只能用文字来轻轻抚平"。一字一句纵论人生，挖掘平凡生活中细小的美好与感动，把对生活的热爱，对岁月的体悟，送给所有星光下默默赶路的人。

藏域奇缘

～

　　6500万到8000万年前，神奇的喜马拉雅造山运动让懵懵懂懂的青藏高原拔地而出，以一种舍我其谁的霸气，当仁不让地荣膺了地球最高、最厚、最年轻的"第三极"。自此，俊美俏丽的珠穆朗玛峰一枝独秀，始与雄浑伟岸的念青唐古拉山遥相致意；雅鲁藏布江紧紧偎依南迦巴瓦峰，划出了惊世骇俗的"中华第一弯"；艳阳普照下，卡若拉冰川积雪渐次消融；飞花碎玉顺势而下，清澈醴泉尽情滋润着尘封许久的冻土。于是，沉睡初醒的高寒秘域渐次恢复生机，羊八井上空腾起袅袅白雾，拉萨河金黄色芦苇随风摇曳，玛旁雍湖畔也出现了野牦牛、藏羚羊、玛尼堆和谷粒……造物主把一个与湛蓝天空、雪白云彩、高山圣湖"零距离"的世外桃源毫不吝啬地赐给了藏地。

　　西藏美得宁静自由、心无杂念，但绝美的景色背后，是其复杂的地形地貌，多变的气候特征，贫瘠的土地，匮乏的物资。海拔8000米以上者为山峰之翘楚，全球不过区区14座，西藏则足足荟萃了5座！（一览众山小的东岳泰山，海拔才1500多米）长约2450千米的喜马拉雅山脉、1200千米的祁连山脉、800千米的念青唐古拉山脉横亘青藏高原，由于海拔高、植被少，氧气成为弥足珍贵的资源，耐寒青稞是藏民的主要食材，山高路远，涧深林密，出行不便，确非人类宜居之地。而封闭的自然环境，恶劣的生存条件，也让西藏居民形成了靠天吃饭、随遇而安的慢缓生活节奏。

这是一幅典型的藏区生活图：清晨或黄昏，身着藏袍的当地居民或三五成群，或一人独行，头顶朝阳、身披余晖，手摇转经筒，一步一趋一叩首，缓行在"廓儿"转经路上。格桑花儿绽放在佛寺拐角，与特有的藏香气息一起弥漫开来。五彩经幡在藏居屋檐随风舞动，周边村落的诵经声时断时续，夹杂着农牧民的琴弦歌舞，偶有成群牛羊在藏獒的陪伴下悠然踱步。无论是藏区城市还是乡村，到处弥漫着和煦温馨的氛围，没有喧嚣都市的焦虑躁狂，没有暴富奢靡的颓废没落，没有穷困潦倒的绝望无助，人们自得其乐，有所思，亦有所为。千百年来，哲人雅士所孜孜以求的精神家园，所希冀的梦想、希望、信念、善爱传递，在西藏似乎都可以找到答案。藏地的佛教寺庙、祈祷祭祀、天葬水葬、灵童转世，更会增加旅人游客的好奇与向往……多少人纷至沓来，为了探究布达拉宫富可敌国的秘密，寻找记载着藏地密码的帕巴拉神庙；多少人朝思暮想，为了感悟格鲁派宗喀巴"用一生去修行"，仓央嘉措六世"见与不见，总在这里"的过往与传奇。西藏在世人眼里，愈发显得神秘且不可思议。

"诸恶莫作，众善奉行。"——经历了前后弘期的藏传佛教在西藏得到了广泛普及。许多藏民将其视为世代传承的精神寄托。雪域高原之上，最宏伟壮观的建筑，最顶尖的艺术中心，最繁华的文化圣地，一定是佛寺。藏区农牧民辛苦劳作一年，一定会从百里、千里之外磕着等身头，用躯体丈量着高原大地，不辞辛苦地赶往拉萨，目的是到八廓街、大昭寺匍匐膜拜，把酥油注入长明灯，在佛像前捐出辛苦积蓄，喃喃祈祷后，欣然踏上归途。他们认为，这种举动可以让灵魂得到净化，身心得到彻底释放，做完这件全年最有意义的事情，方可安心回家，开始新一轮周而复始的生活。我们姑且不去评判这种行为的价值和意义，有一点可以肯定，是信念驱使着他们千里跋涉，支撑着他们甘愿苦累却毫无怨言。

同样毫无怨言的还有一类群体，他们有信仰、有追求、有"大爱"，甘愿走出安乐窝，毅然来到偏远高原，通过舍己奉献，把封闭的西藏变得婀娜多姿，把贫瘠的西藏变得富庶繁荣。他们用心血和汗水，持续不断地改变着西藏的昨天、今天和明天。这类群体的名字叫——"援藏干部"。

纵观援藏历史，资格最老的"援藏干部"莫过于盛唐时期的两位"女干部"——文成公主与金城公主。当时的历史背景是大唐与吐蕃战事不断，劳民伤财，双方均心力交瘁。"以和亲促和平"成为当政者的共识。于是，略带皇族亲戚血统的李雪雁与李奴奴，则一跃成为天子娇女，以公主的名义先后奔赴西藏，以柔弱身躯担负起促进边区安宁，加强民族交流的"和平使者"重任。

两位"干部"的"援藏"经历远非后世艺术作品描绘得那么和谐美好。很巧合，两人都是从长安出发，途经青海至拉萨，文成公主李雪雁仅进藏就用了3年时光，与赞普松赞干布共同生活7年，赞普去世后她独守30年，其"援藏工龄"长达40年。文成公主去世30年后，金城公主李奴奴再赴高原，才抵达青海便接到未婚夫江察拉温身亡消息。悲怆欲绝的金城公主后来嫁给江察拉温父亲赤德祖赞，并在西藏生活了近30年后去世。

由于汉藏文化和生活习俗存在差异，初入藏地，两位公主并未得到吐蕃王朝的重视和尊重。据说松赞干布有1王后、5夫人，文成公主只是5夫人之一，王后尺尊公主从尼泊尔带去的佛祖8岁等身像供奉在佛教中心大昭寺，而文成公主从长安带去的12岁等身像只能置于小昭寺；无奈之下做了赤德祖赞偏妃的金城公主，生下的儿子竟被纳囊家族的妃子喜登抢去，金城公主满怀忧虑和愤懑，不梳不洗彻夜不眠，费尽周折一年之后才母子团聚。

幸好还有人世"大爱"的支撑。面对窘迫无助的局面，两位公主都能迅速调整心态，顺势而为，把"援藏·爱民"作为在西藏生活的精神寄托和信念支撑。她们以舍弃青春和"小我"为代价，用后半生执着无悔的举动，致力于民族友好，改变了藏区古老传统的生活方式，赢得了当地人民的由衷敬仰。文成公主赴藏途中，就在青海玉树传授当地人耕作、纺织技术。进藏后，则亲率能工巧匠建设寺庙，为藏民祈福消灾，培育青稞、唐柳，传授医学、历法。混沌初开的部落民众学会了碾磨、造纸，开始脱掉毡裘，改穿绢绮。金城公主入藏后，针对唐、蕃连年战争局面，不遗余力地牵线搭桥，力促唐蕃和盟。此间，赞普赤德祖赞能够以外甥身份主动化干戈为玉帛，与唐穆宗定界刻碑，互市交易，金城公主的多方斡旋起了决定性作用。由汉、藏文字写就的"甥舅和盟碑"，已在大昭寺前巍然屹立1200余年，成为民族和睦的标志。金城公主秉承文成公主援藏事业，靠努力赢得了地位和尊重。她还将供奉在大、小昭寺的8岁、12岁佛祖等身像进行了调换，将文成公主带去的12岁佛祖等身像请至大昭寺，历经千年，至今仍在大昭寺佛殿内熠熠生辉。

客观地讲，文成、金城公主"援藏"之举，更多的是汉藏融合的象征。时至当代，一批批援藏干部沿着先人足迹，奔赴边陲，"援藏"成为全民自觉务实的行动。在荒凉戈壁建设进藏公路，成百上千工程建设者永远长眠在工地盐滩；入藏火车穿越昆仑雪山抵达可可西里，援助物资源源不断送达农牧民木屋帐篷。开通空中航线，雪域极地与世界的距离变得不再遥远。时尚的家电产品和现代化通信工具成为藏民家居必备，连须臾都离不开的酥油茶、青稞酒都实现了自动化加工。举全国之力的人财物对口帮扶，给西藏发展增添了无限信心与活力。

追寻着文成和金城公主昔日援藏路线，还有更多鲜活的励志故事在延续。青海日月山，两位公主入藏时都曾踟蹰停留，也都登峰东望，思念家乡。千年之后，一座750千伏变电站在此拔地而起，构筑起坚强电网为现代文明保驾护航，让古老高原无论白昼黑夜，都能享受到光的普照。"让西藏亮起来"这是援藏干部的共同心愿，也是对两位公主最好的纪念。跨越日月山的青藏联网工程由西宁直达拉萨，是连接青海与西藏的电力"天路"，一路上穿越湿地沼泽、戈壁灌丛，还要经历高海拔、厚冻土、低气压和强飓风的种种考验。谁可曾想到，在零下40多摄氏度的冰冻时节，在海拔5300米的唐古拉山口，在工程机械无法抵达的荒野，有一群缺氧不缺斗志与智慧的"援藏干部"，冒着8级寒风，顶着纷扬横飞的雪片，喘吸着稀薄的空气，克服强烈的高原反应，负重几十公斤，却要争先登上五六十米的塔架作业，用单薄的身躯托起世间最高的雪域彩虹。据说，在那些塔架上，可以看到整个藏区最美的景色，听到整个高原最动听的天籁之声。

凛冽的寒风一次次吹过唐古拉山口，厚重的陈年积雪堆砌成一幅巨大的唐卡：心与日喀则天空一样湛蓝，与喜马拉雅山峰一样高耸，与纳木错圣水一样洁净。两位公主入藏前是衣食无忧的官宦女，从身处闺中的羞涩，到乍闻西嫁的无奈，再到驻足日月山的彷徨，她们经历复杂激烈的思想斗争，待到重新鼓起勇气，毅然踏上"援藏"征程，剩下的唯有义无反顾的责任与奉献。许多援藏干部亦是如此。进藏前，因为故土家人难舍，也曾彷徨忧虑；因为前途未明，也曾烦恼心伤。但一经踏上这片神奇的高原，听到那些感天动地的故事，心就会顷刻融化。看到神情专注攻读的稚气孩童，看到"高原红"裂纹的纯真脸庞，看到牧童手执鞭子憧憬着雄鹰飞去的远方，原本的"功利"与"目的"定会烟消云散，打开心结，感知最原始的、最纯粹的自己，并自觉躬行。学会挑战生理极限，扎根生命禁区奉献年华，并不断加快前行的步伐。

在霸气雄伟的喜马拉雅山下，在荡气回肠的雅鲁藏布江边，动人的故事依旧在继续。大昭寺的钟声，透过窗口，飘进树丛，鸟儿们驻足倾听，得到了圣洁的祝福。援藏干部倾尽其所有，分享了最醇美的笑容，收获了最真挚的赞颂。

因为有信仰，所以会坚守。因为有信念，所以能成功。这才是西藏，谜一样，梦一样，从古至今一直吸引着人们去解读，去感悟，去追求。解读西藏，更多的是盼望中华各族人民能够力往一处使，拧成一股绳。西藏亟待引入现代文明，更需保留优良传统，特色的藏地文化、人文资源和历史遗迹在西藏有序地开发中，不仅不会消亡，应该还会得到更好的传承。

居高临下的高原藏地必将成为国家最坚固的安全屏障和战略资源储备基地，拥有更加美好灿烂的未来。而一代代为了援藏事业呕心沥血的"援藏干部"们，他们是中华民族的脊梁，他们舍己奉献的壮举，必将在中华文明发展史上绽放荣光。

谍战之王

他是来自美利坚合众国印第安纳州的牛仔；

他是美国军情八处（MI-8；国家安全局前身）和"美国密室"的缔造者；

他是蒋介石的座上客，也是汪精卫的嘉宾（蒋汪在1940年前后可谓水火不容）；

他是集国际友人、电讯专家、畅销书作家、足球队队长、职业赌王、幽闭症患者于一身的天才和多面手；

一个对二战做出卓越贡献，但却被美国、中共、国民党三方共同隐藏的"谍战英雄"——赫伯特·雅德礼！

尘封的历史，总有一天会还原其本来的面目……

不远万里从加拿大安大略省来到冀中平原，白求恩大夫在极其简陋的状况下，冒着枪林弹雨抢救伤员，夜以继日的工作和意外感染，耗尽了他的孱弱的生命。在缺少药品、仪器和补给的情况下，白求恩尽其所能，挽救了更多人的生命。他是一个"高尚的人，一个纯粹的人，一个有道德的人，一个脱离了低级趣味的人，一个有益于人民的人"。知恩图报的中国人对白求恩救死扶伤的国际主义精神一直满怀敬仰，屋乌推爱，国人一直也对白求恩的家乡"枫叶国"满是善意。

与枫叶国紧邻的"星条旗国"商人赫伯特·雅德礼对何为"国际主义"

精神不感兴趣。他来中国，最初是要从民国最神秘人物、特工一号、"刀斧手"戴笠老板那儿赚取美金。为了万元美金报酬，更为了炫耀和证明他在隐蔽战线的巨大能量，他从大洋彼岸飞赴中日鏖战的一线。在重庆炮火连天的日子里，赌博、喝酒、玩乐，啥事也没耽误。在飞机轰炸、特务刺杀、疾病缠身的情况下，他潇洒自如，我行我素。

但是，任何生活上的出格和随意，都没有影响他在专业领域的卓越贡献。只身化装潜伏，破译日本间谍密码，找到日本空军轰炸规律，让上万重庆民众免于罹难；在恶劣条件下忘我工作，眼睛几近失明，双脚高度溃烂；一次次大规模轰炸到来之时，他从不随中国军民撤离隐蔽，只是静静等待，床上一躺，枕头一盖，听天由命，顺其自然，还真有点"大无畏"精神。他在蒋介石、汪精卫面前游刃自如，尽管他清楚在水火不容的两艘船上漂移，既刺激惊险又随时可能致命。他喜欢摆脱随从保镖的保护，出现在公开社交场合，在各类危险的中外人士面前招摇。他为军统训练了大批密码谍报人员，主导了日中情报战胜负天平的倾斜。

极端聪明、个性率真、我行我素，这就是真实版的民国"谍报之王"——赫伯特·雅德礼。他有些像《潜伏》里刻画的余则成，但比余则成更潇洒肆意，他似乎不懂什么叫小心翼翼、慎言慎行。他游戏着山城的江湖，闯荡着陪都的社交圈，莺歌燕舞之余，却也没影响找线索、抓特务、查密码。从一本普通的英文版《大地》中找到密码源，在觥筹交错的娱乐场辨清敌与友，每一次都做得坦然自若，也步步惊心。实际上，在刀光剑影的背后，特别考验亲历者的心态与状态。雅德礼始终做得很淡定，也很从容。

他的淡定源于专业实力。来中国前，他曾亲手组建了负责密码和破译工作的军情八处（MI-8），也就是美国国家安全局的前身；他是"美国密室"的缔造者，这座位于纽约市38街东3号的四层深褐色建筑，是当时世界密码破译技术最先进的平台。而"美国密室"仅用了几个月的时间，便顺利破解了日本密码系统。1921到1922年在华盛顿召开的五国裁军会议上，美国利用"密室"截取的情报，获得了日本方面裁军谈判的底牌，成功地将日本对美国军舰的总吨位之比，由"七比十"降到了"六比十"。在中国抗战最危急的时候，他亲赴重庆建立"中国密室"，成就了一段新的传奇。

他的从容是性格使然。雅德礼是个热爱生活、多才多艺、敢于冒险的人，也是一个多情放旷、不拘小节、惹是生非的人。他从不掩饰自己的性格和想法，活得很洒脱真实。他冒险来中国，为了金钱，也为了事业和美女。当肖勃少校联系到他，请他到中国主持谍报破译工作，善于待价而沽的雅德礼几番谈判，直至酬金谈到每年一万美金时，才勉勉强强接受中方邀请，同时他还要求把恋人爱德娜·拉姆赛儿带到中国去。他开放开朗的性格有助于获取情报信息：与他频繁往来的有派系复杂的军统、中统特工；有一直想暗杀他的日本间谍；有黑白道上重庆袍哥、凤姐；有为钱不惜出卖情报的洋鬼子、假大使……他没有"猫"在戒备森严的山谷夹缝隐蔽所，而是很自然地融入了重庆的生鲜麻辣生活，与各色人等周旋博弈，如鱼得水地在复杂恶劣环境里享受快感。从中国剧院到洋人俱乐部，从渣滓洞到嘉陵江，他的足迹遍布山城的各个角落。他既是业务专家也是社会活动家，他庞大的情报网获取信息及时准确，以至于国府大员汪精卫叛逃的重大情报，在国民党内部还一头雾水的时候，他不需任何侦缉就已了如指掌。

这些年谍战影视作品流行，观众对神出鬼没的间谍特工充满了好奇，跌宕起伏的故事情节让观者啧啧称道，围绕在"听风者"和"捕风者"身畔的神秘光环也被无限放大。谍报专家许多都是"天才型"人物，而正是因为在情报侦察方面的天分，这些长期从事"反人性"研究的专家性格方面是孤独的、寂寞的。正如作家麦家所说"世间最难破译的密码，是人心"。孤僻、不合群的性格让他们一旦脱离业务追求，反而在现实社会很难生存。所有的破译天才似乎都毁在了日常社交生活，就像麦家系列作品中被701看重的瞎子阿炳、黄依依、容金珍这些天才人物。这种状况对于情报天才雅德礼来说并不存在，他是一位复合型的人才，在特工世界中摸爬滚打做出了卓越成就，作为一个有着七情六欲的普通人，在面对现实生活的时候，他显示出了情商和智商俱佳的特点，敢于直面问题、毫不妥协，也成就了特工中的特工，传奇中的传奇。

雅德礼上学时就积极竞选学生会主席，兼任着校报编辑和校足球队队长。写作是他保持一生的好习惯，既可以提升知名度，也可以掘金维持生计。他还投机地产生意，擅长游戏赌牌，以此洞察社会万象，为他长期的谍报工作服务。

作为一名出色的畅销书作家，当美国政府当局永久性地关闭"密室"，失去收入来源的雅德礼实在割舍不掉对情报工作的热爱，也许是对政府关掉"密室"而愤愤不平，他开始了创作生涯，先是将亲身经历的谍战小故事，在《星期六晚邮报》发表，而后出版了在美国文学界颇具争议和传奇色彩的作品《美国密室》(*American Black Chamber*)，一经推出，风靡全美，大家争相传阅。可以想象，如果是换成当今互联网时代，雅德礼这位"大V"会变成多么炙手可热的"网红"。尽管官方对这部作品中关于谍报工作的细节披露颇为不满，但雅德礼先生的创作生涯已经一发不可收拾了。他抖擞精神，在一位业余作家的协助下，仅用不到2个月的时间，写成了970页的《日本外交秘密：1921—1922》，已高度警觉的美国政府成功地阻止了该书出版，这也是美国联邦政府有史以来第一次以安全理由将一份手稿充公。之后美国国会专门出台一条法例，将出版社使用官方外交密码编写的书稿，列为犯罪行为，该法律至今有效。为了限制一个人的行为，专门出台有针对性的全国性法规，其始作俑者着实令人拜服。

"牛人"的创作欲望不可阻挡，为了规避当局阻挠，雅德礼的写作手法开始转变，尝试用小说的形式、讲故事的手法来暗喻现实。他创作了以第一次世界大战为背景，德国女间谍的传奇故事《金发伯爵夫人》，并由米高梅公司将作品搬上了银幕。他创作了《日本红日》，又结合自己在中国陪都的谍战经历，写下了《中国密室》，并与他人合作小说《天下乌鸦一般黑》，描述了一位中国女记者在重庆所经历的离奇战乱故事。而在他的晚年，还出版了《扑克玩家教程》，这在被诸多扑克爱好者当作启蒙之作的同时，也被纸牌专业玩家奉为经典。

性格是一把双刃剑，像雅德礼这种恃才放旷、目中无人的性格，很难被社会所容。他高调、对抗的举动，与他从事的职业性质相悖，所以，也不受他所服务的组织待见，故而其职业生涯贡献被严重低估。关键时期，他为国民政府谍报工作打开了局面，培养了人才，但他却没有像陈纳德、史迪威一样成为援华英雄，更不可能像白求恩那样家喻户晓。但若把他富有戏剧性的传奇人生改编成影视作品，一定会碾压诸多热播谍战热片。麦家的谍战小说《风语》，描述的就是"中国黑室"的故事。雅德礼自然是其中不可或缺的人物。平心而论，对麦家谍战系列期望值还是蛮高的，但《风语》与《风声》《暗算》相比，要逊色不少，最大的败笔是对雅德礼的刻画把握不够——复杂的任务简单化，简单的任务程式化。

1918年，荷兰人科赫、瑞典人达姆、美国人赫本相继发明制造了转轮密码机，同年，德国工程师亚瑟·谢尔比乌斯研制了世界第一台Enigma（谜团之意），开启了人类社会机械化编码的历史。自此，"密码"与"破译"的博弈对决，深刻影响了一战、二战及和平时期的政治、军事格局。能够在密码破译领域树起丰碑的绝顶高手不多，一个是英国人阿兰·图灵，他用科学的方法，使用基于可疑明文的搜索逻辑，破解了Enigma的秘密；另一个就是美国人赫伯特·雅德礼，相比图灵的学院派风格，他的贡献在于构建了反间谍组织体系，更加侧重于实战实用。尽管雅德礼的在华回忆录曾被美国国务院封禁40年，但他的贡献是永远不可抹杀的。赫伯特·雅德礼去世后被隆重地安葬在阿灵顿国家公墓，天性使然，这位曾对中国做过贡献的传奇人物在那里一定不会感到孤独。

清河与西三旗

～

工作原因，时常到北京海淀区培训，总会被培训中心附近"清河""西三旗"这些历史底蕴厚重的名称所吸引，尤其是"西三旗"，是否与清初满族八旗的镶黄、正黄、正白、镶白、正红、镶红、正蓝、镶蓝"八旗兵屯军京城"有关呢？作了一番研究，才发现真不是想象的那样，这些名字的由来，源于"元明那些事"。

首先说清河。清河是一条饱经风雨有故事的河。在永定河冲刷华北平原的洪荒年代，清河乃永定河的故道支流。他发源于京西碧云寺和玉泉山，汇合了西山泉水和玉泉山水，流经清河镇，汇入温榆河。清河名字由来与元代天文水利学家郭守敬有关。元世祖时期，郭守敬奉诏兴修中都（今北京）到通州（今通州区）漕运项目，这位郭都水监不负众望，耗时仅一载许，跨水系引水筑坝，建成了泽被后世的通惠河工程，将泛滥成灾的旧河道改造成一碧千里的水利示范项目，为国家和百姓做了件大好事。常年忙于公务无法回乡省亲的郭守敬，以自己家乡河北邢台清河县名给这段河流命名——"清河"。"不羁之河"蜕变为"温情之河""清洁之河""乡情之河"。"清河"作为朝廷专用航道的组成部分，历经了喧哗繁盛的内河航运时代：元明时期北京的粮食供给主要通过大运河完成，每年二三百万担粮食需由江浙鱼米之乡转运到大都（北京）。为配合自南向北的大运河漕运，明朝廷曾专门成立运军，鼎盛时运粮官兵多达12万人，运输船12000艘，船载北运之时威武雄壮、千帆竞发，场景可谓壮哉！承担过运粮通道功能的清河经历了被废弃改道的萧条，也有清淤复航再现江湖的燃烧岁月，风吹雨打，岁月轮回，有时浑浊、有时清澈的河水一直默默流淌至今。

培训期间，一早一晚经常在清河附近散步，如今的清河，部分水域已湮没在城市道路下方，露出地表的水面则安静地躺在城市高大建筑的丛荫深处，水质算不上清澈，但杂物不多，似乎回忆着当年百舸争流、风光辉煌的旧时光。

曾经辉煌的还有"清河毛纺"。中年人依稀会记得"清河毛纺厂"的大名，这个由军需转为民用的毛料制造大厂，在20世纪中后期赫赫有名。很多人结婚定做西装，都会选择使用清河毛纺专卖店的面料，婚礼当天新郎官会志得意满地穿着由裁缝量体裁衣、匠心智造的服装登场。在那不太重视服装品牌的时代，清河布料的市场保有量很高。其实，"清河毛纺厂"是标准的百年老店，100多年前，在洋务运动和实业救国的大潮下，一贯保守的慈禧太后也曾有支持民族产业发展的"维新"之举。她亲批在广济桥西、小清河北岸建设生产军服的服装企业，在她去世当年（1908年）还投资60万两白银兴办"清河薄利呢革公司"。1909年4月投产之后，月产粗纺呢绒数千码，成为当时全国毛纺工业的"巨无霸"。民国时期，临时大总统孙中山对"清河薄利呢革公司"也是青睐有加，1912年9月专程到公司视察，在办公楼前与管事工人合影留念。之后清河毛纺历经风风雨雨，发展势头不减，1962年7月更名"北京清河毛纺织厂"，鼎盛之时，曾衍生出"清河毛纺织厂""北京毛纺织厂""北京制呢厂"三个大企业，一时风头无出其右。

数十年后，随着北京工业政策的调整，清河毛纺的发展终于遇到了瓶颈，加之乡镇企业迅猛发展带来的冲击，以及为奥运场地腾出空间等诸多因素交织在一起，清河毛纺步入了低谷，如今市面上已难觅清河毛纺专卖店，在成衣品牌风靡于世的时代（在这浮躁的世界，谁还在意衣服的前身呢），面料店选择了黯然退出江湖。

清河的名气远远不限于此。在中国历史上，清河故地一直是中原大地通往西北边关的要道。史料记载，秦汉时代清河即是汉族政权抗击匈奴的军事要塞。近年在清河的朱房街，也发现了依河而建、拱卫"蓟城"的古城遗址"大口故城"。清河，辽金称之"清河馆"，元代称"清河社"，明代称"清河店"，清朝始称"清河镇"。清河东南有座建于明代永乐十四年（1416年）的石拱桥，学名广济桥，亦称清河大桥。有史载，至正二十八年（1368年）闰七月，明军抵达大都（北京）与元朝廷决战，畏战的元顺帝携百名皇族大臣，夜开健德门一路向北远遁上都（开平城），清河是必经之路，而当时广济新桥（清河大桥）尚未建成，逃跑者如何仓皇过河就很难考证了。亲手指挥掀翻元朝统治的明太祖朱元璋，也深知蒙古铁骑厉害，登基之后，便将完善长城防御功能、建设边防重镇定为大明之国策。永乐之后，"辽东""宣府""蓟州""大同""太原""延绥""宁夏""固原""甘肃"等"九边重镇"雄踞长城沿线，嘉靖年间，又在北京西北增设"昌平"和"真保"二镇。"密迩王室，股肱之地"——西汉时代就曾设县的昌平，终于有了一个响当当的"京师之枕"的名头。皇城宫城睡得是否安稳，就靠昌平固若金汤的防线了。几经更迭后，清河隶属昌平治下，成为威名遐迩的北方重镇。而明代广济桥（清河大桥）的另一重要作用是作为皇家谒陵祭祖的专用御道。明代皇陵建在昌平燕山山麓的天寿山，每年朝廷贵族都要率众浩浩荡荡经过广济桥。

北京的德胜门人人皆知，其为京师北大门，为明朝魏国公徐达重建，谐"得胜凯旋"之意。清河距离德胜门正好九公里，也许，威武之师由德胜门出征的第一演武场，就是当年的昌平清河了。正史记载，"宋太平兴国四年（979年）宋、辽交战，宋太宗与耶律斜轸对峙于清河、沙河，二十六日攻城不克，遂转兵至城北清河攻打斜轸"。野史里也有杨家将与辽兵鏖战高粱河，辽兵大营驻扎清河的故事。北宋首都汴梁在河南开封，辽国都城上京在内蒙古赤峰，清河是取"其中"的决战地，遥想当年两军将士金戈铁马、驰骋千里决战清河的大阵势、大场面，真是让人热血沸腾。至于后来定都北京的明成祖率军几十万，历时数年亲征鞑靼，往返均屯驻清河。明崇祯十七年（1644年），"闯王李自成率大顺军由德胜口兵临昌平城。三月十九日自沙河、清河南下，挥师进京"。清河，见证了太多腥风血雨和过往恩仇。作为北方游牧部落南下通道和关内农耕文明的戍边基地，"京师之枕"绝非浪得虚名，而屡屡被作为主战场，也客观验证了清河重要的地理位置。1905年由中国工程师詹天佑亲手设计建造的京张铁路竣工，清河站成为其沿线重要站点。时至今日，清河站作为北京北部的重要交通枢纽，继续发挥着京张铁路历史文化名片的作用。从这里出发，乘高铁一小时即可抵达冬奥会雪上项目比赛场地，古老的清河继续为拱卫古老北京，欢迎八方来客再立新功。

接下来讲讲清河以北的"西三旗"。老北京城外有西三旗、西二旗之说，也有东三旗、东二旗的称呼，这些旗村的形成和得名，非清八旗驻守之功，而是明代军队在这一带屯军戍边的结果。"寓兵于农，强兵足食"——屯军制度是明代为解决军饷，保持军队战斗力的一大发明。明初"人户以籍为断"，天下户分为"民户、军户、匠户"三类，世袭的军户采用军事编制集体开荒屯田。明代酷爱在重要关隘设置"卫"或"所"驻军。一个卫大约有5600人，卫指挥所最高为指挥使，正三品；一个千户所1200人，千户所正千户为正五品；一个百户所112人，百户首领为正六品。每个所统领2个总旗，10个小旗（每个小旗有10名兵卒，每个总旗有50人。明代军队的编制，最基层单位称之为"旗"，相当于今天的"班"，旗是10人，军队加强班约12人）。明永乐十八年（1420年）"北京建，在南诸卫多北调"，昌平设军屯38个，"清河社五"。为了供给边境驻军所需的战马，明政府还设立了许多牧马草场和马房，抽调兵与民来牧马养马，其中在西三旗东黄土店就有一处，称为黄土店马房。当年，这里是明王朝与蒙古骑兵对峙的缓冲带，应该是莽莽榛榛、林木荟蔚的景色（先人若看到几百年后京城外竟会沙尘漫天、黄土飞扬，则只能"泪飞顿作倾盆雨"了）。而茂密植被的马房周边地势空旷没有标记，被分派到黄土店牧马养马的官军，按照所编的小旗散布其间，并以当时小旗的编号和所处东、西方位命名，"西三旗"等村庄就是明代牧马的各小旗官军的驻地，奇怪的是，笔者在此地培训期间寻了若干次，"西三旗""西二旗""东三旗""东二旗"都在，咋没听说有"西一旗""东一旗"呢？随着明朝灭亡，屯军政策不再，清代之后只设置"把总"一名，率几十位马、步军镇守清河，清河继续沿用为牧场，原来明代的"老屯军"已陆续转行"农牧民"，军民融合，逐步演变形成了村落民居。

　　培训期间，学员组织参观了北京南部永定河上的卢沟桥，对比之后发现，原来始建于南宋的卢沟桥宽度竟然不如广济桥（清河大桥），根据史料分析，元明皇帝行走广济桥的频率要比卢沟桥还高些。卢沟桥更为世人熟知的是桥上形态各异、数也数不清的狮子，还有正对桥头高大坚固的宛平城。敬业的崇祯皇帝用了三年建城，是为了阻止李自成入京，但大厦将倾，修修补补已于事无济，固若金汤的城防设施，丝毫也没有阻挡李闯王势如破竹的进攻。破居庸关之后，李闯王没有直接攻打为防他而建造的宛平城，而选择了在清河扎营，这也是"清河小营"的由来。由居庸关入关后取道昌平，过清河，宿小营，后迂回游击，自广安门攻入内城，逼得崇祯上了煤山，颠覆了大明276年的统治。"该来的一定会来的"，隐藏在这句话背后的真实历史画面，卢沟桥和宛平城见证了许多许多。只靠"守"是守不住的，和平也不是想要就能得到的，用"实力"说话——这是亘古永存、万变不离其宗的硬道理。

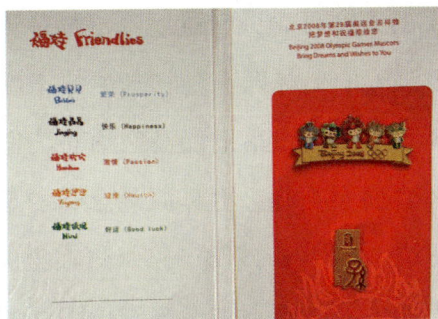

北京与奥运

北京奥运之前

当奥林波斯山巅的日影停留在公元前776年某一天，美丽的阿菲斯河山谷巨石夯就的赛道上，古希腊勇士们正迎着晨曦争先向前。仅有一个"斯泰德"短跑（约192米）项目的古代奥运会却让纷争无序的世界变得丰富而精彩，这一年，也永远地定格为古希腊史的新纪元。与此同时，地球另一端西周时代的中国也在追逐文明的长路上探寻，据卷帙浩繁的古籍（《诗经》）记载，世界最早的可靠日蚀记事也发生在这一年，那时华夏古国的社会生产力和文化水平均领跑于世界，只可惜距离首届奥运盛会却很遥远。

2672年之后，野橄榄与棕榈编织的花环重回古奥运发祥地雅典。匠心独运的会歌、会旗，熊熊的圣火，鼎沸的人流给复兴之后的现代奥林匹克运动赋予了更多的人文理念。时过境迁，物是人非，源于古希腊勇士"更快、更高、更强"的奥林匹克精神却始终未变。希腊奥运使者漂洋过海奏邀大清国派员参赛，没落的晚清政府正为割地赔款诸事困扰，遗憾地与划时代的体育盛会无缘。更具讽刺意味的是，就在现代奥林匹克运动会举办的1896年，"西洋影戏"一路绿灯在上海徐园高调上演，宁可接受西洋先进的娱乐方式，却不去参与健体强国的竞技运动，这也注定了清政府懦弱凄凉的结局。近代中国与现代奥运近在咫尺却又令人扼腕地错过，给思索中国未来与前途的国人们增添了更多奥林匹克运动的梦幻。

高高飘扬的五环旗，距离沉睡的东方巨龙难道就这么遥远？1932年的刘长春，为赴奥运之约漂洋过海25天；1952年的吴传玉，顶着压力孤独一人游到终点，不必苛求最后的成绩，从容来过便无怨无悔。1993年蒙特卡洛的失利阴影依稀再现，两票之差，中国人与奥运"零距离"的愿望无法实现。与决赛无缘、与奖牌无缘、与金牌无缘，一次次挫折与失败让我们历久弥坚。从对奥运一无所知到满怀憧憬，含蓄的中国人开始阐释奥林匹克精神，低调的运动健儿学会抒发豪情感言！一次次被冷落、被无视再到被关注、被接受——我们用拼搏换来尊重，我们用真诚换来了友谊，我们用善意收获了拥戴，我们用实力赢得了佳绩，我们用今天博得了未来！

正如缤纷的奥运五环不能没有黄色，缺少黑头发、黄皮肤的奥运大家庭是不完整和不完美的。从对奥林匹克运动涌起的一丝丝好奇，萦绕为心头一缕缕挥之不去的期盼，时光冉冉，中国人的奥运梦竟然越来越清晰，越来越明显。千年的祈愿，百年的向往，奥运五环旗神奇般地幻化为生生不息的"中国红"，把"中国结"悬挂在每一个中国人心间。也许，打开奥运心结的万能钥匙，就是在自己家乡，用"很中国"的方式承办一届"前无古人、后无来者"的奥运赛事经典！"给中国一个机会，还世界一个惊喜"——2001年7月13日的不眠之夜是那样刻骨铭心——"我们赢了！"苦尽甘来，我们也应该赢了！文明大国的复兴之路，已经在奥运征程中唱响：从洛杉矶奥运会金牌零的突破，到巴塞罗那赛场全面开花，从悉尼奥运会日收6金，到雅典奥运奖牌数再创新高。许海峰、邓亚萍、刘翔……诸多陌生的名字因为奥运变得耳熟能详、妇孺皆知。我们憧憬着，当《奥林匹克之歌》奏响之时，华夏文明也将借助精彩的奥运赛事撒播到整个世界；我们希冀着，中国将通过承办奥运变得更加开放和透明，中国人通过追逐梦想变得自信而洒脱；我们盼望着，世界也将通过奥运盛会，来重新认识充满活力与希望的现代"CHINA"。

"故天将降大任于斯人也，必先苦其心志，劳其筋骨，饿其体肤，空乏其身，行拂乱其所为，所以动心忍性，曾益其所不能。"先哲的语录如此辩证，一心一意为举办29届奥运会而辛苦奔波的中国，承受的却是纷至沓来的困难：政治与体育关联，讥讽、威胁与白眼；不节制的举动，阻挠、干扰甚至不惜代价屡屡发难。大自然也在考验中国人的承受力和忍耐力：年初极端天气造成的冰雪灾害50年不遇，低温、雨雪凝冻袭击大半个中国，14个省7.8亿人受灾，其来势之猛、损毁程度之大、叠加效应之强，实属罕见。一波未平，一波又起，接踵而来的"5·12"汶川大地震，近7万人罹难。为逝者举国哀悼，因灾情火炬暂停传递。

"天行健，君子以自强不息。"中国的近代史，记载着无数次被侵略、被欺凌的经历，韧劲十足的中国人从来也没屈服过。面对突如其来的自然灾难，手挽手、肩并肩，"汶川加油！四川加油！中国加油！"的齐声呐喊再次让中国挺直了腰杆。历史的车轮滚滚向前，孰是孰非清浊自辨。困难让中国更坚强，困难让中国更团结，困难让中国更勇敢！

在历尽岁月风霜的希腊奥林匹亚遗址，见证昔日辉煌文明的赫尔墨斯神像屹立至今；而与之同时期的中国西周燕都故城，竟然出土于2008奥运举办地北京房山；国际奥运五环旗下诞生了五个可爱的中国福娃，中国春秋时代的"五行学说"是其本源！这是希腊与中国两个文明古国3000年前的神奇约定，是如梦如幻的奥运丝带让他们万里相牵。"同一个世界，同一个梦想"，天降大任，吾欲承担，冥冥之中东西方文明跨越千年的缘分与情结，让北京迎来2008奥运盛会成为必然！

忆北京夏奥圣火

还记得2008中国北京的八月流火吧？一场前无古人、后无来者的奥运盛典，展示了华彩闪耀的中国力量，让全世界见识了古老中国的崛起！2008北京夏季奥运会，传承了奥林匹克的精神与勇气，以定制版的奥运中国"形象秀"，为全球奉上一场完美的体育文化盛宴，深度解读了"卓越、尊重、友谊"的奥林匹克精髓。

2008年8月8日，一场"无与伦比"的奥林匹克运动会开幕式，吸引了全世界的目光。华灯璀璨的国家体育场座无虚席，在全球数十亿观众注视下，五彩光环照耀古老日晷，2008位古装男儿击缶而舞，高歌"有朋自远方来，不亦乐乎"，重温《论语》，祈福和平，期待着奥林匹克未来无限。"东风夜放花千树，更吹落，星如雨"，"飞天"飘逸而来，烟火升腾，诗歌梦幻。29个巨大脚印（第29届）化作满天繁星，穿越时空，聚拢五环。

场地正中，中华文明长卷徐徐拉开。太古遗音，四大发明，文房四宝，汉字曲艺，丝绸之路商队和地图，郑和下西洋水手和巨轮，渐次呈现。中华五千年文明和与现代奥林匹克邂逅、交集、牵手——申奥失败，从零开始，历经沧桑，重见彩虹，奥林匹克与古老中国终于面对面！

> 吾师心，心师目，目师华山。
>
> 咫尺之图，画江山万里。
>
> 水墨丹青，写天地日月。
>
> 盛世强音，送人间和谐。

开幕式以文寓意，底蕴厚重。奥运梦想是中国人的心结，敞开家国之门，以"科技、人文、绿色"的方式迎来家门口的奥运会，也是中国人"更快、更高、更强"的不懈追求。孕育五千年灿烂文明，承载三千年奥运之缘，生生不息，代代相传。

> 同一个世界，同一个梦想。
>
> 你和我，我们是一家人。
>
> 我和你，一起创造明天。

喜迎北京奥运，中外优秀创作人推出了质量上乘的众多奥运歌曲，开幕式主题曲《我和你》便是其中之一。中国歌手刘欢搭档英国歌手莎拉·布莱曼中英文献唱，表明了北京奥运融入世界大家庭的决心。"我和你，心连心，共住地球村""为梦想，千里行，相会在北京""来吧，朋友，伸出你的手。我和你，心连心，永远一家人"，清晰简短，情真意切，唱出了北京翘首以待的心声；开放包容，诗情画意，唱出了五洲健将齐聚北京盛况空前。

204个参赛代表团逐次亮相，8名世界冠军手持奥运会旗入场，经过2万多名中外火炬手传递的奥运圣火由前女排队长孙晋芳交与体操名宿李宁，高举火炬的李宁腾空飞翔，沿着空中徐徐拉开的中国画卷奋力奔跑，直达火炬塔并将奥运圣火点燃！此时北京4万余发焰火齐放，好一个火树银花不夜天！

一场无与伦比的开幕式，拉开了第29届奥林匹克运动会的序幕。为期16日的比赛创造了43项世界纪录，诞生了132项奥运纪录，87个国家在赛事中获得奖牌。中国共获得100枚奖牌，其中，51金，21银，28铜，金牌数独占鳌头（后被取消3枚金牌，补发1枚银牌，2枚铜牌，总数100枚未变）。"金玉良缘"的北京奥运奖牌设计独具匠心，正面为展翅站立的胜利女神和希腊潘纳辛纳科竞技场，后面则是龙纹玉璧和奥运会徽，从雅典到北京，跨越万里，纵横千载，终于迎来了"中西合璧"的时刻，体育健儿的顽强拼搏与辛苦付出，终究得以圆满。

2008北京夏季奥运会，成功了！奥运之前冰雪、地震自然灾害频发，申办成功后需解决办赛时间确认问题，又要应对奥运火炬传递屡遭破坏，奥组委、NBC、赞助商权益协调等各类困难，中国知难而上，办出了精美绝伦的奥运开幕式，获得史上最好竞技成绩，传递了满满中国力量，让世界真正停下脚步，仔细端详一下中国日渐成熟的模样。北京奥运完美的赛事与服务，中国人的热情与好客，令世界为之动容，赢得了国际社会的真诚喝彩。8月8号奥运开幕日，经国务院批准为"全民健身日"，奥运效应催生了一大批体育爱好者，也掀起了后奥运时代全民运动的狂潮：中国人参与体育运动的热情与日俱增，人均运动时长提升了1.5小时/天，参与体育运动的人数增加近70%，体育用品销售量和运动场馆利用率都实现大幅提升。官方数据显示，北京奥运会奥组委收入205亿元，支出193.43亿元，结余超过10亿元。有人质疑该统计数据没有把奥运会前期投入、安保等费用列入，但借助奥运期间的基础设施建设，北京开展了城市综合治理、地下轨道建设、场馆建设和环境保护，北京城市发展速度因承办奥运提前了不止10年，市民也提前享受到了新建广场、连片绿地等诸多奥运红利，奥运遗产"鸟巢""水立方"成为国家名片，持续发挥着效用。北京"大院"里迎来了各国宾朋，每个中国人都倍觉有面。看着同胞摘金掠银，每日盘算着奖牌飙升数字，民族自豪感油然而生。对于曾备经折磨的中国人来说，北京奥运是一次彻底的扬眉吐气。

北京奥运是对老一代体育人和传承体育精神、弘扬体育文化的最好纪念。

北京奥运是中国从体育大国渐变体育强国的最好证明。

北京奥运是向世界传递中华文明和中国力量的绝佳平台。

北京奥运是古老中国理清思绪，崭新中国持续发展的加油站。

北京奥运是前无古人、后无来者、不可复制的永恒经典。

北京新冬奥

多年以后，再看之前一挥而就的激扬文字，竟有一种莫名的感触在心头。作为人类文明产物的"奥林匹克"继续履行着"服务人类"的生活哲学，向全世界推广着"人文主义"精神产品。"奥林匹克运动会"依然是当今世界规模最大、项目最多的大型综合性活动。事实证明，举办奥运会可以提升国家和城市的品牌形象、影响力和国际化水平，拉动投资、消费、出口经济增长的"三驾马车"，加速产业结构调整、激发经济活力；能够提升城市建设管理水平，改善城市基础设施，推动城市未来发展；还可以提高市民素质、增加就业机会、凝聚人气……从哪个角度讲，都是一笔"一本万利"的好买卖，故世界各国、知名城市趋之若鹜，争先竞办。

奥运接力棒有序传递：2010年，加拿大温哥华第21届冬季奥运会；2012年，英国伦敦第30届夏季奥运会；2014年，俄罗斯索契第22届冬季奥运会；2016年巴西里约热内卢第31届夏季奥运会；2018年韩国平昌第23届冬季奥运会。严格按照周期运行的奥运不乏亮点：温哥华奥运会首次提出"创造"遗产构想，首次建立专门的奥运遗产管理机构，推动了奥林匹克运动可持续发展；伦敦奥运会把"伦敦碗"作为主赛场，开幕式将电影、舞台、庆典文化有机结合，独具英式匠心，奉献了一场文化视觉盛宴；索契奥运官网成为当时全球登录人数最多的体育网站，索契奥运首次由全民投票选出吉祥物，奥运圣火首次抵达北极，首次完成"太空之旅"，并实施了奥运史上最严格的兴奋剂检查；里约奥运圣火首次抵达南美洲，里约热内卢成为首个主办奥运会的葡萄牙语城市。开幕式上，史上首支代表全球6000万背井离乡者的难民代表团亮相，世界名模吉赛尔·邦辰上演模特生涯最后一场走秀；平昌奥运开幕式韩国与朝鲜代表团联合入场，北京8分钟精彩的现场演出，都引起了世人广泛关注。

自2008年北京奥运会后，似乎奥运繁荣胜景日趋凋零，这五届奥运虽亮点纷呈，但给观众们留下更深刻印象的，却是更多的负面消息：温哥华奥运反奥组织活动频繁，奥运火炬接力路线被迫多次更改，开幕现场少竖起一根柱子，点火仪式失败。体育馆、滑雪场设施问题频发，计时系统漏洞百出。伦敦奥运开幕式点燃的奥运圣火，史无前例地接连熄灭三次，主办方错把韩国国旗作为朝鲜国旗，日本队被直接带出场，点火仪式上再未见到。索契奥运会开幕式出现技术故障，体育场半空的雪绒花没能如愿盛开，奥运五环莫名变成了四环。为举办冬奥会，索契2000户家庭搬离，奥运会后当地一片荒凉，变成"鬼城"。平昌开幕式互联网操作系统出现问题，许多观众无法打印入场券，导致座位空置。东道主在短道速滑赛场肆无忌惮的表现，更让观众愕然。里约奥运会期间学生组织示威活动，抗议政府忽视教育投资。赛场大量空座，6万座席的田径场馆上座率不超过1/3。运动员住宿设施不完善、厕所稀缺、住宿房间不足。

说来奇怪，当初竞办奥运的国家和城市不惜血本，把"卓越、尊重、友谊"的奥运精髓挂在嘴边，待到落地之时则纷纷变了味道。本该中立的奥运会被政治组织恶意绑架，成为对抗政府、谈判威胁的工具，影响了温哥华奥运现场效果、让巴西政府陷入空前经济危机。索契和里约奥运基础设施建设直到开幕也未竣工，奥运会设施再利用不够，耗资巨大的豪华场馆，奥运结束后大量闲置，这种效果的奥运会何谈"卓越"？几乎每届奥运会，裁判问题都不断被提出质疑，不公、误判、错判等猫腻频现，比赛和颁奖过程种族歧视情况时有发生，同样背离了奥林匹克倡导的"尊重"和"友谊"。

奥运会到底怎么了？为什么会频频出现奥运瓶颈？

一方面原因是奥林匹克特殊的运行机制。国际奥委会是奥林匹克运动的最高权力机构，也是官方认可的非政府、非营利的国际组织。"非政府"决定了其不会使用行政强制手段举办奥运，国际奥委会需借助各国家奥组委、政府、承办地、赞助商、体育组织的力量协同。"非营利"则决定了其无法直接参与奥运商务运营，只能采用TOP计划等方式委托运营，其垂直管控的影响力和执行力被打折。作为世界最大的综合性体育活动，奥运比赛项目众多但内容相对分散，国际奥委会并不直接承办具体比赛，而是委托各国际单项体育委员会负责，由于各体育委员会拥有自己的独立赛事IP，出于自身利益考虑，可能会造成部分奥运比赛项目并不一定代表当前世界竞技的最高水平。比如，为了保证世界杯的权益，国际足联将参加奥运会足球项目队员的年龄限制在23岁以下，只允许3名超龄队员参加。从某种程度上讲，奥运会专业"圈粉效果"还不如足球世界杯、田径黄金联赛等单项赛事。随着全球经济增长趋缓，举办奥运会投资大、回报周期长、收益难保障的问题显现，之前各国知名城市趋之若鹜竞争主办权，到如今视如鸡肋、首鼠两端。作为被官方认可无限期存在的"金钥匙"组织，国际奥委会也感觉到了运营压力，也在积极协调着国际单项体育联合会与国家奥委会的平衡关系。

另一方面原因在于社会公众对奥运认知态度的转变。国际奥委会不能深度参与奥运包装和运营，奥林匹克缺乏持续影响力的人物和娱乐话题，在互联网飞速发展的"全民娱乐"时代，奥运会的传统推广方式若不顺势做出改变，就很难留住"二次元"时代的"新新人类"。近几届奥运会留下的诸多遗憾，令观众体验感屡屡受挫，现场参与热情锐减。社会和公众对竞技体育的认知潜移默化地发生变化，公众关注金牌、追逐冠军的兴趣和渴望锐减，公众理念的颠覆性转变，使得"奥运竞技大餐"不再成为刚需。

2015年国际奥委会第128次全会投票决定，北京和张家口成为2022年冬奥会举办城市，这是自1924年法国夏蒙尼首届冬奥会以来，连续举办的第23届冬奥会，也预示着北京将成为全球首个荣获夏、冬两季奥运会举办权的城市。由于受新冠疫情影响，2020年第32届东京夏季奥运会延期至2021年进行，与2022年北京冬奥会间隔不到半年时间，这样给北京冬奥"曝光率"和"收益率"都带来了微妙影响。在奥运会陷入低潮期承办冬奥会，北京要在成功承办2008夏奥会的基础上，作出更多改变。

首先，2022冬奥会目标应定位为"多赢"。作为人均GDP超过1万美元的世界第二经济体，提升国家形象、振奋民族精神、倡导全民运动的任务在2008夏季奥运会已圆满完成。迎来冬奥会，我们需要依托深邃的奥林匹克文明，制造出更多的精神文化产品，增强国家软实力，为全民大健康服务，重启新冠疫情之后世界对中国的新认知。奥运会已不仅仅是冠军争夺的硬核赛场，既然公众已不再痴迷奖牌榜，且对造假夺牌、让球攻略颇有微词，那么就不妨把普及和推广奥林匹克人文精神、推广奥运正能量作为切入点，把家门口的冬奥作为国民体验"陌生、纯洁、激情"的冰雪运动的契机；落实冬奥会差别定价和门票弹性调节，打造线上冬奥平台，引导更多青少年感受冬奥魅力，播撒下激情与梦想的体育种子；要让更多社会组织、企业、志愿者参与到冬奥会建设、承办及赛后再利用的全过程，有效汇集各方力量；通过社会捐助开展标志性奥运公益活动，让奥林匹克之光播撒到高原大山；给予伤残运动员更多人文关怀，让世界各国运动员都能参与到传播奥运精神的活动当中。

其次，要更好发挥市场推动作用。奥运会投资巨大，仅凭政府买单、企业捐助难以为继，且容易引起公众反感。政府应做好统筹引导而非下硬性指令和进行过多干预。要最大程度发挥市场驱动作用，加大产业结构调整、带动就业、推动经济增长。借助冬奥契机，实现体育产业跨越式发展已成为举国共识。要以体育产业带动区域经济发展，促进传媒业、在线体育产业、旅游业发展，推动建筑业、服务业、制造业转型升级；要超前布局未来经营业态和奥运后的接盘企业，对比赛场馆及设施进行再利用；奥运旅游线路也要充分挖掘周边历史文化底蕴，策划后奥运时期的可持续运行；要借助互联网将奥运衍生品打造成畅销全球的经典"爆品"；要通过市场化手段，对阳光上进的体育明星进行包装推广，打造更多"奥运网红"。

最后还要借奥运之势破解各类难题。成功举办2022冬奥会，将会极大提升奥林匹克运动形象。国际奥委会要研究如何处理好与国际体育单项组织、承办地、赞助商、经纪人的合作关系，以保持奥运会不受政治、组织、种族、商业等外界干预，破解奥林匹克运动"独立性原则"不到位的难题；要依托传统媒体（电视、广播、报纸），利用现代科技手段，拓宽基于互联网的"多元化"奥运传播渠道，释放赛事产业的"蜂聚效应"，让奥运赛果和比赛每一个瞬间都鲜活起来，破解奥运会关注度持续降低的难题；对于主办地北京来说，要提升"冬奥品牌"的变现能力，借助奥运主题，发挥首都辐射作用，助力京津冀一体化发展，破解节能减排、生态保护、环境治理等一系列问题；对于大众来说，要通过参与和观赏比赛，真正理解"公平竞争、相互理解、友谊团结"奥运精神的深意，提高对"争金夺牌""反兴奋剂"的理解和认知，通过推广奥运普及全民运动，倡导公众健康生活方式，破解"从奥运学什么"的永恒课题。

从从容容办冬奥。办一次没有压力、定有惊喜的冬季奥运会。

我们很期待！

解读长城

　　一个没有历史底蕴的国家是苍白的；一个没有文化沉淀的民族是狭隘的。长城，这张古老中国的历史文化名片，着实让亿万炎黄子孙踏实自豪了几千年。

　　时光回溯至群雄争霸、战乱纷争的春秋战国时代，齐、楚等各国诸侯"因地形，用险制塞"，关城隘口处垒烽火台，夯土筑墙连之。如今，这些大部已湮没殆尽于荒野的断壁残垣，便是古长城的雏形。嬴政皇帝统一六国后，举国征调百万戍卒劳力，以血肉之躯将崇山峻岭间的各国城墙连成一体，长城自此横空出世。

　　长城是什么？丰富的履历记载着岁月沧桑：2000年前，他是大秦帝国一统天下巩固政权的军事屏障；1000年前，他是宋钦宗、宋徽宗国破家亡的历史见证；500年前，他是明王朝耗巨资重修却被瓦剌铁骑无情践踏的莫大讽刺；100年前，他是近代革命者呼唤民族救亡的最强音；60年前，他是古老中国重整河山、百废待兴的坚强支撑。

　　长城是什么？他是中华文明的载体，承载着历史与文化传承：冷兵器时代，长城内外的农耕文明与畜牧文明，进行了长达数千年的博弈对决，处在政治经济文化交会处的长城，既是双方军队出击的主战场，也是休战时双方百姓的边贸市场，是农、牧文化融合的延长线。长城的最早修建者之一赵武灵王，力排众议，改变旧俗，以"胡服骑射"推进一系列创新改革，使羸弱的赵国日益强大，西退胡人，北灭中山，跻身"战国七雄"。而汉代文帝、景帝、武帝、元帝，不以长城自缚，充分运用政治智慧，或对峙、或融通、或进攻、或和亲，将长城的效能发挥到极致。战争时代，长城是北击匈奴的战略基地，成就了卫青、霍去病这些军事天才纵横驰骋；和平时期，这条军事防线变成了商贸交流平台，任由张骞、班超这些外交天才纵横捭阖，各民族的融合进程依托长城不断延伸，开辟了东西方经济文化交流的交通线——丝绸之路。长城之内"面朝黄土背朝天"的传统农耕文化，与关外"随畜因射猎禽兽"的游牧文化渐行渐近，无论政权如何更迭，无论战争结果如何，不同性质的文化和文明因长城的兼容并收而相互渗透，经久不衰，形成了多民族融合、博大精深的华夏文化，也造就了几千年中华文明的延续与传承。

长城是什么？他是全球华人的精神家园。一堆堆散乱的砖石，由千万个能工巧匠，耗费千年时光，缔造出雄踞东方的中国巨龙——衔沧海，踏高原，攀绝壁，越深山，穿森林，跨沙漠，撑起了中华大地的脊梁，融入华夏文明的血脉。"不教胡马度阴山"，面对坚若磐石的人造天堑，骁勇的匈奴铁骑唯有仰天长叹，"休兵而息民"——璀璨的中华文明在长城护佑下得以延续与传承。"长风几万里，吹度玉门关"，长城既是固若金汤的军事堡垒，拱卫中原安全；也是戍边将士对月当歌的心灵寄托，歌以咏志以解乡愁；更是热血男儿投笔从戎的精神慰藉，为民族大义抛头颅、洒热血在所不惜。以长城为主题，浩如烟海的诗词歌赋、戏曲文化艺术被国人代代相传。时至今日，弥眼可见的书籍、画册、邮票，耳熟能详的视频、音乐、歌曲……长城的进取形象依托现代媒介走进世界每个角落。"稳固、坚韧、刚强、拼搏""一夫当关，万夫莫开""不到长城非好汉""牢不可摧"……这些由长城故事衍生出来的长城精神烙刻在中国人身上，让世界读懂了中国，也看到了中国的未来。中山先生盛赞长城"古无其匹，为世界独一之奇观"。的确，历史上有20多个王朝曾修筑过长城，累加起来，竟有5万公里之多，可谓地球人类建筑之最！我们不必去费力考证，宇航员是否真的能在太空看到长城，重要的是，在每一个中国人的心目中，长城有着与生俱来、无法替代的作用，这条深藏在中华儿女心底的"城结"，是中国文化永恒发展的不竭动力，更是中华民族和全人类的共同骄傲，他自不需要任何证明。

唯物辩证法告诉我们，凡事要"一分为二"地去认识。被史籍所公认的残暴专制的秦始皇，也能给后代留下长城、灵渠这些世界级文化遗产，而护佑了中国几千年文明的长城，却不自觉地束缚了中国人的创新思维和创造能力，让中国人自我设限，囿于其中。

中国人缺乏创新意识是有其历史渊源的。起源于黄河流域的中华民族是以农耕为主业的大河文明，人们习惯了固守田间、安分守己。有固若金汤的长城，有精耕细作的工艺，有吃苦耐劳的精神，确保了国民富足优越的生活。这座夯筑在国人心底里的坚固城池，让大家乐于框架内行事，不愿意打破平衡、改变传统，更缺乏振臂一呼的勇气和破釜沉舟的决心。这种因循守旧的封闭城墙不倒，僵化陈旧的固有观念不改，中华民族的创新之路遥遥无期。要更好地继承长城精神，必须要转变传统思维，梳理长城的历史脉络，不难发现，即使拥有最稳固的长城，也并不能换来天下持久太平。

千百年来，长城进可攻、退可守，是华夏儿女韬光养晦、蓄势待发的民族图腾，是天下稳固、百姓安居的国力象征，诸多王朝都把修建长城作为巩固政权的有效手段，耗资巨大，乐而不疲。但是，唐朝和元朝没有修过长城，为什么？盛唐中国，是中华辉煌文明的巅峰，国力强盛，外藩称臣，长城内外都是中国的领土，老百姓空前自信，心气自比天高，长城作为国力强盛与稳固的见证，只需写到诗歌里罢了。元朝是我国历史上版图最大的国家，疆域拓展至欧洲，长城的军事屏障作用，自然被无限弱化。与之形成鲜明对比的是，明代组织了历史最大规模的长城修缮工程，"外边""内边""内三关"长城；辽东、宣府、大同等九边重镇；"镇"下有"路"，"路"下有"关"，有"堡"，有"烽火台"——重重设防的明长城可谓固若金汤。极具讽刺意味的是，就是在长城要塞居庸关西北的土木堡，一场让大明帝国颜面尽失的战役，让可怜的英宗朱祁镇成为蒙古瓦剌军队的俘虏。"易守难攻"的长城，没有坚强无畏的守护者，也注定摆脱不了失败的命运。

我们曾无比自豪，与中国长城几乎同时期修建的古希腊、古罗马长城，已尽数毁于战争，我们的长城是硕果仅存的世界遗产；曾与中国齐肩的三大文明古国（古巴比伦、古印度、古埃及）皆已烟消云散，但中国文明却依然屹立于世界民族之林！我们再沉下心去认真思考，多年以来总是引以为傲的四大发明（指南针、造纸、印刷术、火药），还有哪项技术尚保持在世界领先行列？当现代社会已进入高速发展的信息化网络时代，苹果、亚马逊、Alphabet、Facebook等国际科技巨擘，眼花缭乱地推出各种颠覆性新产品时，我们的"新四大发明"尚未能服众。当我们还抱着老祖宗几千年前的发明创造沾沾自喜、反复炫耀时，看着超越者们大步流星地远去，是否会感到有些汗颜呢？

所以说，打开心中封闭的长城，打破创新超越的桎梏，与时代共进步，弘扬长城精神，是每一个中国人的使命与责任。"早岁那知世事艰，中原北望气如山。楼船夜雪瓜州渡，铁马秋风大散关。塞上长城空自许，镜中衰鬓已先斑。"吟起《书愤》，依稀可辨大动荡时代古长城掩映之下"金戈铁马、气吞万里如虎"的恢弘场面，千年光阴流转，陆游先生孤臣愤诉的爱国情怀激励后人不断前行。曾记否，长城喜峰口，29军将士赤膊上阵，挥舞大刀砍向狂妄的入侵者，"把我们的血肉筑成我们新的长城"，行将没落的中华民族精神因为"不屈的长城"再次凝聚，长城精神激励民众同仇敌忾、浴血奋战。中国不仅没有消亡，重生之后，长城精神鼓舞着创业者精诚团结、战天斗地，愈发刚强。

长城作为军事屏障，在一定历史阶段阻隔过内外交流，但他与封闭保守没有必然联系，更不会阻断聪明灵活的中国人创新之路。"只有一个伟大的民族，才能造得出这样一座伟大的长城。"战争时代，我们往往站在农耕民族、正统王朝的立场思考问题，"饮马长城窟，水寒伤马骨"，长城代表冰冷、残酷与荒凉。而忽略了长城作为多民族融通交流平台的积极意义，各族人民往来长城脚下，关、堡、口、塞、障皆可互市，既促进了经济发展和社会进步，也让我们的民族文化更具多样性，最终我们的国家进一步拓展了疆域，也将中华民族变得更为包容，更为理智，更富有文化内涵。

长城作为具有象征意义的国家防御建筑，以此来改变历史走势的时代已经逝去，但代表着"勤劳、智慧、勇敢、包容"的长城精神永不过时，我们需要站在古老长城坚实的臂膀之上，以史为鉴，鼓励创新创造，再塑能够代表中华民族"世界观、哲学观、价值观、审美观"的新长城精神。我们呼唤创新，因为古老中国不需要刻板的盲目追随，邯郸学步只能贻笑大方；也不需要搜肠刮肚地为创新而创新，模仿抄袭则会停滞不前。中华民族的创新，是经历无数次风暴洗礼的提炼和再造，是由无数哲人、思想家、探索者、革命者引领的思维碰撞和思想融合。是把经年思考沉淀为理论经典的提升超越，是把美好理想转化为思想艺术的开拓进取。创新源于最平凡的实践，只有不妄自菲薄、不怨天尤人、不浅尝辄止，甘于坚持，舍得奉献，厚积薄发，古老的长城才会获得凤凰涅槃后的新生！

起于垒土，铸就经典的长城，是每一个中国人的精神之城，有了梦想与希望的坚强支撑，一切都会变得踏实和自信，底气十足。

和合圆融，承载历史的长城，是每一个中国人的心灵之城，打开古老的城门，开放封闭的心扉，创新之路便不再遥远。

绵延万里，直面未来的长城，是每一个中国人的创造之城，上下千年，纵横万里，历久弥新的创新实践也会不断积淀，熔铸成中华民族精神新的象征！

解读酒局

~

身处"民以食为天"的中华文明世界，无酒无以朝庙堂，无酒无以走江湖，无酒无以闹市井。酒局与政治、军事、文化、民情交织在一起，或把酒言欢，或借酒消愁，或歌舞升平，或刀光剑影，宴毕，局势人心、孰胜孰负已尽数落定。欢聚时刻，美食佳酿，觥筹交错，博弈权谋，"酒场"已嬗变"酒局"。

缘何而酒

酒之起源，颇为赞同晋代江统《酒诰》的说法："酒之所兴，肇自上皇。或云仪狄，一曰杜康。"古代医家认同中华"人文初祖"轩辕黄帝制"醴酪"❶为药的说法；《吕氏春秋》和《战国策》记载仪狄曾造"醪酒"❷以献夏禹；唐代识字课本《蒙求》有曰"杜康造酒、仓颉制字"，宣讲夏代杜康乃酿"秫酒"❸之始祖。黄帝、仪狄、杜康三人究竟谁发明了酒虽无定论，但已间接证明，酒的形成与人类社会进步息息相关，农业发达、谷物丰收，酒的出现属于"偶然中的必然"。在中国，酿酒和饮酒的

---

❶ 动物乳汁酿成的酒。
❷ 米发酵而成的醪糟。
❸ 以黏性高粱制成的清酒。

历史，与中华文明史大致趋同，酿酒工艺已被百姓传承5000年，"智者作之，天下后世循之而莫能废"。先是谷物自然发酵形成天然酒，后商周国人创造酒曲复式发酵，黄酒率先实现量产，距今约3000年；形成规模的葡萄酿酒，源自汉武帝遣张骞出使西域带回葡萄和酿酒工匠，距今约2000年；真正意义的中国白酒产业形成，是在引进和使用阿拉伯蒸馏技术之后，距今约1000年。

"对酒当歌，人生几何！譬如朝露，去日苦多。慨当以慷，忧思难忘。何以解忧？唯有杜康。"酒具备与生俱来的特殊魅力，数千年来"莫能废之"。"酒"因其独特的功能和作用，而被全世界公认为"神奇魔水"，所以在饮品界的地位无可替代。真的这般神奇？先从理化的专业角度梳理一下：按照生产工艺分类，酒分酿造酒和蒸馏酒。酿造酒是通过酵母作用，把含淀粉和糖质原料的物质进行糖化发酵产生酒精成分，经过杀菌澄清后形成的酒。黄酒、啤酒、葡萄酒、清酒属于酿造酒。而蒸馏酒是先经过酿造，后进行蒸馏后冷却成酒。蒸馏酒酒精度相对高，白兰地、威士忌、朗姆酒、伏特加、金酒、龙舌兰和中国白酒属于蒸馏酒。从酿酒原料分，酒分粮食酒和水果酒。粮食酒由甘薯、玉米、小麦、大麦等谷物粮食酿造，白酒、黄酒、啤酒、威士忌属于此类。水果酒由葡萄、苹果、樱桃等水果酿成，比如干红、干白、白兰地、香槟、各类果酒。

"缘何是酒"？尽管酒的品种林林总总，形态各异，度数有高有低，但都有一个共同点，就是所有的酒里都含有"酒精"（乙醇）成分，就是这个神奇的物质让人沉溺其中，难舍难离。"酒"与其他食物不同，它可以直接被肠胃吸收，故空腹饮酒酒精迅速发挥迷惑作用，人很快就会"上

解读酒局

头"；若边吃食物边饮酒，被人体吸收的酒精绝大多数被氧化释放热能，少部分通过呼气，以及汗液、尿液排出体外，这就是常说"漏酒者"擅饮的原因。当血液里的酒精达到一定浓度时，人的脑部受影响产生抑制作用，当抑制作用在大脑皮层中占据优势，人就会恍恍惚惚进入迷离状态直至酣然入梦。而抑制作用减弱时会影响人的判断，兴奋过程则相应增强，这也是饮酒后许多人容易兴奋的原因。

就这么一个简单的物理现象和化学反应，让"酒"彻底改变了"人"这个无所不能的世界最高级动物的意识、举动和情绪。当脑部的判断和抑制作用反复博弈，人体就会产生各种复杂的状态反应，或者倍感舒适、心情放松、忘却烦恼，或者悲愤交加、百感交集、难控情绪。神奇的魔水，能让一贯谨言慎行、沉默寡言的人变得豪言壮语、滔滔不绝，让平日严肃冰冷、不苟言笑者成为嬉皮笑脸、插科打诨的开心果。一场深刻的酒局，可以让挥刀相向、横眉冷对的仇敌对手尽释前嫌、握手言欢，也可以使亲若手足、朝夕相处的朋友兄弟割席断交、一饮成仇。

"缘何而酒"？从神奇魔水诞生的时代，答案即被破解。农业和手工业的出现，改变了人类茹毛饮血的原始生活，开始居有定所，不再终日奔波。而酒的适时出现，彻底颠覆了食物饮品只能果腹充饥的状况，人类在劳作、生活、战斗之余，可以借助"神奇魔水"表达情感、参与仪式、彰显地位，基于物质享受而上升到精神体验，既实用又有面子，一旦形成习惯，会产生高度的依赖，使人爱恨交加，欲罢不能。于是，善于思考的中国人，开始参悟"玄之又玄，妙之又妙"的酒中大道："酒中有胜地，名流所同归"，无论帝王将相还是凡夫俗子，一旦喝上了酒，身体反应都一样；"得钱即相觅，沽酒不复疑。忘形到尔汝，痛饮真吾师"，喝酒能喝出友谊，交到朋友，增进感情；"天子呼来不上船，自称臣是酒中仙"，酒后可以抛却身份、忘掉拘谨，自信爆棚；"天垂酒旗之曜，地列酒泉之郡，人有旨酒之德。故尧不千钟，无以建太平；孔非百觚，无以堪上圣"，六岁就能让梨的孔融坚决反对曹操禁酒，这篇"义正辞严"的华彩文章，将酒的意义无限之拔高。

给酒一个机会，回报也许不只是"惊喜"。

酒怎成局之政治酒局

酒局能够改变政局，有据可查。《淮南子》记载，楚国曾与赵国发生过一场"酒"战争。赵、鲁两国给楚国送酒，"赵酒厚而鲁酒薄"，可恶的楚国酒吏向赵国索贿不成便将两国酒坛调包，楚王品尝对比之后，感觉鲁国"重礼"而赵国"轻薄"。酒"薄"、情"薄"，意味着"不尊"，遂发兵攻打邯郸。也许楚国以"酒薄"发动战争只是找个借口，但仔细想想，每一个王朝从建立到颠覆，哪个不渗透着莺歌燕舞的美酒盛宴与刀光剑影的血雨腥风呢？

纣王骄奢淫逸宠爱妲己，建酒池肉林，嗜酒杀忠臣，失民心败商朝；幽王为博褒姒一笑，烽火台饮酒为乐戏诸侯，误了性命丢了西周江山；项羽、刘邦会饮鸿门宴，双方各怀鬼胎伺机而动。项霸王若听从亚父忠告，舞剑表演变成斩首行动，也许社稷大局已落定。项羽过于纠结酒筵之礼数，加上樊哙饮斗卮酒，吃生彘肩，借酒狂言，"无厘头"搅局使得高祖佯醉顺利逃脱。而踌躇满志的新科帝王一旦政权在握，首要便是设酒局拿下羽翼渐丰的武将们：赵匡胤温文尔雅地设筵，席间一杯酒、一席话，便低成本地解除了重臣石守信们的兵权，属于相对文明的政治酒局。朱元璋看不惯居功自傲、牛气冲天的开国功臣们，干脆就设下空前绝后的酒局，一番觥筹交错大宴群臣之后，火烧庆功楼，这是阴谋血腥的政治酒局。

酒局也能加速朝野宫廷内外纷争的政治博弈进程：太子丹虚情假意设下一场丰盛的酒局，贵族们白衣送行，高渐离击筑，荆轲和曲而歌，"风萧萧兮易水寒，壮士一去兮不复返"——荆轲实无其他选择，太子丹素以上卿待之，平日侍其老母，酒局亦政局，死士唯有赴死以报。若荆轲刺嬴政成功，这场酒局定会被刘向渲染得更为恢弘。曹操备下酒局私宴刘备，一番"煮酒论英雄"话题试探，惊得刘皇叔心惊胆战，竹箸失落于地，若不是适时响起的炸雷，再加上一番"圣人迅雷风烈必变，安得不畏"的解释，必定在劫难逃！刘皇叔并未醉酒吐真言，而曹操则酒意满满，牛气冲天，沉浸在嘲笑刘备"一震之威，何至于此"的兴奋中，否则魏蜀历史定将改写！类似之酒局曹孟德做过不止一次，董承、王子服痛恨专权，密谋除曹，曹操则将计就计，设"酒局"请君入瓮，酒宴未结束，客人已成罪人。可以想象董、王二位佯装平静饮酒之时，内心的忐忑与不安。曹操善以酒试人，因其本人亦为酒徒子，喝酒也付出过惨重代价。宛城庆功宴酩酊大醉的曹操险些被张绣偷袭成功，损兵折将的教训相当深刻，曹操也没有因此而戒酒。没有接受教训的还有张飞，借酒打督邮，酗酒打曹豹，醉酒丢了徐州和嫂夫人，还没接受教训，最后一次酒后暴打范疆与张达，把自己的身家性命都搭上了。

上述惊心动魄的酒局故事是中国历史的常客。古代统治者很乐于用"酒"在国与国远交近攻、诸侯争霸过程中发挥作用。秦赵渑池会，蔺相如趁秦王酒酣逼其击缻，"竟酒"而一战成名。楚宣王会见诸侯，因鲁恭公送的酒太过清淡而耿耿于怀，为了这坛"淡鲁酒"竟然联合齐国讨伐鲁国。南朝文帝刘义隆奉送北魏太武帝拓跋焘"酒与甘蔗"以言欢，双方化干戈为玉帛，避免生灵涂炭。"酒之礼"可兼作国家综合治理。国力强盛、国民富裕，重礼仪、知荣辱的朝代，酒作为祈年求丰、皇恩浩荡的仪式和象征，成了筵席聚会的主角：皇帝分赏"御酒"用以笼络百官诸侯，将官带队出征则"上"赐"壮行酒"，军队搏杀前要喝"上阵酒"，凯旋还朝则君臣共饮"庆功酒"。国泰民安时，酿酒成为巩固国家和社会稳定的重要产业，酒税、酒课是国家重要的经济来源。而战乱来临、食品短缺之时，国家会出台严格的禁酒措施，限制造酒，节约粮食，收复民心。当然，太平盛世也会被无道"酒君"所败落，碰上夏桀、商纣、东吴孙皓、南陈后主这些沉溺酒色不理政的主，奸臣们再假借君命以毒酒赐政敌，酒成为打击忠良、排斥异己的手段，国家大去之日则不远矣。

酒怎成局之文化酒局

文化与酒，千古话题。《诗经》里有很多赞叹周朝宴饮的篇章文字："君子有酒，旨且多"，"君子有酒，酌言献之"，"君子有酒，嘉宾式燕以乐"。重礼的周朝，谦谦的君子，讲究的酒器，自酿的美酒，隆重的仪式，《小雅》字里行间透着酒局的高雅。在物质相对匮乏的时代，能有余粮酿酒，象征着农业丰收、四海太平，"八月剥枣，十月获稻，为此春酒，以介眉寿"，以酒为醴，祭天地、自然、祖灵，完成仪式后亲友方能共同饮宴，体现了周人节制重礼的酒文化。

艺术创作需要灵感，文人与酒，相得益彰。政治更迭频繁的魏晋南北朝，社会动荡、危机四伏，士族文人们为排解所背负的沉重压力，纷纷与酒结缘，社会饮酒之风盛行，文人与酒的传奇弥漫整个时代。恃才放旷的竹林七贤，为躲避朝廷政治斗争酣饮山阳，醉酒遁世。文人们借酒抨世、傲然不羁、放浪形骸，是出于无奈，不被当朝权贵所容，无奈何只能郁郁买醉。彻底摆脱名利束缚的陶渊明归隐田园，唯求闲适作《饮酒二十首》，追求"一士常独醉，一夫终年醒"的生命状态。丰富的诗作源自其酒量惊人，五柳先生号称"一举累十觞，十觞亦不醉"，自言"平生不止酒，止酒情无喜"，诗如其人，酒如其诗。北朝民族的豪爽善饮与南朝雅士的诗情画意相映成趣，特别是兰亭酒宴的曲水流觞，微醺的王羲之纵笔一气呵成《兰亭序》，而酒醒之后书法家再去复盘，竟再写不出洋洋洒洒的书法原貌，这神奇魔水的功效可见一斑。

盛唐美酒与大唐自信相得益彰，加之诗歌的极度渲染，让盛唐文化愈发璀璨。唐有饮中八仙，畅饮求醉，挥毫泼墨，写诗达情。刘禹锡诗曰"无人不沾酒，何处不闻乐"，唐人饮酒成风，善以酒待客，以酒达情，于是接风洗尘、以文会友、送别践行，一次次推杯换盏、载歌载舞的相聚，一次次依依不舍、涕泪沾巾的离别，让美酒与诗篇永存。白居易"一壶好酒醉消春"，酒令曰"凭君劝一醉，胜与万黄金"；高适"终日饮醇酒，不醉复不醒"；罗隐"今朝有酒今朝醉，明日愁来明日愁"；温庭筠"劝君莫惜金樽酒，年少须臾如复手"。饮者们群体性"一醉方休"的时代，也就存活在大唐诗歌记忆里了。

饮酒，交友，赋诗，云游，"豪情与酒"伴随诗仙李白的一生。独自喝酒必有"举杯邀明月，对影成三人"的诗意，众人相聚尽享"烹羊宰牛且为乐，会须一饮三百杯"的奔放。得意时充斥"人生得意须尽欢，莫使金樽空对月"的豪情，失落时也有"停杯投箸不能食，拔剑四顾心茫然"的困惑。酒，成就了李白的华丽诗篇和人生传奇，传说他也是因为酒后"水中捞月"坠水结束了华彩人生，真应了诗中所说"但愿长醉不复醒"，"酒仙"带着未曾及世的诗稿乘风追梦而去。

写宋词的文人又怎能离开酒？酒量不大，却没影响苏轼研究酒文化，他亲手秘制"桂酒"，动辄宴客。据说"雄姿英发，羽扇纶巾，谈笑间，樯橹灰飞烟灭"这些豪壮诗篇，也是苏东坡酒后写成。"今宵酒醒何处？杨柳岸，晓风残月"，这是多才、多情与多酒的柳三变，东京酒肆与青楼，不知留下柳永多少酒局与爱情故事。多产诗词的陆游与酒有关的作品足足几百篇，金戈铁马本是他一生之爱，"百岁光阴半归酒，一生事业略成诗"，无力改变国家分裂的状况，他只能借酒消愁，寄托心中无法实现的理想。

饮酒也贯穿了李清照的一生。少女时身处官宦家庭，婚后与赵明诚恩爱有加，"昨夜雨疏风骤，浓睡不消残酒"，无忧无虑可以睡到自然醒；"常记溪亭日暮，沉醉不知归路"，年轻的日子充满了欣喜和欢悦，自金军入侵无奈南迁，夫君去世，"物是人非事事休，欲语泪先流"，李清照也失去饮酒的乐趣；"酒意诗情谁与共？泪融残粉花戏重"，有酒无伴的时光最难度过；"黄昏院落，凄凄惶惶，酒醒时往事愁肠"，同样的酒醒时分，却是两份迥乎不同的心境。

酒怎成局之社会酒局

酒局是中国传统文化的浓缩，一室之内，尽藏乾坤。中国人最注重的就是长幼有序，高低有节，故而，酒局的座席和发言是非常有规律和次序的，没有遵循酒场规则搞错了先后，相当于这场酒局还未启动便已"败北"。

深受孔孟儒家思想影响的山东，据说是当代社会酒局规矩最严格的地方。山东酒局讲究左右对称、圆通平衡，座席规则如下：入席者围绕圆桌而坐，最中央座位（面对房门或大海、美景）是"主陪"，作为主要组织者，他是掌管本次酒宴主题的"司令"。主陪正对面位置是"副陪"，他是主陪的"秘书长"，负责跑前跑后，添茶倒水，结账送行，协助主陪照顾客人、陪嘉宾喝酒。紧邻主陪右手位置是"大客"，他是全桌最尊贵（或者最年长）的客人，主陪左手位置是"二客"，客人中的二号人物。副陪右手是"三客"，左手是"四客"，其他主场人员各自紧邻客人身侧落座，其中，主陪、副陪的垂直对角位置叫"侧陪"（三陪、四陪及更多），也是协助敬酒、烘托酒局气氛的。这种"天圆地方"的入座方式，综合了一脉相承的中国传统文化——古代酒局称为"筵席"。"筵"是草编的大坐具，铺在地面供客人就座。"席"则是铺在"筵"上的小坐具，一人一"席"。古人座席有上座、下座、陪座之分，周朝讲"客爵居左，其饮居右"，秦代之后固化为以东为尊，面向东（东向坐）坐"席"者为尊，一号。其次面向南坐者，二号。然后是面向北坐者，三号。最低的则是面向西坐者。彼时的古中国固执地认为，地球（大地）是方方正正的，席地而坐，也与大地之形切合。非常有意思的是，已精通地圆学说的现代人融合古今，将中国酒局设为相对平等的圆桌，但主人和客人团队依旧保持了传统的"方正"排列。

筵席开场之前，主、副陪要系统考虑嘉宾客人们的地位、年龄、影响力，与主题契合程度及亲疏远近，综合平衡就座位置。宴席过程中做"局"的主陪任务最重，他需要环顾四周，左右逢源，既要照顾好每一位入席的客人，又要突出宴会主题，凸显重要嘉宾。因为主陪"权高位重"、责任重大，故许多平时不显山露水的人物一旦当上酒桌主陪，就会在酒宴上呈现一番平日鲜见的精彩表现，令人刮目相看。

之后的礼仪更加复杂。宴席开始之时，居中位置的"主陪"正式出演春秋时代召集诸侯会盟的霸主角色，要很正式地宣布开场，发表一段精心酝酿、热情洋溢的"开场白"，向客人表达敬意，并以身作则带动全桌一起干杯，引导每个人都要把面前第一杯酒喝光。能让入席者愉悦地把酒干掉，这需要主陪"领酒"的经验与技巧——要热情、实在、幽默，必要时动用一下主陪"权利"。目的就是让全场迅速进入状态、烘托起酒局气氛。由于需要表达的内容和涉及层面比较多，主陪往往阐述一个观点敬一杯酒，一番完整的"劝酒演讲"下来，大家往往已经3杯（次）下肚了。之后是主方"副陪""侧陪"分别致敬全桌，敬酒次数原则上少于前者（比如，主陪敬3次，副陪则2次，侧陪就1次），也体现了酒桌位置与"权力"的平衡。以上饮酒均为集体动作，在这个阶段喝酒，不管主方还是客方，一般都要碰杯为干，按比例把杯中物喝掉（比例是白酒：红酒：啤酒=1：3：9）。之后酒局的阶段由"春秋演变到战国"，开始群雄混战：一般是"主陪"先发起——他敬"大客"，然后主方纷纷起身（表示对客人的尊重），走到自己角色对应的客人位置（副陪找二客，依次类推）单独敬酒。这阶段的饮酒不一定严格按比例，一般情况由主人掌握分寸，给自己倒酒会肆意加多些（体现诚意嘛），给客人少加些（照顾客人，但客人往往也欣然倒满），然后微醉中说些至亲至爱的话，夸张地把酒喝干，此时酒精已经发挥驱动作用，对方定会痛快干杯。在战国群雄割据阶段，是诸侯各国发挥主观能动性的良机，既可以找人"一对一"单练，频频碰杯说些私密话；也可小范围交流，就共同关心的话题和经历共饮一杯；也有"合纵连横"的小圈子一起向"盟主""霸主"敬酒表决心、表忠心。此刻的酒局，是以"酒"为媒介、以"敬酒"为切入点，通过沟通取得默契的关键阶段。通过神奇魔水的助力，大家由陌生到熟悉，由含蓄到放开，由拘谨到豪放，由单挑到团战，许多平日里、桌面上不方便说的话，不好达成的共识，就在这个阶段巧妙完成了。此时的主陪要掌控好"酒局"总体形势，既要让大家尽兴表达，又要有所分寸，不能过量肆意。而此时副陪压力更大，既要协助主陪张罗着场面，还要控制好不知何时就出现的"醉人醉语"，照顾着"众人皆醉我独醒"的未酌客人。待大家都在座位之外"征战"多时，该说的话已差不多，该表达的感情基本到位，场面逐渐由热变淡，主陪则要果断提醒，收拢大家回归到酒桌上。接下来是"反客为主"的阶段，客人们以酒回敬，表达对主人们热情款待的谢意。客人回敬的次序与开场相反，从排在最末的客人开始倒排敬酒，先由四客来表示，然后是三客，再到二客。唯独把最尊贵的大客留到最后。此时的"酒局"意味着长期割据的局面要被打破，"秦"即将"统一全国"。此时"权力集于一身"的大客与"诸侯国们"博弈许久，必定已比往常多喝不少，但"秦王"（大客）似乎感觉颇爽，使命所在，他还要在主陪的热情倡议下，代表与席客人分享此刻的心得体会，赞美东道主周到的安排，承诺下一次"做东"的计划，然后端起酒杯给全场敬酒表示谢意。大家则共同站立碰杯，共饮美酒之后方能品尝面食（大客不敬酒是不能吃饭的，哪怕主食已经上桌。山东个别地区大客要起身敬几次方能吃饭）。酒局自"主陪"发起，到"大客"终结，是一个完整的大循环。坐在尊贵位置的大客，定是本次酒局的重点照顾对象，受关注程度高，被敬酒次数多，很有成就感和获得感，所以许多人一旦坐到"大客"位置，总能发挥比平常更多的酒量。

如此拖沓冗长的酒场规矩，竟让中国人热衷于此，乐而不疲，你不得不佩服酒局中蕴藏着的数千年中国传统文化套路。"酒局"规矩始于"周礼"。《礼记·礼运》曰"礼之初，始于饮食"，民以食为天，"礼酒"乃周礼的重要组成，讲究器皿摆放有序，长幼就座有节，老小奉酒有规矩。周朝喝酒已有宾主互动，座次也有讲究。九五至尊的天子也要通过酒宴与诸侯、群臣互动，既体现权威，也要讲人情。宫廷带动，百姓效仿，故周人交际，会捧出旨酒，以示情谊。而周人男女成亲，要将一分为二的两个瓢各执其一，同时饮酒，成为"合卺"，预示着百年好合之意，这也是"交杯酒"的渊源，见证男女婚姻的信物竟然也是"酒"。酒桌文化同样也有地方文化基因。在山东，除了讲规矩的孔孟儒家文化，还有土生土长的民间江湖文化。济南历城贾家楼46友饮酒结拜，郓城梁山108将聚义醋饮，大口喝酒、大块吃肉的江湖之风深刻影响了当地酒桌文化，只不过被儒家传统反复改良过而已。坐到酒桌上，每个人都认为自己是大英雄、大酒量、大智慧。"酒品见人品"，"喝酒不实在，为人不实在"，"逢喝必醉的人不可交，屡喝不醉的人更不可交"，"宁伤身体，不伤感情"。于是乎，一桌之人，团团围坐以"劝酒"为引子展开话题，以"敬酒"为手段拉近距离，达成了"酒局"成员的另类"默契"。

当今中国北方的酒文化要比南方盛行。这与南北性格差异有关。南方人性格细腻，追求事物的最佳结果，爱惜自己身体，在酒场上话该说说、酒该劝劝，但不强求，只要事情能办好就OK。而北方人性格豪放，重情谊、重感情，敬酒的人喜欢自我加压——"我干了，你随意"；被敬者往往也干脆痛快——"彼此彼此，同干（甘）共苦"。主客双方通过畅饮实现了有效沟通，原本棘手的事情借着酒意很快就达成共识。于是，明明酒量不大，明知饮酒伤身，却拼了命痛饮。身体状况不允许，喝酒前被告诫要节制，但一融入"酒局"，往往便把持不住，喝了不少无缘无故的酒，只换来了两字评价——"实在"！社会之"酒局"，因饮酒伤及身体健康者甚众，因酒后驾车造成人身伤亡的教训很多，因为酒后张狂而犯下过错、留下教训的，更是举不胜举。可以肯定，"酒局"之上真正嗜酒如命的"酒徒子"凤毛麟角，但特定的场合和从众心理却又让大家不断地入局并折腾。唉，这又是何苦？

酒局，该歇歇了！

解读足球

历史足球

"当今世界的体育项目只有两种，一种是足球，一种是其他。"这句貌似调侃、实则意味深长的话，凸显了足球在体育界的霸主地位——足球是公认的世界第一运动。足球项目普及程度影响着一个国家的国民素质和民族性格，国家足球队的成绩表现关乎国家荣誉和体育形象；足球比赛日是国家和城市的盛大节日，也是亿万痴情球迷的精神寄托；足球俱乐部是城市部落定制的专属文化图腾，球星则是绿茵场的主宰者，是阳光、运动、健康的代言人。穆里尼奥认为：足球是有史以来形态最为完整的体育项目，它是由情感和数字共同组成的一道优雅的方程式。的确，足球比赛是兼具仪式感、参与感、归属感的文明释放，足球在当今社会大型活动的"NO.1"地位不可撼动，影响力远非其他任何项目所能企及。

同理，世界足球运动也分两类，一种是"中国足球"，一种是"他国足球"。这个分类方式既滑稽可笑，又让人倍感忧虑。也许，当你沉下心找出二者的同与不同，也许会理解时至今日，中国足球水平依然上不去的一些缘由。

先从中国古代足球的历史说起。中国号称世界足球"发祥地"，该说法亦得到国际足联的善意认可，阿维兰热、布拉特、维拉潘都曾公开承认

"足球起源于中国"。中国足球史源远流长，古时流行于民间的娱乐性游戏名曰"蹴鞠"（也叫蹋鞠、蹴球、踢圆等），"蹴"指球的各种踢法，"鞠"为球体，外裹皮革、内藏米糠或毛发的扁状物。一说"蹴鞠"始于黄帝轩辕时代，战国时期流行于世，《史记·苏秦列传》有"临菑甚富而实，其民无不吹竽、鼓瑟、蹋鞠者"的记载。另有考证，认为"蹴鞠"起源于春秋时期齐国古都临淄，诞生于公元前307年。据载，孔子为齐景公布道讲学时，必赴齐都观赏蹋鞠（春秋战国对"蹴鞠"的称谓），老夫子也要从竞技场上汲取"仁"与"礼"的道义源泉。

　　"蹴鞠"在两汉和唐宋时期达到了繁荣兴盛期。汉高祖刘邦坐上皇位后，表达孝心的方式就是建新城，尽迁丰邑百姓，让闷闷不乐的刘老太公尽享"斗鸡、蹴鞠为欢"之乐；汉代之后，蹴鞠被应用于军事训练以保持士兵斗志，足球的竞技功能被延展（吴宇森执导的电影《赤壁》就有魏军蹴鞠的场景）。班固撰写《汉书·艺文志》时，也将足球专著《蹴鞠二十五篇》列入"兵技巧十三家"，为军事训练提供理论指导。唐代亦曾刊印介绍蹴鞠专业技术的《蹴鞠图谱》。史载，汉武帝、汉元帝、汉成帝、汉哀帝、唐太宗、唐玄宗、唐文宗、唐昭宗、宋太祖、宋徽宗……这一干雄踞庙堂之上的最高统治者，皆为蹴鞠忠实发烧友。朝廷喜好，民间必定效仿，华庭观赏，万人瞻仰——"蹴鞠"渐成社会流行风气。唐代杜甫诗曰"十年蹴鞠将雏远，万里秋千风俗同"，宋代陆游写道"寒食梁州十万家，秋千蹴鞠尚豪华"。"蹴鞠"受关注程度之高，传播速度之广，参与民众之多，令人叹为观止。

　　而"蹴鞠"运动达到史上之巅峰时，其偏重竞技、实战、对抗的专业运动属性却被莫名地反转。低矮的球门被高大的"龙门"所替代，对抗性比赛变成了表演性游戏。锦衣华服的贵族子弟潇洒地把"鞠"踢进高高"龙门"，风流子弟把对抗决胜的足球比赛，改造为娱乐大众的百戏精品"蹴鞠舞"——单独踢为"打鞠"，两人对踢称"白打"，三人以上共踢叫"场户"，男女夸张地卖弄杂耍，追求"终日不坠球"的华美效果。北宋高俅以一记漂亮的"鸳鸯拐"博得赵佶欢喜，平步青云地官至殿前太尉，堪称中国古代足球由竞技运动沦为娱乐游戏的标志性事件。全民性地以"蹴鞠为乐、游艺为荣"，凸显了北宋末年浮夸的社会风气，也注定了日后金兵攻陷东京汴梁，一干花拳绣腿竟无人可以御敌。

东京梦华曲终散尽，蹴鞠表演日渐卑微。待到蒙古统一全国，善于"蹴鞠"的雅士们早已灰飞烟灭，"蹴鞠"竟沦落为元朝青楼女子悦众取宠的方式，世人视"蹴鞠"为低俗，以至于朱元璋推翻元帝之后，严禁将士蹴鞠娱乐，以防玩物丧志。此后朝廷正史鲜有蹴鞠记载，人们对足球的尊重程度也降至最低，这种负面影响一直传递到近现代。

千百年来，封建中国对"蹴鞠"的定位就是"一种竞技或表演性的娱乐活动"，属于"戏"的范畴。"戏"乃娱乐，可以入宫苑、兴民间，权贵共赏，虽可娱乐，终难成大雅，朝廷社会对蹴鞠的定位决定了其未来结局：虽为庙堂所容，却终难列入"礼、乐、射、御、书、数"之林，亦难与"琴、棋、书、画"并肩。喜欢"以史为鉴"的中国人，将足球定义为比拼体力或展示技巧的运动，好者甚众，民间盛行却难入主流，古代蹴鞠与现代足球之间缺乏有效衔接和传承，中国足球发展史出现断档，现代足球的发展与进步，也在众人的屡屡误解与动辄非议中，迟迟打不开局面……

与中国古代足球履历不同，西方国家现代足球从诞生的那一刻起，便被赋予了鲜明的时代特征。一种"形成论"认为足球源于英格兰与丹麦的战争成果，从战士们踢头颅等战利品的血腥方式渐渐演化为用球状物替代角逐，以竞技的方式完成的力与美的运动博弈。另一种观点则是近代英国的高校、公学从创办之初，就将足球运动作为管束学生的利器，屡试不爽，也极大程度地促进了英国绅士的养成；教会则将足球作为宗教人文关怀的手段，通过无缝覆盖的宗教组织迅速推广和传播。而工业革命又催生了现代足球：每一个工业城市都聚居了大批背井离乡的产业工人，足球运动成了他们缓解精神与身体双重疲惫的良器，工业化成果也为开展异地足球比赛提供了可行条件——便捷的铁路通到哪里，足球运动就像雨后春笋般地发展到哪里。产业工人因为这项新兴集体运动而凝聚，并逐步培养起团队意识；足球特有的感召力和影响力，改良了社会公众诸多不良嗜好；以球场为社交平台，自发组织一场场大型社会活动（观球），减少了政府苦于解决的社会犯罪问题。与中国古代足球心酸曲折的履历不同，"他国"现代足球生逢其时，在先进生产力的驱动下迅速生根发芽，政府、教会、学校、劳工组织都是参与足球运动的受益者，他们迫切需要打造可共享的足球平台，进而会合力将其包装成高雅时尚的社会活动——基于足球竞技、娱乐的基本属性，又延伸出更多社会功能。

当现代足球的发展理念与社会政治需求高度契合，足球便成为一个国家提高民族凝聚力，彰显大国形象的品牌代言。有多少人知道巴西或阿根廷GDP的世界排名？但很多球迷能脱口而出该国国家足球队在世界足坛的位置排名。论及上述国家，闻者心底暗生敬意的原因，大概率地关乎足球。似乎足球强，国家实力就应该不弱，逻辑不一定通顺，但足球魅力和影响力可见一斑！桑巴足球、潘帕斯草原足球、英伦足球这些特点鲜明的球队风格，老妇人（尤文图斯）、枪手（阿森纳）、红魔（曼联）这些极富特色的职业俱乐部，即使阶段性成绩不尽如人意，又何妨狂热球迷粉丝的膜拜与尊重？足球发达国家顶级俱乐部的年龄，比许多国家政府任期寿命要长得多。而顶级俱乐部球队是所在城市品牌与活力的象征：伦敦最多汇集过7支超级球队，占英超1/3；马德里曾拥有5支西甲球队，占到西甲1/4；蒙得维的亚有过13支顶级球队，整个乌拉圭顶级联赛球队总共才16个！同城顶级球队的较量，就是这座城市的狂欢节：国际米兰与AC米兰，曼城与曼联，皇家马德里与马德里竞技，阿森纳与切尔西，拜仁慕尼黑与慕尼黑1860，哪一次同城德比不是万人空巷，让人血脉偾张？

现代足球运动先天具备"教化"功能，足球是拼搏、进取、向上、阳光的代名词，无数青少年把从事足球运动作为终极梦想，为之付出终生努力；国与国到了兵戎相见、炮火纷飞的程度，也许因为边境的一场足球比赛，对阵双方会心照不宣地默契停战，优先把球赛看完；各国政要无不把足球爱好作为"亲民"与"健康"的表达方式，重大赛事必须亲临现场，足球搭台、政治唱戏、平息纷争、互动交流。在许多足球发达国家，足球已成为国家政治、经济、文化、社交的首选工具。

古今中外逐一对比，古代足球与现代足球，"中国足球"与"他国足球"的差距就显而易见了。从英国工业革命成果汲取了宝贵经验的现代足球，凝聚了工业革命和产业工人的团队协作、纪律、拼搏、竞争和追求卓越的冒险精神；与之相对应的古代"蹴鞠"，渗透着中国传统文明和诸家学派的阶层、自强、道义、和谐、非攻和不战而屈人之兵的哲学理论。现代足球强国的足球文化，充斥着文艺复兴和启蒙运动的创新思维，倡导不达目的不罢休的海洋商旅文化和冒险精神，敢于挑战，不怕失败，追求极致；源于"蹴鞠"文化的现代中国足球，则将中庸之道和不逾矩的农耕文化传递到了竞技领域。八仙过海，各显神通，没有个人无条件服从团队的意识；九龙治水，各管一方，关键时刻需要个体挺身而出时，往往都不敢站出来承担责任⋯⋯

"中国足球"与"他国足球"的差异，还体现在国民对本国足球不同的解读。不得不承认，与中国蹴鞠文化相比，西方人现代足球履历简单，但关注足球的球迷成分复杂，有贵族、绅士、蓝领，更有臭名昭著的足球流氓。无论哪一类型球迷，说归说，闹归闹，但他们从骨子里尊重这项运动，尊重教练和队员，并给予他们崇高的社会地位和待遇。他们对现代足球的理解简单又直接，因为单纯热爱，所以狂热追逐，甚至出现过激的行为。在西方足球的发展史中，这个本与古罗马角斗无关的集体项目，也曾被冠以"狂野、卑贱"的标签，场上球员和场下观众同时上演血腥和暴力，狂热球迷对此乐此不疲，各种丑闻不绝于耳。理性最终战胜了疯狂，以契约精神见长的西方"海洋国家"，通过制定足球规则，建立专业协会组织，强化职业俱乐部管理，有效解决了历史遗留问题，而没有像古代"蹴鞠"一样，成为高俅这类政治投机者的进阶跳板。他们应用科学和法制，迎来了现代足球的春天。之后，西方足球业快速发展，专业的职业联盟运营团队、规范的赛程赛制、标准的专业球场，加上俱乐部蓬勃发展，球星闪亮、球市火爆，足球运动逐渐演变为全民狂欢的载体，成为激情、勇敢、智慧、创造的精神图腾，成为西方人日常生活的重要组成部分，进而上升到个性创造、人人平等、团队合作的精神文明世界，足球产业也真正迎来了收获季。

反观深受古代足球发展史影响的中国，在国人传统观念里，"学而优则仕"是个人成才的优选途径，竞技项目也被长期归入"四肢发达，头脑简单"范畴。按照国人固有思维，足球行业并不属于青少年职业生涯的首选。现实生活中，许多尊重足球、为足球事业摇旗呐喊的资深人士，却不会让自己孩子从事足球运动，知行并不合一；全球化资源和资本的高度集中，让金元足球找到用武之地，投资方一味地比拼资金投入，靠"买买买"实现揠苗助长，尽管短期内取得一定成绩，但也导致了足球振兴之路磕磕绊绊、跌跌撞撞，很难取得长足进步。在紧跟世界潮流的求学路上，中国足球仿效过欧洲、南美、东亚等足球强国风格，国足和职业俱乐部也选聘过塞尔维亚、日本、韩国、德国、意大利教练轮番执掌帅印，率队出征，均因水土不服和急功近利，始终未能交上满意答卷。加之在足球不规范发展阶段，个别缺乏自律的球员赌球、酗酒的行为也影响了足球在大众心目中的形象。更直接的例子就是中国足球耗时几十年，毕其功于一役也未完成世界杯、奥运会上有所斩获的目标。于是，社会对足球的关注变成了畸形期待——万众一心，期待球队能够拨云见日、一鸣惊人。顺风顺水阶段，大家把球队捧上天；若出现风吹草动，各种批评质疑不绝于耳；一旦球队崩盘，必将其打入万劫不复的深渊！从尊重足球发展规律看，无论是国家、社会还是俱乐部等层面，要取得理想的成绩，必须达成共识：卧薪尝胆、持续投入，强化管理、教学、科研，提升实战能力，营造和谐包容的发展环境。必须彻底根治对足球行业缺乏尊重、唯成绩论、杀鸡取卵、虚假繁荣的顽疾。

近些年，随着中国经济的高速发展和体育文化产业的复兴，中国足球的话题屡屡与国家、国民、国运等联系到一起，体现了体育所蕴含的巨大商业价值，中国足球，可以勇敢地站到风口浪尖尽情跳舞。球迷是现代足球的"第12人"，对足球可持续发展起到举足轻重的作用。在中国，爱好足球运动的群体数量成井喷趋势，中国一直不缺球迷，缺的是货真价实的中国足球拥趸。在国际大赛现场有密密匝匝观战的黄皮肤，大屏幕前有数量众多熬夜以待的本土球迷，他们是中国人却不是中国队的球迷，他们是世界杯、欧洲杯或五大联赛的忠实观众，但不是号称"世界第六大联赛"的中超粉丝。这些球迷起点很高，口味出众，愈关注精彩纷呈的高水平竞技，愈看不上爬坡上坎的中国足球，在为梅西、C罗等巨星喝彩或惋惜的同时，对中国低水平足球项目的嫌弃程度也达到了顶峰。

谈古论今、对比分析之后，中国足球与他国足球的差异也就显而易见了。西方国家将法制与契约精神巧妙地嵌入足球运动，将其包装成讲究规则、提倡公平的专业竞技，之后他们再将渗透在足球比赛中的价值理念通过市场向公众广泛传递，以全民娱乐的方式取得了绝佳效果。中国足球要发展，必须改变公众把足球看成一项单纯的体育竞技娱乐的观点，必须尊重足球，尊重足球发展规律，尊重足球人才。必须杜绝功利色彩，不唯成绩，不唯金钱，不断丰富中国足球作为重要社会活动和社交活动的功能属性，吸引更多的阶层和群体关注和支持足球事业发展，将足球运动上升到国家文化建设层面，将足球运动作为精神文明（弘扬社会正气）和物质文明（富含商机与效益）建设的重要载体，借鉴好足球发达国家对足球的理解和认知，应用好中国传统百家思想来激励足球发展，积极拓展足球文化的品牌效应，培养"敬业、乐观、勇敢、坚韧、尊重、感恩、协作、明礼、上进"的现代足球精神。

中国足球要持续发展，必须要少一些嘲讽，多一份敬畏；少一些功利，多一份情怀；少一些激进，多一份坚守；少一些彷徨，多一份努力，通过产业的推动，通过文化的滋养，将足球回归到快乐的人性本源。要将足球运动定位为一种高雅的文化交流、社交活动，成为政治经济社会生态的重要部分，用源远流长的中华传统文化来滋养足球，古老中国足球才会在现代文明发展进程中绽放全新生命力。

中国足球拥有悠久的历史，也必将会有更加悠久的未来！

哲学足球

现代足球是什么？这是一个仁者见仁、智者见智的哲学命题。

足球的多样性和统一性

物质世界是多样性的统一。足球代表着当今世界文化艺术和人类智慧的多样性选择，围绕足球的多元化发展，可以营造赛场、球迷、俱乐部、产业等多重足球文化，足球已由单纯的竞技表演向社会活动、社交活动、健康娱乐等综合功能转变。足球先天具备拼搏、竞争、协同、合作的鲜明属性，是人类天性、品味、智慧、勇敢的代言者。足球不受政治、宗教、文化、地域、民族的限制，是全球公民的通用语言，更被郑重地推荐参选"诺贝尔和平奖"。一场场足球比赛盛宴，就是一曲展现人类智慧的文化咏叹调，既有鏖战拼搏的"礼乐皆备"，更有逆转绝杀的"余音绕梁"。实力强劲、占据优势的球队并不一定能笑到最后，争议话题、不完美的结局，却能让球迷留下刻骨铭心的记忆。

世界的统一性在于物质性。足球运动是典型的物质运动形式，是以"追求卓越、努力超越"为导向的竞技与博弈。赛场风云瞬息万变，过程跌宕起伏，任何资深专家和教练都很难预测最终结果，这也是这项激情运动魅力长存的原因。比赛中赢得理想结果和享受精彩过程同等重要，"二者兼得"是广大球迷永恒的追求——"重结果"，让球队奋斗有目标，队员协同有抓手，只要未听到终场哨声，团队必须拼搏到最后一秒；"重过程"，让球员攻防重细节，球队改进重依据，以比赛数据指导复盘，有针对性地提升竞技水平。足球必须遵循从简单到复杂、从量变到质变的物质运动规律，需要大量刻意练习，方能循序渐进。通过高水平科学训练、模拟场景测试和高质量实战检验，强化球员的专业感性认知；通过丰富战术体系、完善打法风格、持续改进提升，强化球队理性分析能力，达到"足球战略思维"与"实用实效落地"的有机统一。

足球比赛的内因和外因

足球是以专业竞技为基础，团队合作为保障，多种因素交叉影响的综合性比赛项目。围绕着足球运动，内因和外因同时发挥作用，从而影响着比赛的最后结果。

内因是变化的依据。既然足球博弈的主阵地是球场，那么球队综合实力、教练指挥艺术、球队场上表现就构成了比赛获胜的内因。绿茵场上教练团队有针对性的人员安排和战术调整，主力和替补球员技术能力发挥和精神斗志体现，教练替补席上的领队、翻译、队医在比赛过程中也各司其职，直接参与着场上竞争。这些硬核实力构成了赢得足球比赛的内因基础。

外因是变化的条件。球场上裁判员的执法水平，球迷现场表现，赛场设施条件属于影响比赛的外因。裁判员执法尺度的掌控会直接影响场上局势，球迷营造的现场氛围也能影响球员情绪，球场安保状况，场地草坪、更衣室、发布厅等设施和条件都会给比赛结果带来潜移默化的影响。外因还包括绿茵场外的其他因素，如政策准入、投入变化，比赛规则调整，竞训部门情报搜集，后勤部门保障供应，舆论媒体对比赛走势的评论与引导，甚至比赛时间的临时调整、球队球衣颜色更换、高管现场督战等貌似无关的因素，都可能成为左右比赛进程、走势乃至最后结果的幕后推手。

让内因依据更加充分，必须从影响足球赛果的各个基础细节，分门别类地做文章。要以目标为导向，针对队伍的职业化程度和技战术水准、球员的素质能力和球星作用发挥、青训人才储备和梯队培养、后勤保障水平和应急能力，进行系统强化提升。足球的综合比拼还包括与比赛同步的大数据采集和应用、球队信息资料搜集与分析、球员伤病恢复和理疗、日常衣食住行调剂等，要以结果为导向，一揽子做好后勤服务支撑。在绿茵场上，既要提升教练团队战术指导水平，也要把"如何调动场上场下队员积极性和创造力"作为战略课题。既要培养球员在绿茵场上的硬度和霸气，也要落实"场下多提问，场上必须听从教练安排"的令行禁止。无论场上局势如何变化，教练员必须做到"任凭风云变幻，我自岿然不动"；球队要做到"千磨万击还坚劲，任尔东西南北风"；球员则学会"抱怨不如去改变，管理就是管自己"。

外因通过内因发挥作用，这决定了国家和社会层面必须加大对足球可持续发展的政策扶持力度，为国家队、俱乐部、足球青训营造有序发展的外部氛围，培养更多的教练员、裁判员和优秀苗子，夯实足球金字塔的塔基；而投资方（母公司）则要提升认知高度，保持战略定力，拟定足球的长期发展战略，为足球事业提供全链条支撑；俱乐部必须以球队建设为根本，立足青训完善梯队建设，加强内部管理和保障能力建设，打造特色鲜明的球员、球队和职业俱乐部；媒体和球迷则应客观公正地评价足球发展状况，给予更多有针对性的建设意见，真正与足球"同呼吸、共命运"。

足球战争的矛盾论

现代足球是和平年代绿茵场上的战争。"矛"与"盾"的力量博弈，"庙算"与"妙算"的兵法艺术——足球运动具备战争所具备的全部元素。比赛之前，舆论媒体"不战而屈人之兵"的宣传引导；球队高管"计利以听、乃为之势"的战前动员；竞训部门"兵者诡道"的情报传输；教练团队"攻其不备、出其不意"的战术指导，一样都不能少。对于主队来说，要争取最有利的政策舆论支持，营造最具震慑力主场氛围，发动最广泛的球迷激情助力，整合一切可以动用的资源，赢得"天时、地利、人和"的战争效果。而客队要么针锋相对，激励球员不畏强敌、浴血奋战；要么故作低调，采用瞒天过海、暗度陈仓的兵法战术。比赛过程中，禁区边缘影子前锋的"游击战"，坚守己方阵地的后卫"阻击战"，全攻全守的"兵团作战"（442），防守反击的"偷袭战"（451、4231、4141），多箭齐发的堡垒"攻坚战"（433、343），都能一一对号入座。随着场上局势逐渐白热化，"指挥官"（主教练）和他的"参谋团队"（教练组）要实时调整作战（打法）策略，指挥着"部队"（上场队员）在前、中、后三个作战区域同时变换不同阵形，以局部战斗来影响战役走势，并及时更换"突击队员"（替补球员），积小胜为大胜，始终保持战斗优势。而场上心领神会的队员们，除了严格按照作战计划拼刺刀、白刃战，也会实施故意激怒对方、延缓节奏、假摔、"卧草"（长时间躺在草坪上）等"球场三十六计"，这也让足球战争变得更加扑朔迷离、结果难测。

　　足球对弈双方是矛盾的共同体，必须应用好"对立统一"规律，从"克敌制胜"的主要矛盾入手，把握比赛中容易进球或失球的关键时间节点做文章。一场比赛如同高手对弈，必须有效协同个体与团队，靠"硬实力+软技法"来谋篇布局、寻觅胜机。"失之东隅，收之桑榆"，不以"一球一地"得失来评估全场态势。由于比赛过程中双方不间断地进行攻防转换，只有步步为营，扎扎实实做好区域防守，才有机会伺机发起反击、谋局部而获全局。比赛得势之时，"矛利"一方频频攻入对方腹地，这种"一边倒"的局势状态，看似凶险，却也是"矛"方战线拉长、最容易思想松懈，让"盾"方突然发起反击的时刻；而同仇敌忾的"坚盾"防守更能激发苦于招架的"哀兵"斗志，一旦默契配合打成反击，会瞬间找回信心，迅速扭转场上被动局面。进攻与防守、优势与劣势、得分与失分，"黑天鹅"和"灰犀牛"事件，往往都发生在须臾之间："魔鬼主场"威斯特法伦、马拉卡纳也曾经历毫无征兆的惨败，顶尖射手巴斯滕、罗纳尔多皆有"只开花不下雨"的晦暗时刻，球星领袖巴乔、梅西都品尝过压力过大、心态失衡罚失关键点球的苦涩，大牌教练穆里尼奥、瓜迪奥拉与自己熟悉的队员也会在赛场莫名发生争执。球场战争是"多点连锁"的瞬时博弈，无论哪个环节被打开缺口，都可能产生"多米诺骨牌"效应。足球比赛的特殊性决定了球赛不到最后一刻绝对不能放松。唾手可得的胜利果实，也许就是因为一名队员角色替换，一个阵型调整变化，一次意外失误，一次蹊跷误判，场上形势瞬间就会发生彻头彻尾的变化，强弱态势瞬间互换。

足球战争需要特殊性与普遍性的统一。足坛巨星梅西在巴萨，C罗在尤文图斯，厚厚的功劳簿决定了他俩在训练和比赛过程中会享受到特殊待遇，对此，公众已习以为常。而作为11人在场上协作完成的集体项目，唯有将个人超常能力作为"催化剂"应用于整个球队，促使团队同仇敌忾、凝聚一心，才会激发出球队的潜力，获得如愿以偿的比赛胜利。否则单打独斗的结果，就是一次次地遗憾出局。正如梅西、C罗，尽管在各自熟悉的俱乐部球队如鱼得水，但失去了默契配合的队友，新的团队组合便形成不了合力。梅西在阿根廷、C罗在葡萄牙，仅凭其一己超人球技，亦从未带领国家队在世界杯赛场夺冠。

足球未来的辩证统一

"中国足球还有未来吗？"这是爱之深深，也曾为之伤心的球迷们的感慨与困惑。可以肯定，未来足球，世界第一运动的位置仍不可撼动。联合国现有193个会员国，而国际足联现已容纳204个协会成员；足球运动是和平时期最有影响力的人类集体行为，已跻身高雅的全球文化交流、社交活动圈，是国际政治经济社会生态的重要部分。中国足球定会拥有美好的未来，但中国球迷必须要有足够的耐心。正如几十年前国人也很难预测，中国能够跃升为世界第二大经济体。中国人不缺智慧、不缺韧劲、不缺办法，缺的是笃定、可持续和闷头实干，中国足球亦是如此。

　　未来的足球发展，风险与机遇并存。随着社会关注度持续提升，中国足球将迎来难得的发展机遇和政策支持，但新冠疫情也引发了足球生态圈的诸多不确定性；若一定时期内足球业绩达不到社会公众预期，中国足球还要继续面临政策动荡和舆情考验；因与"他国足球"交流互动频繁，中国足球"唯成绩论"的状况将会有所改观；持续的青训建设投入终将厚积薄发，中国在未来10年有可能培养出准"国际球星"；现代科技深度应用和更多资本撬动，新的业态将颠覆足球传统的运营模式。未来的中国足球发展将会遵循辩证统一规律，用全面发展的驱动方式，实现足球"共性"与"对立"的有机统一、和谐发展。

　　未来的足球比赛，将力促"更具公平性"和"不可预见性"的有机统一，足球比赛将更具观赏度。竞技体育的魅力指数，归根结底取决于竞技过程中的"不可预见性"，而这种"不可预见"不可建立在比赛有失"公允"的基础上。故而一方面，要全面应用VAR、3D越位等科技手段，实时掌握场上队员情绪变化、裁判判罚尺度、比赛有效时间控制、赛场球迷异常举动等各项细节，增加球赛每一个环节的"公平性"。要通过增配软硬件，来提升公平竞赛水平。如针对执法尺度掌握的问题，在红黄牌之间增加"第三张牌"；采用"罚时"手段警告球场暴力；针对越位判罚、补时控制等球场争议，深度应用现代网络科技，将人为控制比赛的可能性减至最小。另一方面，未来球赛将继续展现结果"不可预见"的足球魅力，不仅会保留红牌罚下、点球决战这类"瞬间影响结果"的成熟规则，甚至会继续研讨出台"既刺激又公平"的足球新规，寻找"点球制""金球制""银球制"的最佳融合点，进一步完善修改竞赛规程，保持足球赛果的预测难度，让足球比赛在更加"公平"的基础上更加"好看"。

　　未来，足球将实现竞技"数据专业化"和运营"泛娱乐化"的有机统一，实现足球产业化融合。基于提升竞技水平的大数据系统已开始在足球领域转化和应用，未来更多的用户群体将共享新数据时代的成果：赛场上基于比赛的大数据分析成果，比如对方阵容调整及薄弱位置提示、对手技术及心理短板分析、对方守门员不同状态下习惯性扑球方向、我方调整球员的备选方案、上场的最佳时间点、点球由谁主罚更为合理，都会在比赛进程中实时推送到主教练手持终端，为其科学排兵布阵提供决策参谋依据；日常赛训过程中搜集的队员负荷监控、疲劳监控等基础数据，将会为运动员合理安排运动和膳食，确定伤后恢复计划和复出时间等提供决策支撑。未来球迷现场观赛时，不仅可以享受与评论员、嘉宾的实时互动服务，每个球迷都可以作为比赛主持人，现场直播比赛并随意摘取球员数据信息进行实时分析；若不能到现场观战，可以借助5G技术和可视终端设备真实体验到现场氛围，自由选择观赛视角，并可将自己扮演成球队核心角色，通过网络参与到惊心动魄的90分钟；未来伴随整个足球赛季的进程，足球电竞、主题餐厅、研学和旅游服务等各个领域的运营将与比赛如影随形，利用实时、精准的大数据信息，为更多群体量身定做"泛娱乐化"的足球专属服务。

　　未来，足球将实现"去中心化"和"规范化"有机统一，进一步优化足球体制。未来参与中国足球的主体将更加多元化：代表国家意愿的体育行政部门进行宏观管理，出台指导意见、确定战略方针；足球协会则作为足球政策解读者，负责牵头足球改革的路径研究，制定操作规则，解决实施中的纠纷；职业联盟或其他中立组织侧重平衡股东、俱乐部、球员、赞助商各方权益，组织落地实施方案；由相关行政部门、社会媒体、球迷机构组成的行业监管机构行使外部监督职能；职业俱乐部、社会业余球队、青训学院、社会培训机构、校园足球、热心企业组织作为足球金字塔的底座，为中国足球培养和输送人才资源。多个组织群体共同参与中国足球发展，"去中心化"能够推动各方统一思想、平衡利益，自觉主动按照规则"出牌"，按照市场化要求"规范化"发展。未来足球在多方共同监督和博弈过程中，会变得更加透明和公平，在尊重市场规则和足球发展规律的基础上，强化全过程监管，彻底地处理历史遗留的足球顽疾，有利于中国足球的涅槃重生。

　　未来，随着现代科技的高速发展，人工智能挑战着"人与动物本质区别"的论断，互联网科技"连接"了整个世界，人类社会属性发生着空前改变。未来足球，将会"连接"起"多元化""扁平化"的人类精神世界，在未来社会变革中发挥"催化剂"作用。在"后疫情时代"，公众群体已达成注重健康、养生、健体的共识，足球与人工智能、大健康、大数据的深度融合，将会给中国未来的体育产业和娱乐业带来无限发展空间。

　　未来足球，掌握在每一个参与者的手中。羡他处绿草成茵，何不俯身播种？

产业足球

人类文明进步和体育事业发展，诞生了足球运动项目。基于市场的职业足球规模化扩张，催生了足球产业的高速发展。当足球由"精英式"的专业竞技提升为"全民化"的产业运营，足球已经突破固有边界，成为兼有多项职能的社会文化现象。当围绕足球运动的全业务链彻底贯通之后，产业运营将会为足球发展注入新的动能。"足球催生产业，产业反哺足球"，二者相互依托、互相促进，其综合作用所追逐的目标，就是让足球遵循竞技体育的根本规律，找到足球运动的快乐本源，实现足球价值的最大化。

无论从寻求"质的突破"的国家层面，还是立志"百年荣耀"的俱乐部层面，做好足球事业必须"两手抓，两手硬"。一手抓专业竞技水平提升，把赢取冠军作为永恒目标，竭力争取每一场比赛的胜利。实现的途径是依靠专业教练和精英球员、一流的管理和服务保障，其根本在于持之以恒的青训体系。另一手则要注重抓好足球经济效益和社会效应，把品牌传播和经营发展作为要务。实现的途径是以全民体育为依托，通过体育产业运作，提升自我造血能力，其根本在于夯实足球产业根基。

互联网时代的提前到来，全球经济发展对体育消费的渴望，让体育文化产业站在新经济时代的风口。足球产业被誉为"世界第17大经济体"，成功的商业运作使世界杯的盈利水平超过奥运会，收视率可与央视春晚媲美。足球产业年生产总值已达5000亿美元，占全球体育产业总量的4成。在欧美，足球产业全面实现了商业化和职业化，建立了职业俱乐部制度和职业联盟运作模式，足球运动实现了财富自由和独立发展，成为国民经济的重要组成部分。过去十年，中国体育产业的增长速度一直高于GDP增长，国家出台系列扶持政策，有市场、有需求、有驱动，加之人口基数优势尽显，足球产业的发展终于迎来了春天。

国外体育专家对体育产业的分类进行过长期研究，比较权威的分类方式有"匹兹模式""米克模式"和"苏珊模式"，对于特点鲜明的中国足球来说，既然人（球员、球迷）和事（赛事、赛事地）属于足球最核心的元素，那么完全可以围绕"人"与"事"来进行中国足球产业的研究。

做好足球产业关键在"人"。"品牌"是足球产业的无形资产，"球员"则是足球产业的有形资产。如果说品牌效应是足球产业发展的隐形推手，那么球员便是驱动产业发展的动力引擎。球员职业生涯规划和价值管理，是足球产业运营的重要内容。足球行业机构和球员的管理主体，都应运用"帕累托最优"原理，对球员职业生涯进行全寿命周期规划，达到公平与效率的一致。要利用大数据生成球员职业周期曲线，在其运动寿命巅峰期到来之前，应用"第二曲线"增长逻辑，让每个球员都找到最适合的发展路径。成功的球员转会能够获得净现金流入，增加球员比赛机会，延长其运动寿命；成功的球员转型可为未来储备教学资源，让球员再获崭新发展平台。球员经营运作既要尊重市场化规律，又要兼顾国家和俱乐部利益；既要听取专业经纪公司意见，尊重球员个人想法，又要符合球队长远规划，实现国家、俱乐部、球员三方经济收益和品牌价值的最大化，避免因球员囤积造成渠道不畅，成年球员过早结束职业生涯而青少年人才短缺的状况。外援引进要科学合理超前筹划，国家层面的球员归化、俱乐部的引援操作，都需要根据战略需要，结合长期跟踪的球员数据资料库，进行性价比、契合度、发展潜力等多维度综合比对，圈定入围球员清单，然后再优中选优，避免"拍脑门"决策。成功的球员引进就是优质足球资产的保值和增值，对球队建设意义重大。围绕球员的产业运营还包括明星球员的策划推广，通过球星代言、社会公益等合理包装，拓展球员正面"大V"的品牌影响力，提升球队的社会责任感，使得球员有形资产和俱乐部无形资产同步增值。

"球迷"是足球市场的基石。球迷对于球队的忠诚度决定了在足球产业体系中，球迷群体是与球队球星互动最多、消费驱动力最强的人群。围绕球迷的产业生态包括足球游戏产品、球衣队服等体育用品、文创产品、收藏纪念品、大众健康产品等周边衍生品。国家和社会层面应着力倡导健康向上的球迷文化，杜绝"国骂"等不文明行为，为球迷搭建"垂直诉求"平台。俱乐部层面则要全心全意为球迷服务，完善线上线下一体化的球迷服务系统，提供全方位的购票服务和娱乐消费，创造趋于完美的观赛体验。同时应全面推行球迷会员制，做好球迷群体社区运营，优化基于移动互联网的游戏、竞猜、短视频、直播等泛娱乐化的O2O❶服务，广泛运用互动场景为球队和足球产业"增粉"。

做好足球产业重点是"事"。"赛事"是足球可持续发展的力量源。"足球皇帝"贝肯鲍尔说："在绿茵场上滚动的不是足球，而是黄金"。赛事产业蕴藏丰富的专业体育和社会大众赛事。其中，专业赛事是足球产业的富矿，包括国际足联、各洲足球联合会、各国足协备案的足球世界杯、洲际杯赛、各国职业联赛、国家队比赛等各类赛事，赛事IP属于足球

---

❶ Online To Office的缩写。指将线下的商务机会与互联网结合。

管理机构。欧美赛事的收入主要来源为转让赛事转播权益，因国情不同，我国赛事转播收入较少，赛事收入的最主要来源为广告赞助。围绕比赛的赞助商广告投放，门票和衍生品销售，现场推广活动，都是赛场产业经营的重要内容。必须强化球场管理，营造狂而不乱的观赛环境，做好球场氛围营造，为球迷提供舒心观赛体验；为VIP球迷提供贵宾室等差别服务，做好比赛日的各项球迷回馈活动。

社会大众赛事是足球产业的伴生矿，但长期以来对矿产甄选工作做得不够，社会赛事的盈利能力、办赛水平和社会影响力都难言完美，需要深度开发与锻造，成为足球产业运营的主攻方向。足球社会赛事包括种类繁多的成年业余赛事和青少年赛事，从国际足球邀请赛到国内贺岁杯，从机关社会团体到企业职工的足球赛，不一而足。社会大众赛事的核心是自主赛事IP，可以通过创办和授权的方式获得。其运作方式不拘一格，常规路径是结合社会大众和参赛群体的需求，通过参赛费、专业培训、服饰装备销售等方式拓展赛事的深度与广度。在此基础上，以联合承办、广告嫁接等多种组合方式，通过出让赛事冠名权、赛场及转播广告、赛事及球员广告植入来寻求赞助商和合作伙伴，将资源转化为效益。同时还要通过品牌保障、球星代言、赛事专家论坛、专题活动、合作直播等系列操作来持续提升赛事的社会影响力。

足球场馆是承办"赛事"的载体，是足球产业的实践基地。老特拉福德、梅阿查等著名球场在完成基本比赛使命的同时，业已形成涵盖比赛日和非比赛日的完整产业链条，成为球迷向往之"圣地"。完善的体育场馆设施是产业运营的最好平台：开展足球专项培训，发掘青训苗子、普及足球理念；开展运动恢复、伤病康复等专业培训班，倡导大众健身、拓展用户群体；深耕场馆建设业务，为社会提供场馆改造、足球草坪建设及维护服务；打造体育场馆综合体，拓展房地产、Shopping Mall业务；建设足球博物馆，为球迷打造会员包厢、互动体验、餐饮服务为一体的一站式服务；以场馆资源为载体，嫁接体育文化旅游、彩票、商盟、文创等异业合作项目，带动线上线下一体化的足球产业全面开花。

足球是圆的，注定了绿茵场上一切皆有可能，足球产业的成长之路新奇且广阔。足球比赛既是球队技战术水平、精神面貌、临场发挥等多维度的对标，更是资本、商务、营销、财务等综合实力的比拼。当已久违绿茵场的老牌拥趸见到昔日偶像球星依然热泪盈眶之时，当纠结许久的新球迷选择了走进球场为自己喜爱的球队加油之时，当球队死忠毫不犹豫地横扫logo突出的足球衍生品之时，当茁壮成长的孩童走入足球青训营之时……，足球产业出品的"精神富矿"一直存在。足球产业既要为大众提供健康的产品和服务，更要深挖品牌故事、拓展传播效应、呵护球迷社群，为足球赋予独特的文化产业标签，以文化成就价值。

看护好那点最微弱的火种，用心呵护，终有那一天，他会照亮全世界。

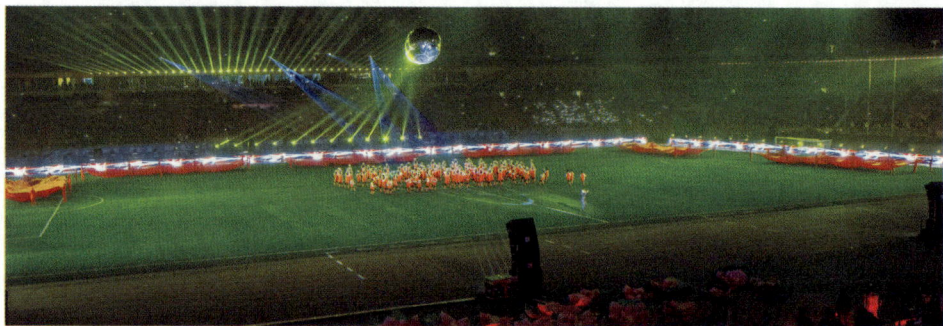

解读《世界是平的》

公元1492年，意大利航海家哥伦布扬帆起航，满怀"地球是圆的"执着信念，率领船队驶向"遍地黄金"的印度大陆。经历了千辛万苦，终于登上美洲新大陆——他心目中的"圣萨尔瓦多"。500年后，美国学者托马斯·弗里德曼怀着对先贤的敬仰，从美国东海岸出发一路向东，环游世界一周后返回美利坚。且行且思的弗里德曼感慨过往，展望未来，结合其多年观察与思考，于2006年推出了畅销书《世界是平的：一部二十一世纪简史》。在书中，他大胆地应用全球化3.0的理念，全面分析了21世纪席卷而来的全球化进程，热情洋溢地为读者勾勒出了一幅繁荣而充满创新色彩的"扁平新时代"的美好远景，郑重地提出了地球正在变"平"的事实，为世人打开了一扇直面挑战的未来之窗，堪称一部值得深思、值得玩味的大师级作品。同年，美国导演John Jeffcoat为本书拍摄了同名电影。之后，托马斯·弗里德曼先生又推出了续篇《世界是平的："凌志汽车"和"橄榄树"的视角》，基于实战角度，通过对不同行业的现状分析，深度剖析了世界日益平坦化的趋势。2009年，他又创作了姊妹篇《世界又热又平又挤》，总结了世界发展的五大趋势，表达了对地球和人类未来的深切忧虑，为他的系列作品画上了一个圆满的句号。

托马斯·弗里德曼先生毕业于牛津大学，《纽约时报》专栏作家，曾以记者身份三次获得普利策奖。精力充沛的他兼职哈佛大学终身客座教授，与哈佛大学校长萨摩斯等人共同开设过"全球化"课程，其视角是以美国为中心，探讨世界发展趋势。基于其立场原因，弗里德曼的系列作品字里行间时常会流露出"西方中心论"和"中国威胁论"的观点，其"速度与噱头兼具"的文风也引来网上许多搞笑模仿。但瑕不掩瑜，这位"趋势大师"充满着睿智与灵感的创作，总会在社会发展转型的关键节点，给予大众许多启迪。

人类赖以生存的地球，在宇宙中有规律地运行了46亿年。与漫长的宇宙年轮相比，早期猿人出现约有300万年，晚期智人（新人）出现不过4万年，而人类文明史只有区区几千年时间。就在这几千年里，从农业社会到工业文明再到如今的信息化时代，地球发生了翻天覆地的变化。

《世界是平的》一书中，弗里德曼把人类全球化的进程，划分成三个阶段：第一个阶段是全球化1.0，指从1492年哥伦布发现新大陆为时间节点的"国家之间的融合"；第二个阶段是全球化2.0，从现代交通通信工具的普及开始——蒸汽、船、铁路、飞机到电话和计算机广泛应用的"公司之间的融合"；第三个阶段是全球化3.0，基于互联网技术的全球互联互通，打破了时间、空间概念，全球合作，资源共享。肤色或是文化方面的差异，已经不再是人与人之间合作、竞争的障碍，个体在全球资源配置上将会发挥越来越大的作用，并将成为未来世界的真正主角。

未来，即将迎来以智能化为代表的全球化4.0时代，人类不断拓展的认知边界，将会把以往世界诸多不可能变为可能。大道至简，聚合成8个字、4步曲，那就是："学习（掌握趋势）、合作（整合资源）、创新（无限循环）、发展（永无止境）"。

一步曲：学习

学习是为了掌握趋势。弗里德曼在书中指出，"当你从睡梦中醒来，发现世界还是那个世界，但你却忽然看不懂了"，"不是你不明白，这世界变化太快"。前后两句并不矛盾，地球还是那个地球，未曾改变，但随着现代科技水平不断进步，特别是互联网技术的空前发展，云计算、大数据、物联网、移动互联、人工智能让世界变得更"平坦"，国家和社会组织变得更"透明"，传统的组织边界开始模糊失效，若不顺势做出改变，将无法适应未来的各种"不可预见"。"变则通，通则久"——学习是跨越平坦世界非连续性成长的"密钥"。它早已融入了人们日常生活，并在悄悄改变着人类的命运。"工欲善其事，必先利其器"，对于个人而言，培养持续学习、持续提升的习惯是扁平时代的生存之道。以"刻意学习"为切入点，引导个人志趣与未来发展目标趋同，通过不间断地更新与积累，渐变为智者和儒将，而不是夸夸其谈，眼高手低。通过学习，可以洞察获悉知识短板和认知瓶颈，应用全新的思维不断丰富个体内涵，从"红海沼泽"找到"蓝海航标"。

《世界是平的》有一段精辟的论述："当世界变得平坦，并且你也感到这种压力时，你应该挖掘自己的潜力迎接挑战，而不是修建各种保护墙。"互联网已经将全球互联，既然壁垒挡不住，唯有直面挑战。中国企业"从害怕狼来，到与狼共舞，再到变成狼"，"入世"之后，经过阵痛、断臂、搏杀等一系列市场化洗礼，逐步熟悉国际游戏规则，渐入佳境。在残酷的市场竞争中，能够在短兵相接、空前惨烈的"血雨腥风"中杀出一条道路，其正视差距、善于学习、趋势脉动是成功的关键。当今BAT等如日中天的中国大企业，无一不是能够从法约尔、福列特这些大师身上汲取"组织效率和管理要素""科学和人性化管理"精髓的学习型组织。借助全球一体化机遇，中国许多优秀的企业组织，将学习作为企业可持续发展的引擎，创造了良好商业价值，也逐步形成了颇具特色的管理思想体系：联想的"管理三要素"、海尔的"全面质量管理"和"人单合一"、华为的"价值为纲"和"自组织管理"、阿里巴巴的"价值观驱动"，这些实战总结的"中企管理"思想都取得了良好落地效果，让弗里德曼在书中对中国发展的预言变成了现实。

如何去学习？首先要向成功者学习，这也是确保学习效果的捷径。成功者自有其成功之道，无论是前辈，是友商，还是对手。我们必须放下身段，虚心学习发达国家的先进技术和管理经验：IBM公司路·葛斯纳"让大象跳舞"的成功转型，京瓷公司稻盛和夫的"阿米巴经营"，苹果公司乔布斯"产品至上、极简设计"的人文情怀……事实证明，若没有最近几十年的虚心学习、洋为中用，中国的民族工业不可能雨后春笋般崛起，随着摩托罗拉、爱立信、东芝等国际知名品牌的陨落，一大批诸如华为、阿里、腾讯的国产品牌成长超过了国人预期，也侧面验证了中国民族品牌强大的学习转化能力。

有学习型组织，学习型企业，还要有学习型领导和学习型员工，持续学习可以产生强大的生产力和连锁效应，助力企业迅速实现裂变增长。国外借鉴彼得·圣吉、大卫·加尔文、马奎特等专家的"学习型组织"理论，让丰田、宝洁等传统企业保持了生机与活力；而在国内，践行组织变革的海尔做出了表率，他们在深刻洞察互联网思维"零距离、去中心化、分布式"的基础上，以学习作为企业转型和产品迭代的工具，重构了传统的企业价值体系，读懂并念通了"用户《圣经》"。

生活在现实世界的人，情商、智商有差异，但并非"不可企及"，神童、学霸永远都是现象级事件，漫长的人生之路是比拼耐力的长跑，不到终点，成败胜负很难预测。欲达到步步领先，必须做到终生学习，学以致用。成功总是属于那些在实践中学习，在学习中提升，在提升中不断完善自我的坚持者们。要学习专业知识，确保岗位技能不落伍，不被淘汰；提升综合素质，提升处理复杂事务和驾驭困难局面的能力；学习解决问题的方式方法，善于换位思考问题、站在一定高度和角度剖析问题；通过持续学习不断拓展自身认知边界，找到隐藏在事件表象背后的逻辑规律，提升对世界、对人生的系统性理解，用哲学的辩证思维来解读世界，解读人生。

二步曲：合作

合作便是整合资源。移动互联网络联通了日益扁平的当今世界，在日趋成熟的全球网络体系中，"节点"正在变小，而去中心化的全球网络"连接"功能正在"变多、变密、变强"，"连接"便是合作的触达，通过整合资源搭建多方受益、资源共享平台，就会让"连接"释放出爆炸式的增长能量。《世界是平的》多次列举了印度融入全球化竞争的典型案例。比如印度已非昔日"非暴力不合作"的甘地农业时代，通过积极参与全球一体化互联平台，做服务外包，做科技研发，以精诚合作的方式实现脱胎换骨——"拥有高度熟练的工人，持支持态度的政府，创新意识的消费者，世界级的合作伙伴"，古老印度渐变全球重要的科技创业中心，这其中蕴涵的宝贵经验，值得中国借鉴。

　　《国富论》和《科学管理原理》都曾为合作而"代言"：亚当·斯密认为，"经济体制之架构，应以保障个人之生存及发展为原则。因为每个人若能充分发展自我，则社会整体也将获得进步"。个体与社会协同发展，可以最大程度释放合作潜能。泰勒认为，科学管理的最终目的是谋求更高的劳动生产率，而其原理成功的关键，除了劳资和谐、绩效激励之外，劳工协同尤为重要。试想一下，若生产线上的熟练工人都不能很好合作，怎谈目标达成？以知名企业协和客机为例，它的每一个部件，大到机翼，小到一颗螺丝，都由不同国家专业部门分工制造，再将不同部件进行组装完成，所谓的制造基地，不过是安装车间而已；英特尔公司主动与微软公司结盟，为Windows提供X86架构，Wintel合作联盟确保了台式机90%以上行业利润，诞生了PC时代的"双子星"；谷歌、亚马逊公司采用聚焦、透明的OKR❶管理，不同国家、不同种族的员工共同设定战略目标和定义关键结果，直面新挑战，保持了良好业绩。"中式协同"亦深谙"和文化"："京东"与"一条"合作，一条视频为京东电商提供庞大流量入口，而京东则助力一条打破自建电商的天花板；阿里与钉钉合作，与恒大合资；腾讯与中粮合作，与中兴协同……平坦的世界模糊了中心与边缘的界限，合作则打破了国家和行业界限，融入全球每一个角落，从实体产

---

❶　Objectives and Key Results的简称。即目标与关键结果法，是确保将整个组织的力量都聚焦于完成对所有人都同样重要的事项的一套管理方法。

业到虚拟经济，从金融平台、衍生产品到数字货币和智慧账户，从PC端到移动终端应用，从人工智能到基于区块链的万物互联，非连续性发展的世界呈现几何级裂变态势，"马太效应"能够让合作成果迅速转化成生产力，封闭保守、单打独斗，注定裹足不前。

弗里德曼认为，"从垂直世界到水平世界，也就是从命令和控制走向合作和联系"，网络世界使得现代企业组织联系越来越紧密，阿里、京东借助互联网技术以合作获得更多的客户群体和流量效应，而华为、海尔等产品制造企业也通过合作提高研发能力，在日益扁平的世界发挥更大潜能。合作精神是推动时代前进的不竭动力，变"博弈竞争"为"共享共赢"，在利他中利己，才会成就伟大企业的战略愿景：与供应商共赢的阿里巴巴提出"让世界没有难做的生意"；倡导共享的小米励志"帮助客户拥有性价比最好产品"；从"千团大战"脱颖而出的美团坚持"消费者第一"战略；还有自建物流"让产品最快抵达用户手中"的京东。这些富有情怀的社会企业真心为客户和用户群体解决痛点问题，提供品质服务，同时也收获了海量的资源、流量和收益。

美国未来学家约翰·奈斯比特说，"未来竞争的焦点在每个社会组织内部成员之间及其与外部组织的有效沟通与协作上"。合作协同既包含组织内部上下级、岗位之间的协作关系，也包括与外部世界、政府和社会组织的合作共赢。在互联互通、共享协同的未来，将会出现一个承载着多元文化、组织与个体共生的有序世界。未来的世界并不排斥竞争，而是通过内部博弈和外部协同，完成组织"去中心化"和个体之间"有效黏合"，未来不确定的世界将会更加开放、交互、包容。

三步曲：创新

创新是成功实践的永续。应用哲科思维和查尔斯·汉迪的S曲线理论，也可以实现破界创新的"无限循环"。弗里德曼在书中提出了铲平世界的10大动力，包括："墙倒窗开"；互联网的兴起；工作流软件；开放资源码；外包；离岸生产；供应链；内包；信息搜索；轻科技"内固醇"。以上皆是最近几十年人类创新实践的产物，并在持续升级着版本。一张由现代信息技术和物流系统支撑起来的庞大网络，将全世界范围的资源、商品、劳动力、市场紧密结合起来。扁平的世界让企业组织接近且透明，一个企业一日不创新，就可能眼睁睁地看着对手快速超越。而"摩尔定律""吉尔德定律""六度分隔理论"的广泛应用，业已证明，创新实践无止境，创新可以让人类在扁平的世界赢得足够生存空间。平坦广阔的全球平台给各行各业的人才以激情和力量，引导人们不断激发自身潜能，不断尝试着"颠覆式创新"。

"不创新，毋宁死。"当企业的创新速度跟不上科技成果的迭代速度，未能超前研判和及早布局，必定会在日趋激烈的市场竞争中落伍。在手机市场，诺基亚以数字信号创新技术战胜了摩托罗拉模拟技术，却因固守操作系统和功能手机，输给了移动互联时代以苹果为代表的智能手机；辉煌一时的"柯达黄""富士绿"为其保守自负付出代价，胶卷胶片黯淡隐退江湖。拥有全世界最强数码技术的柯达公司2012年申请破产，同样落难的富士公司却借助第二增长曲线再创新，在化妆品、健康行业绝地反击、起死回生；杀毒软件躺着收钱的状况被360终结，"金山毒霸"只能黯然收兵。而善于创新的雷军曲线救国，以新物种"小米"带动并重启了"金山办公"的辉煌。曾几何时，"各领风骚三五年"的传统明星企业，纷纷品尝到转轨阵痛的滋味。昔日跻身《基于长青》案例的国际标杆公司，大多烟消云散，长期位于世界第一、连续110年入选道琼斯产业指数成分股的GE，2018年被踢出了道琼斯指数；"随需而变"的IBM公司也几次面临生存危机，实现自救的手段也只能是"创新为要"的无限循环。

认知结构和认知能力决定着创新发展的未来，如何跨越大工业时代熟悉的逻辑体系，打破创新者的桎梏，需要通过创新建立适应移动互联网发展的思维模型，不断颠覆传统和经验，实现"创新—发展—再创新—再发展"的持续性迭代循环。从保守的农业大国到开放的现代强国，最具创新的潜质的中国人，终于享受到了科技创新迭代红利：出身豪门的飞信先发而滞后，被运营邮箱起家的微信团队全面取代，微信也彻底颠覆了中国人的社交、支付习惯；社会上多年解决不了的出租车"份子钱"问题，让滴滴、美团打车一通搅局，各相关利益方纷纷解套，市场准入达成；五颜六色的智能共享单车改变了大众出行习惯，但用户押金不能退还的现状，让ofo陷入了创新者的窘境；微信、支付宝让原不愁嫁的金融机构"压力山大"，新的支付方式让现金连同"梁上君子"携手淡出江湖。B2B[1]，O2O，众筹，互联网技术新催生的商业模式层出不穷。创新让行业不再有边界，创新让这个世界一切皆有可能。

---

[1] 也写作BTB，是Business-to-Business的缩写。指企业与企业之间通过专用网络或Internet，进行数据信息的交换、传递，开展交易活动的商业模式。

无论事务性工作多么繁重，我们必须用谦卑的心态进行持续思考和创新，企业通过不断"破界"创新以保持竞争力和战斗力，个体则会因"认知"持续迭代而富有热情和活力。创新是社会永恒发展的驱动力，想象力是创新思维的源泉，"守正出奇"则可以便捷地找到创新"破局点"。

四步曲：发展

发展永无止境。居安思危才会有所发展，有所作为。《世界是平的》一书中，弗里德曼看到了中国、印度等发展中国家的潜力和美国前途的隐忧，他用发展的态度来提醒美国人，要重视这些潜在的对手，要注重投资、劳动和战略思考。"用发展的眼光看世界，善于制造对手来保持自身活力"，这难道不就是美国这些年长盛不衰的经验总结吗？"师夷长技以制夷"，这些付出过惨痛代价的历史经验，中国人必须汲取。在书中，弗里德曼针对未来给出8条生存建议："能与别人合作；复合型人才；表达能力强；会权衡利弊，有大局观；随时可以改变自己；在新领域耕耘；重视个性化；与本地文化相结合。"

按照人类发展规律，衡量社会生产力水平发展主要标志——劳动工具的改进，依然是推动社会进步的关键因素：全球化1.0时代之前，从石器到青铜器再到铁器，劳动工具更迭速度慢，农业社会持续几千年；当近代工业技术广泛应用于电气、蒸汽机等新兴工具，全球化2.0的工业革命完成只用了百年时间；以现代科学技术为代表的全球化3.0时代，短短几十年就实现了全球的信息和资源共享，而未来广泛应用的移动互联技术将有效缩短信息获取时间，物联网实现"人与物"强关联，继续拓展资源和价值网络应用空间；大数据将会使扁平的世界更加透明；人工智能也会倒逼人类快速提升个体素质，不管你是否准备好，未来已来。

全球化3.0版的信息时代，淘宝、京东等先知企业已成功搭建起体量庞大的网络资源平台，市场、客户、消费群、供应商的商业价值被无限量放大，交易规模由"线性增长"到"多维裂变"，彻底颠覆了传统商业模式和消费习惯。风口一旦敞开，互联网平台红利让资本趋之若鹜，大量金钱砸在互联网初创企业身上，一大批"互联网+"明星组织脱颖而出，迎着风口，"猪都飞起来了"。而随着O2O等商业模式创新迭代速度放缓，加之互联网红利的衰减，寻找新的"风口"将变得越来越难。

未来会怎样？我继续弗里德曼先生的预言，单边主义改变不了"世界是平的"全球互联趋势，以信息革命为代表的全球3.0时代终将被以智能化为代表的全球化4.0时代所替代。未来能够引领时代风骚的社会组织，一定不是靠垄断资源，信息不对称而攫取超额利润的组织单元——基于核心"共识"的区块链治理规则将打破谷歌、百度这类企业对现有信息垄断的局面。未来扁平的世界将更加透明和公平，未来的成功先驱一定是那些组织心智成熟，有着人文情怀、愿意承担社会责任，围绕社会各类痛点，为大众解决疑难问题的"聚合体"，这类社会组织会更加尊重人的主观能动性，真正发挥个体的兴趣与潜能，让学习迭代速度领先科技发展速度，通过推动社会进步，满足人类生产生活需求，在"利他"的同时，获得流量、客户、资源和话语权，水到渠成地实现经济效益和社会效应的"双丰收"。无论AI、IOT、BT等新技术工具多么发达，人的主观能动性依然是推动社会发展的最重要的因子。在时代科技进步和人类思想升级的倒逼机制下，"天下大同""乌托邦""共产主义"等人类理想国也不再是梦。

凡是过往，皆为序曲。日益平坦的世界对于我们来说，是机遇，也是挑战。"风物长宜放眼量"，我们必须学会用系统、全面、进取、包容的眼光来辨析世界，把人生规划设计得更长远：注重学习，学会合作，自主创新，共谋发展，未来一定更加丰富而精彩。

解读复命

复命之"道"

两千五百年前，道家鼻祖老聃（李耳）在云雾缭绕的终南山潜心修著，参悟着天地万物与人生的伦理大道。"致虚极，守静笃。万物并作，吾以观复。夫物芸芸，各复归其根。归根曰静，静曰复命。复命曰常，知常曰明。不知常，妄作凶。知常容，容乃公，公乃全，全乃天，天乃道，道乃久，没身不殆"。此文出自《道德经》第十六章，字字珠玑的五千字哲人哲语，深刻影响着数千年的中国传统文化。

因与周敬王争夺王位未果，失意王子姬朝将东周守藏室历朝典籍纵火焚烧并加以洗劫，尘封了中华文明春秋之前的文字记载。从此，周都洛邑庙堂里少了一位"守藏史"——李耳，终南山楼观成就了行不言之教，泽被后世的大道哲人——老子。

经历人生大起大落，达到极度虚空的境界，内心安然笃定，方觉知世间万物生发之道，《史记·太史公自序》曰："李耳无为自化，清静自正。"主张"虚无"的道家鼻祖老子曰："有物混成，先天地生。寂兮寥兮，独立而不改，周行而不殆，可以为天地母。吾不知其名，字之曰'道'，强为之名曰'大'。大曰逝，逝曰远，远曰反。"又曰："道生一，一生二，二生三，三生万物。万物负阴而抱阳，冲气以为和"。老子认为天地万物都由"道"而生，"道"乃宇宙万物之本源。万物齐生长，揣摩往复，万物皆纷纭，各回本根。生命从无到有，静中萌动，动静相宜。陈腐消亡于"静"，新成酝酿于"动"，亦终将由"动"转"静"，归复其本根。万物变化循环往复，达其极点称之"复命"。"归根"与"复命"殊途同归："归根"乃相对结果，既为一切事物终点，也是一切事物起点。而"复命"则是返本复原，迎接新生。生命既是生与死、有与无、动与静的对立统一，又是具有无限发展的自然规律。谋势而动，推陈出新，生命终获"复命"之"道"而永恒。不懂常道易轻举妄为，招致灾祸。了解常道则处事包容，坦荡公心。坦然大公则无不周遍，顺应自然。符合天理法则，悟"道"行事，天下太平。

岁月轮回，循环往复，智者论"道"，可明是非，不妄动，体道而行。后人研究老子思想，常以"无为而治""恬淡寡欲"总结，认为老子不擅博弈竞争故回避矛盾冲突，修身养性以求心理平衡。其实不尽然："道常无为而无不为"，老子虽重视清静无为，但并未遁世。《道德经》告诫君王宜"无为""不争"，不与民争利，以达"守静"。"静"与"动"乃辩证之统一，重"静"并非抑"动"，动静结合最相宜。"静"取决于运用，"无为"乃运用之方，"治"为其终极目标。"无为"乃"顺其自然不妄为"，环境时机不允许、自身条件尚不具备之时，需操持定力，退而"三省其身"，保持沉心修为"静"的常态。一旦机遇来临，则乘势而上，担当作为，"动"起锁定有为之目标，而"有为"的实现手段也许就是"无为而治"。

"动"与"静"的循环，"驿动"与"守静"的交替，中国古代传统哲学规律推动了国家朝代更迭，社会进步发展，民族融合繁荣。号称中国科学智慧之源的《道德经》深深影响了中国人的追求目标和行事方式。与"理国、治世"对应的"修身、养性"亦为"复命归根"之方，生与死乃世间自然规律，人人皆不能逃脱，但精神思想和大道之为却会泽被后世。

认知世界与认识人生的大"道"相通。古代欧洲爱好智慧的哲学家们孜孜以求理性与真理的阳光普照，在实践（行动）和理论（思想）间上下求索。其中，有为追求真知不惜献出生命的苏格拉底，还有追求形而上《理想国》的弟子柏拉图。柏拉图的弟子亚里士多德认为，"吾爱吾师，吾更爱真理"。亚里士多德追索真理和细节，曾入"世"为马其顿国王腓力二世讲学，他认为，"凡善于思考的人，一定是能根据其思考而追求可以通过行动取得最有益于人类东西的人"——教学立著千篇，系统掌握真知并付诸实践，亚里士多德"知行合一"地阐释了欧式版的"复命"哲学。作为不可多得的古罗马贤君，马可·奥勒留在位期间流年不利，身处疲倦时代[1]，这位不知疲倦的哲学家系统思考个人与自然、社会、他人的关系

---

[1]　《北大哲学课》。

与意义，留下了永悬后世的《沉思录》。他认为，人要追求理性的生活，既要服务社会、承担责任，更需培养自己的德行，保持心灵的安宁——"归根曰静，是曰复命"。

之后，欧洲中世纪哲学由"静"驱"动"：研究君王、研究信仰，研究政府、研究自由，研究法制、研究人性，在对立统一的边缘摸索着时代前进的路径，像极了古中国道家、儒家、法家思想在封建朝代更迭过程中反复地碰撞和融合。当"黑死病"肆虐欧洲大陆，侥幸生存下来的幸存者有了更多冷"静"中的思考，引发了对人性回归和理性科学的期盼。由此引发的"文艺复兴运动"把中世纪的人们从沉睡中唤醒，号召追求自由的冒险家自我驱"动"，凭借奋斗去实现理想、认识世界，进而开启了大航海时代。受迫害的清教徒将重新阐释的基督教义"舶"到美洲大陆。几百年后，以美国为代表的"新教"派，衍生了"劳动创造社会财富"的新哲学命题——美版"归根复命"。

为"复命"注入全新注解的是唯物论的马克思主义哲学，马克思反对浪漫主义和自由主义，主张社会发展的历史观，"哲学家们只是以不同的方式解释了世界，而问题在于改变世界"。唯物辩证法的精髓在于深刻地认识到，万事万物的本质都是动态的，自古以来，人类发展的历史都是充满冲突的，并不存在惰性和静态，"归根复命"不能靠"消极遁世"，需要应用唯物史观，通过阶级斗争来变革旧制度，从而推进社会向前发展。同时，马克思主义辩证法也进一步诠释了"动"与"静"的循环，"驿动"与"守静"的交替，也认为现实中的一切都是变化的，就其本质存在而言，互不相容的力量可以暂时平衡和共存，但交替变化的规律无法回避。

事实证明，马克思主义在古老中国落地开花，也是"行"与"思"的哲学升华。

复命之"道"，基于文化，方能长存。

复命之"法"

混沌宇宙，夫物芸芸，何为复命？在浩瀚的历史长卷求本溯源吧。

中国封建皇家，以"复命"为君权神授之法理，强调皇帝受命于天的正统身份，倡导"忠君尊教"以巩固政治统治，宣传"代天行事、为民造福"的"归根复命"。老子的道教学说在中国封建社会大行其道：唐高祖李渊奉道教为国教，尊老子为太上玄元皇帝；唐玄宗李隆基《御制道德真经疏》有曰，"其要在乎理身、理国。理国则绝矜尚华薄，以无为不言为教。理身则少私寡欲，以虚心实腹为务"；宋徽宗赵佶皈依道教，自封"教主道君皇帝"；明太祖朱元璋信奉丹药，扶持道教以神话其皇权；明成祖朱棣则大建武当山道观；痴迷的嘉靖皇帝"修道""研丹"45年……"崇道"乃君王们巩固国家专制之"法器"。不难看出，历朝历代国泰民安之时，朝廷政府会大力推行儒家思想进行国家治理，也鼓励民众信奉佛教，以得百姓心安、社会稳定。而到了烽烟四起、乱世纷争之时，一切秩序和规则均被打乱，道教就会择机而入、教化疏导，待到新建王朝百废待兴之际，道家思想则成为开国君王维系社会休养生息的良方。

"有命必复，有诺必答"。中国传统文化崇尚"一诺千金""言出必行"，无论哪个社会阶层，无论口授、信函、心念的任何承诺，都必须守信、践行，这是中华民族"复命法则"的社会实践依据。

春秋时，晋国义士程婴抚养被奸臣迫害的赵氏遗婴，待到赵氏孤儿赵武成人，终诛杀屠岸贾，赵氏复立。忍辱负重十五年的程婴救孤使命完成后选择自杀，他既为赵氏复兴而欣慰，也在向先期大义赴死的公孙杵臼复命。战国时，门客毛遂在赵国平原君门下三年，颇受款待却默默无闻，终有一日毛遂自荐代赵出使楚国，"不鸣则已，一鸣惊人"地搞定傲慢轻视的楚王，以优秀的外交表现复命赵公子。而三国时期，蒋干赴江东劝降周瑜，假寐盗取伪作密信，听信反间计的曹操误杀蔡瑁、张允，为赤壁之战的彻底失败埋下伏笔，这是另类的复命案例。

"苏武复命19年"——西汉时苏武奉汉武帝之命出使匈奴，受副使张胜的牵连，被匈奴单于幽禁大窖中，苏武饥渴难忍，唯能食旃毛与积雪度日，面对高官厚禄的诱惑，修身正心的苏武坚贞不屈，绝不投降。后单于将他流放北海牧羊，苏武更不为所动，冰天雪地中手持汉朝符节，遥望北方，表现出顽强的毅力和不屈的气节。多年后，汉朝和匈奴关系缓和，苏武被施计要回。当他再次回到长安，已是离别故土19年之后，苏武手持象征国家和外交荣誉的"符节"上朝向皇帝"复命"，汉武帝刘彻已经故去，汉昭帝刘弗陵举行盛大仪式来褒扬这位完美复命的英雄。长安城内万人空巷，无不为苏武的壮举而感动。是什么力量驱使苏武坚韧不屈19年，摈除了当时忠君思想，一个关键的因素必不可少——是苏武发自内心对使命的高度负责，"态度是决定成功的最大概率"，高度的责任心产生了高度的勇敢，强烈的使命感产生了坚定的信心，为皇上复命的同时，也是为自己内心之所守复命，在任何时候和条件下，决不放弃人格尊严和复命坚守。

国外也有"复命"的经典故事：欧洲古代波斯王朝欲吞并希腊，希腊士兵奋勇抗敌，在马拉松平原击败侵略者。传令兵菲迪皮茨受命传达获胜的喜讯，他狂奔四十多公里跑到雅典中心广场，把欢乐与胜利的消息大声说完后，便兴奋地倒地牺牲。后人为纪念传令兵"为目标坚持到最后一刻"的复命精神，奥运会的压轴项目马拉松比赛也由此诞生。

1904年，德国哲学家马克斯·韦伯来到美国，他惊奇地发现，美国各行各业一派欣欣向荣的景象，社会经济全然不似同期欧洲大陆那样停滞。他以哲学家的思维剖析了繁荣表象隐含的逻辑：美国新教摒弃了传统教义轻视世俗职业、反对赚取财富的主张，认为在世间赚取财富并非无耻，而是在履行上帝赋予的世俗责任。新教以"人生在世，不是为了享受，放弃现世义务是自私行为"的方式改变了美国人的人生目标，打通了复命之"道"。又用"为了来世和天堂，要用劳动为社会创造财富"，来引导复命之"法"，"职业是造物主向人颁发的如何在尘埃中生存的命令，人们需要以敬业工作向造物主复命"，于是，人们开始呼唤责任使命，重塑人生价值，倡导奉献、忠诚、节俭、勤奋、诚信的价值观，资产阶级思想家们巧妙将"敬业"与"复命"关联，生产关系和谐了，生产力释放出了巨大能量，推动了美国经济飞速发展。

古为今用、洋为中用，是中国传统文化几千年长盛不衰的重要原因。去其糟粕，取其精华，从长存的大道中遴选出规律指导当今。儒家倡导"仁、义、礼、智、信、忠、孝"思想，主张"格物致知、知行合一"，以"修身、齐家、治国、平天下"的方式复命；道家倡导"道法自然、无所不能、永恒不灭"，主张"自然为本，和谐世界"，以"天人合一、无为而治"的方式复命；佛学倡导"诸恶莫作、众善奉行"，主张"由戒生定、由定发慧"，以"戒守修行、慈爱众生"的方式复命；基督教信奉"福音"，主张"人人平等、爱与怜悯"，以"施恩、爱人"的方式复命；共产党人倡导"共产主义思想"，以"人民幸福、民族复兴"为使命，以"为人民服务"的方式复命。

"复命"贯穿人类历史发展的长河，涵盖了国家、民族、社会、个体各个方面，是一道复杂的管理命题，也是一套系统的行为模式。"复命之道"源于文化积淀，"复命之法"在于培育使命，完成使命。做到复命，既要具备追求完美的敬业精神和担当意识，也要具备强大的落地执行能力，时刻关注目标和结果，才能成功复命，不辱使命。学会了复命，也就理解了责任之所在；领会了复命精神，就会在迈向成功的道路上前进一大步。

复命之"术"

谁都需要复命！

仔细想想，大千世界，芸芸众生，任意个体都是复命的主体：下级对上级复命，晚辈对长辈复命，士兵对军官复命，学生对老师复命，就连古代"率土之滨，莫非王属"的皇帝，也要祭天祭地，希冀向上苍神主复命。生活在现实世界的生命体，忙忙碌碌的社会人，看似无秩序、实则规律进化的动物族群、生物族群，都有相互对应的复命对象，都是复命的基础单位。

古代中国的复命之术，因百家争鸣的文化传播而多姿多彩。所谓儒家拿得起，道家放得下，佛家看得开；青年看儒家，中年看道家，老年看佛家——传承的思想基因不同，使命有差异，驱动的方式也不同：儒家的进取，道家的规律，佛家的奉献，可谓"八仙过海、各显其能"。在西方思维体系中，复命既是管理逻辑，也是人生态度。西方管理学认为，复命是指以目标和结果为导向，通过主动思考、沟通、改进、反馈、提升，以优秀的执行能力赢得目标。美国学者詹姆斯·罗宾斯的《敬业》一书中写道，"职业是人的使命所在，要像热爱生命一样热爱工作，遵从职业的召唤，这是最高尚的文明生活的本质体现"。《没有任何借口》的作者杰伊·瑞芬博瑞倡导自我负责，认为成功的基石是"自我选择、设定目标、保持正直、不找借口"。美国西点军校和"把信送给加西亚"的罗伊，都是"没有任何借口"的典型实践。借鉴西方管理经验，中国本土对复命的研究也曾风行一时，赵琛在《复命——打造以结果为导向的执行模式》一书，剖析许多企业执行力不强的根源，提出以目标和结果为导向，关注过程和战术，"有命必复""限时复命""结果复命"，打造了一整套企业执行力模式。

透过世界的广角镜，来观察"复命"的行为路径。复命之"术"，在于找到"使命"驱动，然后毫不拖延地完美执行。使命从哪里来？从传统文化思想汲取营养，从国家和社会需求找到责任，从人类未来发展寻求答案。怎么完美执行？目标导向，结果导向，不改初衷。

培育使命，需要基于认同的自我驱动。何为认同？认同是个人或组织对其所承担使命的理解和认可。有人年少立志，有人信仰坚定，有人随波逐流，也有人一辈子没有找到认同。使命并非人生的必修课，"道"不同，不相与谋也。如何自我驱动？个人或组织依据其经历、环境，通过系统学习、持续反思，找到使命感的来源，通过自我建构和社会塑造的互动，不断调整并形成相对固定的价值体系，并且去主动拥抱责任和使命。"个人要通过自己的反思控制周边的生活环境，从而使相对强大的社会和自然结构成为个人自我实现的物质背景"（吉登斯语），认同来源于对社会、对世界逐步深入的了解，对黑与白之间混沌现象的理解。原本笃信无疑的道理，实践之后才知并非如此；原本感觉不屑一顾、了无趣味的现象，却发现其中暗藏玄机、妙不可言；原本坚信简单的事情只有一个答案，却发现角度不同、理解各异。当你随着岁月的沉淀认知边界不断拓宽，才会发现，原来最难的事情并不是攻坚克难，却是无奈妥协；最累的事情不是砥砺前行，却是忍辱负重。当一个人深谙世界的多变和人性的复杂，不再浮躁和虚荣，当外面的世界再也不能左右你的信念，你心中依旧认为是"真"的且能够给人生带来愉悦感和成就感的行为，就是你苦苦以求的使命。

如果说"没有任何借口""有命必复"是西点军校的使命特征，那么每一个新兵加入西点军校第一天，就会被培养起对命令严格执行、对处罚迅速反应等"有命必复"的好习惯，改变以客观、他人、不可抗力作为理由寻找拖延借口的行为方式，以自信、负责、担当、专注、坚持的态度自我驱动，只为困难想办法，不为困难找理由，发自内心地培养起"复命"精神，营造真正属于军营的既有压力又有规则的团队氛围。罗文把信送给加西亚，成功复命，人们为其塑造雕像；世代革命志士为了使命和信仰不惜生命代价，为人类的进步事业而献身，也是在为自己塑造无形的使命丰碑。

乔布斯找到了苹果公司不断创新、"改变世界"的使命，宗庆后找到了互相成就的"家"文化使命，董明珠找到了让世界爱上中国产品的使命，马云找到了为商户搭建致富平台的使命，他们也不是天生就有使命感，是进行了无数次对生命价值的深层次追问，才决定将使命转化为责任，责任落地为行动。这种力量引爆了他们的所有潜能，无论经历任何失败、困难、逆境，决不放弃，从头再来，学识、阅历、认知、领悟的合成，付出、借势、创新、颠覆的可持续发展，加之团队认同与协同，助力他们与企业共同走向成功。

"夫物芸芸，各归其根，归根曰静，静曰复命。"如何完成使命？首要剖析反省，在喧嚣浮躁的环境，如何学会沉淀自己。对此，中国文化开出药方为"慎独、慎微、慎言、慎行"，西方敬业手册则是"克制、禁欲是发展的基础，更需自信、勤俭、主动和爱"。以平和而非功利的心态"归静"，以进取而非保守的状态"驱动"，完善个人品质的塑造和个体道德的承诺。归静找寻使命，驱动履行责任，为自己、为他人、为国家和社会复命。

要让团队每一个个体都学会复命。一个组织、一个集体的发展取决于团队合力，取决于团队成员的共同认知，其认知底限关联着团队的短板效应。一流的团队成员能够持续保持对知识的饥渴和奋斗热情，能够把团队目标当成个体使命责任，不自我设限，不归罪于外，把完美复命当作前行动力，这是自觉复命；把浅尝辄止误作灵变通透，因骄纵自我而影响客观判断，畏首畏尾不敢主动担当，拖延迟疑导致临门抱佛脚，这是敷衍塞责的二流成员，最惋惜的却是那些本可以成就一番事业，却自以为是、冷言冷语、彷徨踯躅、原地踏步而错失良机的观望者们。

要倡导复命意识。复命，既是为国家集体担当，也是为理想信念负责。站在工作角度理解，复命就是对上级、对客户、对他人有诺必践的敬业精神，是善始善终完成使命的职业操守。完美复命可以培养团队良好的工作态度、科学的工作观念、虚心的工作精神、扎实的工作作风。让社会、团队、成员做到同呼吸、共命运、心相连。要达到完美的复命结果，既需要团队共频、敬业爱岗、相互补台、无私奉献，也需要经历危机和压力考验。危机是对组织管理水平的检阅，要乘势而上，历练员工复命精神和团队意识。要顺势而为，将"危险"转化为"机遇"；压力同时也是有效完成工作目标的动力，压力在一定条件下也可以转化为组织的向心力，转化为成员的凝聚力和创造力。

复命是对个人理论水平、实践能力的考验，是提高个人综合素质的绝佳机会。一个人，如果把组织的目标使命与自身的价值认同融入一体，从一点一滴的基础做起——"工作有主动性、思路有前瞻性、目标有针对性、计划有系统性"，那么，发自内心的自觉复命将成为现实，承载着希望的使命之船定会心之所向、行之所至。

回家的路

当你呱呱坠地，在家人的扶持下，蹒跚地迈出人生体验的第一步，透过善良晶莹的瞳眸，你会慢慢地发现，通向喧嚣世界的道路，有的笔直，有的曲折，有的平坦，有的坎坷，一切都充满着未知的诱惑和神奇！梦想着童话般的美好未来，你迫不及待追随着亲人、长者、老师的步伐，开启了漫长的人生之旅。"在路上"的体验或许欢喜，或许忧虑，或许沉重，或许释然，都会留下深刻隽永的追寻记忆。不知不觉中，行路已成为生活习惯，走过的道路越来越多，愈积愈长，原本简单的行程就多了些许思考，也就延伸出无数人生感悟，记录下五颜六色的心路故事。

你曾走过多少繁华城市，走进多少美丽乡村，驻足多少新奇的驿站，见识过多少有趣的人。人生历程就是一次又一次的旅途体验，有时候按部就班，计划出行；也需要加油蓄力，停靠休整；偶尔会风雨兼程，昼夜坚持；间或还要持续爬坡，提速狂奔。无论是行色匆匆、上车补票的长途跋涉，抑或是临时改变行程、突访异地的短暂停留，这一切，都是为了前行途中能够欣赏到更美的风景，沉淀和丰富人生履历。生命的体验列车在每一个站点停靠，车上都会走下一批乘客，你也会邂逅一批新人。千万别搭错车，切勿坐过站。看准方向，方能快乐前行，去品味在路上的愉悦。珍惜和你一路同行的好友和伙伴，记录下那些刻骨铭心的城市驿站，怀念一站又一站累并快乐的时光，能够分享一段共同的精彩旅程，已是人生最好的缘分天空。

少年时，天黑了还没有到家，你会感到特别无助，找不到"家"心里感觉没底。长大了，成家立业，逐渐担负起"持家"责任，"家"进而影响到你奔忙的一生。从懵懂童年到意气少年，从沉稳中年再到耄耋老年，所有的前路都源自"家"——联结着社会，记录着人生：生命之中忙忙碌碌的各色行程，有风光，有抱憾，有辉煌，也有感伤。无论是一路狂奔，还是踯躅不前，哪怕是苦寻捷径，抑或是迷途知返。穿越千万条不同风格的求索道路，最终也必将回归到人生原点——岁月在变，人生在变，唯一不变的，那就是"家"。

家，血缘凝聚，随机生成。你无法选择出身贫穷还是富裕，是承载着幸福还是忧伤。人生，其实是一道没有太多选择的必答题，既然注定无法逃避与生俱来的使命，唯有从容地履行责任，潇洒地负重前行。人生是寻找幸福密码的单向旅程，是精进思维意识、拓展认知边界的一次修行。在漫长的人生道路上，你一定经历过千头万绪的庶务琐事，享受过酣畅愉悦的高光岁月，留下了难以弥补的悔恨遗憾，甚至是猝不及防的人生无常。无论成功还是失败，得意还是失落，"家"永远是你坚定的依靠，安心的港湾。为你牵挂，为你欢呼，一起甘苦，一起前行，陪你走过一生。

一个人怎么才算成功？做努力奔跑的职业人，扮演好社会赋予的角色，加倍努力获得公众认可，承担起时代赋予的使命。在家庭中摘下面具，做回尘世烟火的普通人，履行好为人子女、为人爱人、为人父母的每一份职责。每一个阶段的人生道路，都需要不断地做出评判和选择，无论坦途还是坎坷，心有所持，行有所据，表里如一，尽心竭力，即使结果难言完美，也算是行进路上的一种成功。

　　人生的旅程，是主观意愿难以逾越的生命轨迹。你左右不了起点有多高，亦很难预测目的地有多长，也许，你可以做的，只不过是从人生的原点出发，沿着先哲们的足迹，沉心静气，踏踏实实，一步一个脚印，最大限度地延伸生命的半径，丰富人生路上的情操。雪泥鸿爪，雁过留痕，人生之美不仅是昙花一现的绚丽，也有落叶知秋的深黄，不变的总会是渗透在骨子里的真实、性情、原则、理想，还有那一抹从晨曦里喷薄而出的朝阳。

2020年7月5日

于山东济南